U0918036

中等职业教育“十三五”规划教材
中职中专会计专业“营改增”系列教材

新编税收基础学习指导

王超菊　王新兰　邱爱华　主　编
夏昌平　文肖兴　成家增　副主编

科学出版社
北　京

内 容 简 介

本书是《新编税收基础》的配套学习指导，是根据最新税制改革要求并结合一线教师的教学反馈而编写的。为了帮助学生理清教材庞杂的知识体系，充分理解各知识点之间的逻辑关系，本书充分利用图表对比的方式，帮助学生快捷掌握易混易错知识点；针对每个重难点，不仅深入细致地讲解，还辅以有针对性的典型例题，帮助学生准确理解，提高学习效率；“同步强化练习”收集了有针对性的练习题，并附有详尽的参考答案及解析，帮助学生熟悉考试题型、掌握命题规律与复习方向，找到学习的突破口。

本书内容全面，重难点突出，题型丰富，既可以作为中等职业学校财会类专业学生的学习指导用书，也可以作为专业教师的教学辅导用书。

图书在版编目（CIP）数据

新编税收基础学习指导/王超菊，王新兰，邱爱华主编. —北京：科学出版社，2017

（中等职业教育“十三五”规划教材·中职中专会计专业“营改增”系列教材）

ISBN 978-7-03-054281-6

Ⅰ.①新… Ⅱ.①王… ②王… ③邱… Ⅲ. ①税收管理-中国-中等专业学校-教材 Ⅳ. ①F812.423

中国版本图书馆 CIP 数据核字（2017）第 212717 号

责任编辑：贾家琛　李　娜 / 责任校对：马英菊

责任印制：吕春珉 / 封面设计：东方人华平面设计部

科学出版社 出版

北京东黄城根北街 16 号

邮政编码：100717

http://www.sciencep.com

北京市京宇印刷厂印刷

科学出版社发行　　各地新华书店经销

*

2017 年 9 月第　一　版　　开本：787×1092　1/16

2020 年 2 月第三次印刷　　印张：17

字数：403 000

定价：39.80 元

（如有印装质量问题，我社负责调换〈北京京宇〉）

销售部电话 010-62136230　编辑部电话 010-62135763-2041

版权所有，侵权必究

举报电话：010-64030229；010-64034315；13501151303

前　言

由于近年来税制改革的全面推进，新的税收法律、法规和规章、规范性文件不断出台，特别是 2016 年全面实施“营改增”政策以来，现有的教学辅导书已经无法满足当前教与学的需要。在这种背景下，学习者急需一套实用性强、有针对性和高质量的教学辅导书来指导学习，以提高学习效率。本书及配套的教材《新编税收基础》就是这样一套满足大家需求的用书。

本书结合教师反馈及当前中职学生所需达到的知识和能力要求而设计编写，具有以下特点。

（1）及时更新，实用性强。本书是结合最新的税收法律法规和学习需求编写的，充分考虑到中职教学的实际需要，尽力做到各章节内容相对独立，便于课堂讲解和讨论、布置课后作业及组织考试。

（2）课证融通，针对性强。本书的习题精选于最新的初级会计专业技术职务资格考试题库，针对性强。编者结合考试命题范围、难度、风格，对知识点进行精细分解，力求实现学历教育与职业资格考试对接，课程内容与职业标准对接。

（3）内容全面，适用性强。本书内容全面，重、难点突出，题型丰富，既可供学生练习，又可作为教师的命题参考书。

本书由东莞市电子科技学校王超菊、王新兰、邱爱华担任主编，夏昌平、文肖兴、成家增担任副主编，张惠梅、石旭海参编。本书具体编写分工如下：第一章、第二章、第十一章由王超菊编写；第三章由王超菊和夏昌平共同编写；第四章、第五章由文肖兴编写；第六章、第七章由成家增、石旭海编写；第八章、第九章由王新兰编写；第十章由张惠梅编写；第十二章由王超菊和王新兰共同编写；各章主要内容导图由邱爱华编写。此外，本书在编写过程中还得到杜丽茹和黄沪琳两位高级教师的指导与帮助，在此表示衷心的感谢！

由于编者水平有限，书中疏漏之处在所难免，恳请读者批评指正，并提出宝贵意见和建议。

编　者

2017 年 4 月

目　录

第一章 税收概述

学情分析

本章属于基础性章节，主要介绍税收的概念、本质、特征、职能和作用等内容。对于本章的主干知识，可以借助一串数字来速记：4335，即 4 个本质、3 个特征、3 个职能、5 个作用。其中，对于税收的概念，应注意结合税收的本质一起理解；对于税收的特征，应着重理解税收的“三性”，以及它们之间的关系；对于税收的职能和作用，简单了解即可。

学习本章时，由于理论比较抽象，应注意将相关知识与典型例题结合起来理解。初涉税法的学生首先要树立税法思维，准确理解税法基本原理，进而掌握各税种的基本计算，为今后的学习和工作打下良好的基础。

本章主要内容导图

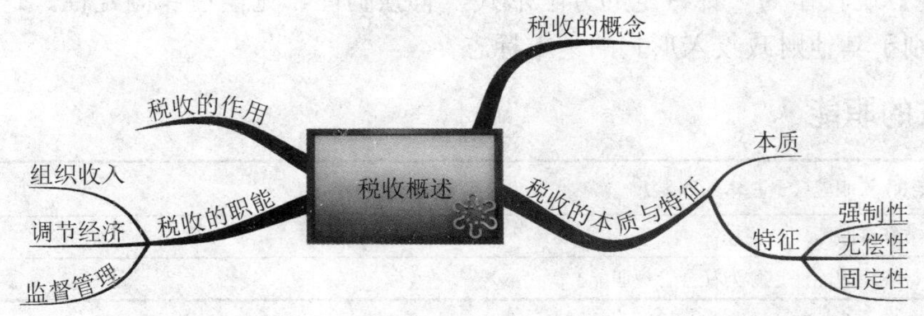

重点、难点讲解及典型例题

一、税收的概念与本质

概念	税收是政府为满足社会公共需要，凭借政治权力，按照法定标准，无偿取得财政收入的一种特定分配形式。 注意：结合税收的本质一起理解	
本质	税收的主体是谁？（国家和政府）	
	国家征税凭借的是什么？（国家的政治权力）	
	国家征税的目的是什么？（满足社会公共需要）	
	税收的实质是什么？（是国家参与社会产品分配的一种特殊形式）	
关系	国家	税收以国家为主体，国家的存在是税收产生和存在的一个政治前提条件
	经济	经济决定税收，税收又能调节、影响经济
	财政	财政收入的 90%左右来自税收，税收是国家财政的主要支柱
	法律	税法是税收的法律表现形式，税收则是税法所约束和规范的具体内容

【例题·判断题】税收是指国家为满足社会公共需要，凭借经济权力，按照法定标准，无偿取得财政收入的一种形式。（　　）

【答案】×

【解析】税收凭借的是政治权力，而非经济权力。

二、税收的特征——税收的“三性”

特征	强制性	纳税义务人必须依法纳税，否则就要受到法律的制裁
	无偿性	国家取得税收收入既不需偿还，也不需向纳税义务人支付任何报酬或代价。税收的无偿性是区分税收收入和其他财政收入形式的重要特征。 注意：税收的无偿性是税收“三性”的核心
	固定性	包括时间上的连续性和征收比例的固定性。 税收规定的标准，征税和纳税双方都必须共同遵守
关系	税收的“三性”特征是相互联系的统一体，其中税收的无偿性是核心，强制性是保证，固定性是上述两者的必然结果	

【例题·多选题】下列各项中，属于税收特征的有（　　）。

A．强制性　　B．灵活性　　C．无偿性　　D．固定性

【答案】ACD

【解析】税收作为一种特定的分配形式，有强制性、无偿性和固定性，这三个特征是税收区别于其他财政收入形式的基本标志。

三、税收的职能

职能	组织收入职能（最基本的职能）
	调节经济职能（经济杠杆）
	监督管理职能（也称为社会管理职能）

【例题·单选题】税收最基本的职能是（　　）。

A．组织收入职能　　B．调节经济职能

C．监督管理职能　　D．调节收入分配职能

【答案】A

【解析】税收是财政收入的主要来源，组织财政收入是税收的最基本职能。

四、税收的作用

税收的作用	为社会主义现代化建设筹集资金
	体现公平税收，促进公平竞争
	调节分配，促进共同富裕
	调节经济总量，保持经济稳定
	维护国家利益，促进对外经济往来

【例题·多选题】税收的作用包括（　　）。

A．税收是国家组织财政收入的主要形式

B．税收是国家调控经济运行的重要手段

C．税收具有维护国家政权的作用

D．税收是国际经济交往中维护国家利益的可靠保证

【答案】ABCD

同步强化练习

第一节 税收的概念

一、单选题

1．（　　）是指以国家为主体，为实现国家职能，凭借政治权力，按照法定标准，无偿取得财政收入的一种特定分配形式。

A．税法　　B．支付结算　　C．税收　　D．国家预算

2．税收产生的政治条件是（　　）。

A．剩余产品的出现　　B．财产私有制的确立

C．商品生产的出现　　D．国家的产生

3．在国家财政收入中比重最大的是（　　）。

A．国有资产经营收入　　B．税收

C．国债收入　　D．政府规费收入

4．（　　）是国家征税的法律依据。

A．经济法规　　B．税法　　C．刑法　　D．民法

二、多选题

1．税收体现了与（　　）的关系。

A．国家　　B．经济　　C．财政　　D．法律

2．以下关于税法与税收关系的表述，正确的有（　　）。

A．税收是一种经济活动，税法是一种法律制度

B．税收必须以税法为其依据和保障

C．税法对税收活动的有序进行和税收目的的有效实现起着重要的法律保障作用

D．税法是税收的法律依据和法律保障

三、判断题

1．税收是作为国家财政收入最主要的一种形式存在的。（　　）

2．国家的存在是税收产生和存在的一个经济前提。（　　）

3．税收决定经济，经济能影响和调节税收。（　　）

4．税收是税法的表现形式，税法规定税收的具体内容。（　　）

第二节　税收的本质与特征

一、单选题

1．税收的主体是（　　）。

A．国家和政府　B．企业单位　C．个人　D．税务机关

2．国家征税凭借的是（　　）。

A．经济权力　B．财产权力　C．政治权力　D．以上三者均有

3．税收的（　　）特征是区别于其他财政收入形式的最本质的特征。

A．固定性　B．强制性　C．经常性　D．无偿性

4．税收的特征的核心是（　　）。

A．强制性　B．固定性　C．无偿性　D．公益性

5．（　　）是指国家征税必须通过法律形式，事先规定课税对象和课征额度。

A．强制性　B．无偿性　C．固定性　D．灵活性

二、多选题

1．国家征税的目的是（　　）。

A．参与社会产品的分配，取得物质财富，用于行使国家职能

B．满足公民物质文化生活的需要和各项法定权利的实现

C．满足企事业单位经济发展的需要

D．积累大量的资金用于工农业基础建设.公共设施建设，发展科学、卫生、文化、教育等事业

2．下列各项中，属于税收特征的有（　　）。

A．强制性　B．固定性　C．分配性　D．无偿性

三、判断题

1．税收的无偿性是核心，固定性是保证，强制性是上述两者的必然结果。（　　）

2．税收的“三性”是区别于其他财政收入形式的基本标志。（　　）

3．国家征税的目的是为了满足政府的需要。（　　）

第三节　税收的职能

一、单选题

1．税收的（　　）是指税收作为一种分配形式，其本身所固有的功能。

A．本质　B．特征　C．职能　D．作用

2．人们常把能改变人们的物质利益关系，影响人们的经济行为，使之朝着预定方向和目标运转的一切经济手段或方法统称为（ ）。

A．财务杠杆 B．税收杠杆 C．经济杠杆 D．财政杠杆

3．（ ）是税收的最基本职能。

A．组织收入职能 B．调节经济职能

C．监督管理职能 D．调节收入分配职能

二、多选题

1．税收的职能一般包括（ ）。

A．组织收入职能 B．调节经济职能

C．监督管理职能 D．调节收入分配职能

2．下列各项中，体现了组织收入的职能有（ ）。

A．税收收入已占国家财政收入的90%以上，是财政收入的主要支柱

B．税收具有强制性、无偿性、固定性的特点，筹集财政收入稳定可靠

C．政府运用税收手段，既可以调节宏观经济总量，也可以调节经济结构

D．掌握税源，了解情况，发现问题，监督纳税义务人依法纳税

三、判断题

1．税收的职能是税收特征的具体体现。（ ）

2．商品经济越发达，经济生活越复杂，国家干预或调节社会经济生活的必要性就越强烈，税收监督管理也就越广泛而深入。（ ）

第四节 社会主义市场经济条件下税收的作用

一、单选题

1．通过税收的调节，对进出口的不同商品规定差别较大的税率，可以（ ）。

A．维护国家权益，促进对外经济往来 B．体现公平税收，促进公平竞争

C．调节分配，促进共同富裕 D．调节经济总量，保持经济稳定

2．为了调整收入高低悬殊的状况，国家通过征税，以缓解公民之间的收入相差悬殊的状况，可以（ ）。

A．为社会主义现代化建设筹集资金 B．体现公平税收，促进公平竞争

C．调节分配，促进共同富裕 D．调节经济总量，保持经济稳定

二、多选题

1．在社会主义市场经济下，税收具有的作用有（ ）。

A．为社会主义现代化建设筹集资金

B．体现公平税收，促进公平竞争

C．调节分配，促进共同富裕

D．维护国家权益，促进对外经济往来

2．影响企业利润水平高低的因素有（　　）。

A．经营管理水平　　B．价格

C．资源占有　　D．地理位置

3．经济萎缩时，则要（　　）使社会总供求趋于平衡，达到稳定经济的目的。

A．提高税率　　B．降低税率

C．增加消费和投资　　D．减少企业和个人的可支配收入

三、判断题

1．税收的作用是税收职能的外在表现。（　　）

2．税收能够为国家经济建设提供大量的资金，保证社会公共需要的主要物质基础，通过税收活动在制度上保证政权和经济建设的需要，保证有足够的资金进行社会主义现代化建设。（　　）

同步强化练习
参考答案及解析

第二章　税收制度

学情分析

本章属于基础性章节，内容难度不大，主要介绍税收制度和税法的概念、构成要素及税收分类等。在练习中，题型主要为客观题，计算题应重视对累进税率的基本计算原理的掌握。

学习本章时，学生应重点把握下列内容：

（1）税收制度和税法的概念和分类；注意税收法律的级次划分。

（2）税制的构成要素，尤其是纳税人、征税对象、税率三大基本要素应重点掌握，这将为后面章节学习具体税种打下理论基础。

（3）税收的分类。学生要能够根据分类标准的不同分门别类掌握，并能够举例说明。

本章主要内容导图

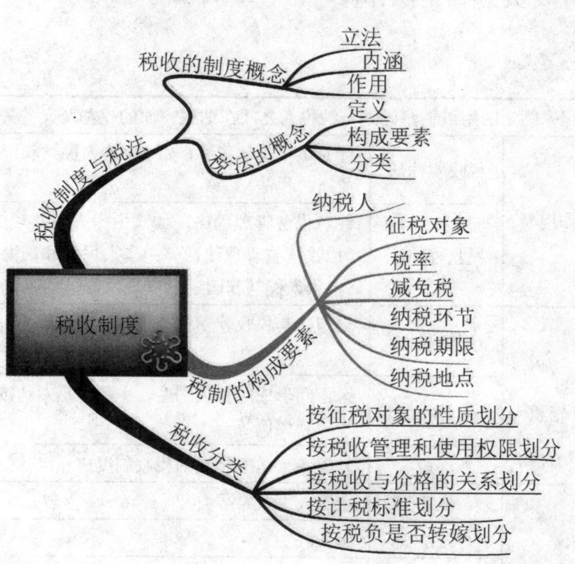

重点、难点讲解及典型例题

一、税收制度的概念

税收制度	概念	税收制度是国家以法律形式规定的各种税收法令和征收管理办法的总称	
	分类	狭义	主要包括税收法规和税收条例，是税收制度的核心
		广义	税收法规＋税收条例＋税收管理制度＋税收征收管理制度

续表

<table>
<tr><td rowspan="7">税收制度</td><td rowspan="7">制定机关</td><td>全国人大及其常委会</td><td>法律</td><td>××法</td></tr>
<tr><td>国务院</td><td>行政法规</td><td>××条例，××暂行条例</td></tr>
<tr><td>国务院财税主管部门</td><td>行政规章和规范性文件</td><td>××办法
××暂行条例实施细则</td></tr>
<tr><td>地方人大及其常委会</td><td>地方性法规和有关规范性文件</td><td></td></tr>
<tr><td>地方人民政府</td><td>地方政府规章和有关规范性文件</td><td>××暂行条例实施办法</td></tr>
<tr><td>省以下税务机关</td><td>规范性文件</td><td></td></tr>
<tr><td>中国政府与外国政府</td><td>税收协定</td><td></td></tr>
</table>

【例题·单选题】有权制定税收法律的是（　　）。

A．全国人民代表大会及其常务委员会　　B．国务院

C．财政部　　D．国家税务总局

【答案】A

【解析】《中华人民共和国立法法》第八条规定，税收基本制度，只能由全国人民代表大会及其常务委员会制定法律。

二、税法的概念

<table>
<tr><td rowspan="11">税法</td><td>概念</td><td colspan="3">税法是国家制定的用以调整国家与纳税人之间在纳税方面的权利及义务关系的法律规范的总称</td></tr>
<tr><td rowspan="10">分类</td><td rowspan="2">功能作用</td><td>税收实体法</td><td>针对某一具体税种，如《中华人民共和国企业所得税法》（以下简称《企业所得税法》）等</td></tr>
<tr><td>税收程序法</td><td>针对税务管理程序，如《中华人民共和国税收征收管理法》（以下简称《税收征收管理法》）《中华人民共和国海关法》（以下简称《海关法》）、《中华人民共和国进出口关税条例》（以下简称《进出口关税条例》）</td></tr>
<tr><td rowspan="3">主权国家行使税收管辖权</td><td>国内税法</td><td>一国在其税收管辖权范围内，调整国家与纳税人之间权利义务关系的法律规范的总称</td></tr>
<tr><td>国际税法</td><td>国家间形成的税收制度，主要包括双边或多边国家间的税收协定、条约和国际惯例等</td></tr>
<tr><td>外国税法</td><td>外国各个国家制定的税收制度</td></tr>
<tr><td rowspan="4">级次</td><td>法律</td><td>全国人大及常委会</td></tr>
<tr><td>行政法规</td><td>国务院</td></tr>
<tr><td>部门规章、规范性文件</td><td>国务院财税主管部门（主要是财政部、国家税务总局、海关总署和国务院关税税则委员会）</td></tr>
<tr><td colspan="2">效力排序：法律>行政法规>部门规章和规范性文件</td></tr>
</table>

【例题·多选题】根据税法的功能作用的不同，可以将税法分为（　　）。

A．税收行政法规　　B．税收实体法

C．税收程序法　　D．国际税法

【答案】BC

【解析】按照税法的功能作用的不同，可将税法分为税收实体法和税收程序法。

【例题·多选题】下列属于税收实体法的有（　　）。

A.《税收征收管理法》　B.《增值税暂行条例》

C.《企业所得税法》　D.《进出口关税条例》

【答案】BC

【解析】税收实体法针对某一具体税种，如增值税、企业所得税等。选项 A、D 属于税收程序法。

三、税制的构成要素

税制的构成要素如图 2.1 所示。

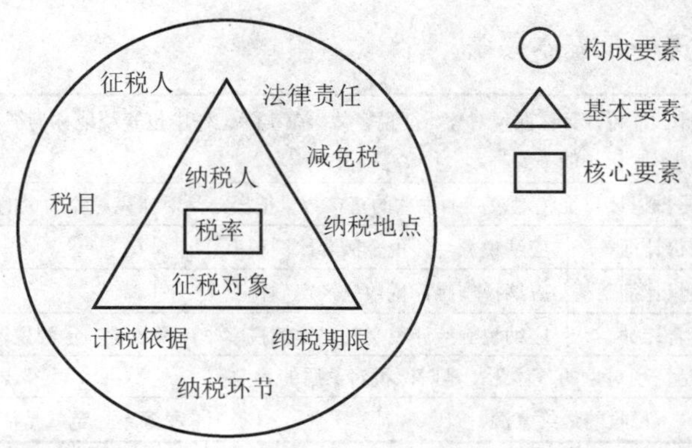

图 2.1　税制的构成要素

税制的核心要素（1 项）：税率。

税制的基本要素（3 项）：纳税人、征税对象、税率。

税制的构成要素（11 项）：征税人、纳税人、征税对象、税目、税率、计税依据、纳税环节、纳税期限、纳税地点、减免税和法律责任。

【例题·多选题】下列各项中属于税法基本要素的有（　　）。

A．征税人　B．纳税人　C．征税对象　D．计税依据

【答案】BC

【解析】税制的基本要素是纳税人、征税对象、税率。

（一）纳税人

名称	概念	备注
纳税人	依法直接负有纳税义务的单位和个人，亦称纳税义务人	纳税人包括自然人和法人
代扣代缴义务人	有义务从持有的纳税人收入中扣除应纳税款并代为缴纳的企业或单位	如出版社代扣作者稿酬所得的个人所得税
代收代缴义务人	虽不承担纳税义务，但依照有关规定，在向纳税人收取商品或劳务收入时，有义务代收代缴其应纳税款的单位和个人	委托加工的应税消费品，由受托方代收代缴消费税
负税人	最终负担税款的单位和个人	纳税人不一定就是负税人。两者可能一致，也可能不一致

【例题·多选题】下列关于纳税人的说法正确的有（　　）。

A. 纳税人是纳税义务人的简称

B. 纳税人即纳税主体

C. 由于存在税务转移的可能性，纳税人就是负税人

D. 纳税人只包括法人

【答案】AB

【解析】选项C，由于存在税务转移的可能性，纳税人不一定就是负税人。选项D，纳税人包括自然人和法人。

（二）征税对象——最基本要素

<table>
<tr><td>征税对象</td><td colspan="2">即对什么征税，又称课税对象、征税客体，在实际工作中也笼统地称为征税范围。不同的征税对象是区别不同税种的主要标志</td></tr>
<tr><td rowspan="4">税基
（计税依据）</td><td colspan="2">税基是据以计算征税对象应纳税款的直接数量依据，是对课税对象的量的规定</td></tr>
<tr><td>从价计征</td><td>应纳税额＝计税金额×比例税率</td></tr>
<tr><td>从量计征</td><td>应纳税额＝计税数量×定额税</td></tr>
<tr><td>复合计征</td><td>应纳税额＝计税金额×比例税率＋计税数量×定额税率</td></tr>
<tr><td>税目</td><td colspan="2">税目是征税对象的具体化，是对课税对象质的界定</td></tr>
<tr><td>税源</td><td>税收的最终来源</td><td>税源不一定就是征税对象</td></tr>
</table>

【例题·单选题】区别不同类型税种的主要标志是（　　）。

A. 税率　　B. 纳税人　　C. 征税对象　　D. 纳税期限

【答案】C

【解析】不同的征税对象是区别不同税种的主要标志。

（三）税率——核心要素

<table>
<tr><td rowspan="13">税率</td><td colspan="3">计算税额的尺度，反映了征税的深度，是衡量税负轻重与否的重要标志</td></tr>
<tr><td rowspan="6">比例税率
（同一对象，不论多少，同一比例）</td><td>单一比例税率</td><td>对同一征税对象的所有纳税人都适用同一比例税率</td></tr>
<tr><td rowspan="3">差别比例税率</td><td>产品差别比例税率，如增值税</td></tr>
<tr><td>行业差别比例税率，如企业所得税</td></tr>
<tr><td>地区差别比例税率，如城市维护建设税</td></tr>
<tr><td>幅度比例税率</td><td>税法只规定一个具有上下限的幅度税率，具体税率授权地方根据本地实际情况在该幅度内予以确定</td></tr>
<tr><td colspan="2">说明：资源税自2016年7月1日起全面执行比例税率</td></tr>
<tr><td rowspan="4">累进税率
（数额越大，税率越高；数额越小，税率越低）</td><td>全额累进税率</td><td></td></tr>
<tr><td>超额累进税率</td><td>代表税种：个人所得税中的工资薪金所得、经营所得</td></tr>
<tr><td>超率累进税率</td><td>代表税种：土地增值税</td></tr>
<tr><td colspan="2">注意：我国现行税法体系采用的累进税率形式只有超额累进税率、超率累进税率</td></tr>
<tr><td>定额税率</td><td colspan="2">固定税额，一般适用于从量计征的税种，如部分消费税（黄酒、啤酒、成品油）、城镇土地使用税、车船税</td></tr>
</table>

【例题·单选题】企业所得税的税率形式是（　　）。

A．累进税率　　B．定额税率　　C．比例税率　　D．其他税率

【答案】C

【例题·单选题】我国个人所得税中的工资薪金所得采取的税率形式属于（　　）。

A．比例税率　　B．超额累进税率

C．超率累进税率　　D．全额累进税率

【答案】B

【解析】个人所得税中的工资薪金所得是按照超额累进税率计算的。

（四）减免税

<table>
<tr><td rowspan="6">减免税</td><td colspan="3">减免税是根据国家政策，对某些纳税人和征税对象给予鼓励和照顾的一种特殊规定。
【注意】减税是从应征税款中减征部分税款；免税是免征全部税款。
与减免税相对立的，是加重税负的措施，包括税收附加、税收加成</td></tr>
<tr><td rowspan="3">税基式减免</td><td>起征点</td><td>税法规定对征税对象开始征税的起点数额。
征税对象的数额“达到”起征点的就“全部数额征税”，“未达到”起征点的“不征税”（不到不征，一到全征）</td></tr>
<tr><td>免征额</td><td>征税对象总额中免予征税的数额，只就减除后的“剩余部分”计征税款，是对所有纳税人的照顾（不到不征，只有超过了才只对超过部分征税）</td></tr>
<tr><td colspan="2">【注意】区分起征点和免征额，不达起征点和免征额时都不交税，但是一旦达到起征点是全额征税，超过免征额是只对超过部分征税</td></tr>
<tr><td>税率式减免</td><td colspan="2">包括重新确定税率、选用其他税率、零税率等形式</td></tr>
<tr><td>税额式减免</td><td colspan="2">包括全部免征、减半征收、核定减免率、抵免税额，以及另定减征额等形式</td></tr>
</table>

【例题·判断题】如果税法规定某一税种的起征点是800元，那么，超过起征点的，只对超过800元的部分征税。（　　）

【答案】×

【解析】起征点是800元，那么超过起征点则对全额征税的。

（五）其他要素

纳税环节	税法规定的征税对象在从生产到消费的流转过程中应当缴纳税款的环节，如流转税在生产和流通环节纳税，所得税在分配环节纳税
纳税期限	按期纳税；按次纳税；按年计征、分期预交
纳税地点	根据各个税种纳税对象的纳税环节，有利于税款的源泉控制
征税人	代表国家行使征税权的征税机关，包括各级税务机关、海关
法律责任	对违反国家税法规定的行为人采取的处罚措施。纳税人和税务人员违反税法规定，都将依法承担法律责任

【例题·多选题】我国现行的纳税期限有（　　）形式。

A．按期纳税　　B．按次纳税

C．按年计征、分期预交　　D．固定期限纳税

【答案】ABC

四、税收分类

分类标准	类型	代表税种
征税对象	流转税类	增值税、消费税、关税
	所得税类	企业所得税、个人所得税
	财产税类	房产税、车船税、契税
	资源税类	资源税、土地增值税、城镇土地使用税
	行为税类	印花税、城市维护建设税、车辆购置税、耕地占用税
征收权限和收入支配权限	中央税	海关负责征收的税种、消费税、车辆购置税、印花税（2016年1月1日调整）
	地方税	城镇土地使用税、耕地占用税、土地增值税、房产税、车船使用税、契税
	中央地方共享税	增值税、企业所得税、个人所得税、资源税、城市维护建设税
计税标准	从价税	增值税、资源税（2016年7月1日调整）、企业所得税、个人所得税
	从量税	车船税、城镇土地使用税、消费税中的啤酒和黄酒
	复合税	消费税中的卷烟和白酒
与价格的关系	价内税	价格组成＝成本＋利润＋税金，如消费税等
	价外税	价格组成＝成本＋利润，如增值税
税负是否转嫁	直接税	企业所得税、个人所得税、遗产税等
	间接税	增值税、消费税等
征收管理的分工体系	工商税类	绝大多数
	关税类	进出口关税，进口环节增值税、消费税和船舶吨税

【例题·单选题】在我国现行的下列税种中，不属于财产税类的有（　　）。

A．房产税　　B．车船税　　C．契税　　D．车辆购置税

【答案】D

【解析】D选项属于行为税类。

【例题·多选题】根据我国税法规定，我国的增值税属于（　　）。

A．流转税　　B．工商税　　C．中央税　　D．从价税

【答案】ABD

【解析】我国的增值税属于中央地方共享税。

【例题·判断题】按征收管理的分工体系分类，税收可分为工商税类、关税类。（　　）

【答案】√

同步强化练习

第一节　税收制度与税法

一、单选题

1．由国务院制定的是（　　）。

A．《增值税暂行条例》

B.《企业所得税法》

C.《消费税暂行条例实施细则》

D.《税收征收管理法》

2．我国税收立法权规定地方人民代表大会及其常务委员会有权制定的是（　　）。

A．税收法律　　B．地方性法规　　C．部门规章　　D．地方规章

3．下列法规中，属于地方税收规章的是（　　）。

A.《海关法》

B.《城镇土地使用税暂行条例》实施办法

C.《税收征收管理法实施细则》

D.《个人所得税法实施细则》

4．按照税法法律级次，可以将税法分为（　　）。

A．税收实体法与税收程序法

B．中央税法与地方税法

C．税收法律、税收行政法规、税收规章和税收规范性文件

D．国际税法与国内税法

5．按照功能作用，税法可以分为（　　）。

A．中央税法和地方税法　　B．税收基本法和税收普通法

C．税收实体法和税收程序法　　D．所得税法和流转税法

二、多选题

1．下列对税收制度的理解正确的是（　　）。

A．税收制度是对某个税种或某些涉税事项的具体规定

B．税收制度是税种体系的构成，也称税制结构

C．税收制度就是税收体制

D．税收制度是国家税收管理工作在中央和地方之间划分各自权限的一项制度

2．税收制度的作用主要体现在（　　）。

A．对税收分配关系进行规范

B．为税收征管活动提供依据和准绳

C．为实现税收职能和作用提供法律保证

D．规范政府与纳税人之间的征纳关系

3．下列关于税法的分类陈述中，正确的有（　　）。

A．按照主权国家行使税收管辖权的不同，可分为国内税法国际税法和外国税法

B．按照税法法律级次不同，可分为对流转税的税法和对所得额课税的税法

C．按照税法的功能作用的不同，可分为税收实体法和税收程序法

D．按照税法的基本内容和效力的不同，可分为税收法律和税收行政法规

4．属于税收程序法的有（　　）。

A.《税收征收管理法》　　B.《发票管理法》

C.《纳税程序法》　　D.《企业所得税法》

5. 国务院财税主管部门，主要是（　　）。

A. 财政部　　B. 国家税务总局

C. 海关总署　　D. 国务院关税税则委员会

三、判断题

1. 税收制度的核心是税收法规和税收条例。（　　）

2. 税收程序法是税法的核心部分，没有税收程序法，税法体系就不能成立。（　　）

3. 税收行政法规由人大常委会根据有关法律的规定制定，其法律地位和法律效力低于宪法，高于税收法律。（　　）

第二节　税制的构成要素

一、单选题

1. 不属于构成税法的最基本的要素的是（　　）。

A. 纳税人　　B. 征税人　　C. 征税对象　　D. 税率

2. 区分不同税种的主要标志是（　　）。

A. 征税对象　　B. 税目　　C. 纳税主体　　D. 税率

3.（　　）是征税对象的具体化。

A. 计税依据　　B. 税源　　C. 税目　　D. 税率

4.（　　）就是以同一征税对象不分数额大小，规定相同的征收比例的税率。

A. 比例税率　　B. 累进税率　　C. 定额税率　　D. 复合税率

5. 我国目前采用定额税率的税种是（　　）。

A. 增值税　　B. 城市维护建设税　　C. 房产税　　D. 车船税

6. 我国目前采用超率累进税率的是（　　）。

A. 个人所得税　　B. 消费税　　C. 土地增值税　　D. 企业所得税

7. 免征额是指对（　　）中免于征税的数额。

A. 征税对象总额　　B. 征税对象扣除额　　C. 征税项目　　D. 应征收的数额

8. 我国个人所得税的计算中，按税法规定，可以按扣除3500元后的金额计算应纳税额，该3500元指的是（　　）。

A. 直接减税　　B. 起征点　　C. 直接免税　　D. 免征额

9. 下列关于起征点与免征额的说法，不正确的是（　　）。

A. 征税对象的数额未达到起征点的不征税

B. 当课税对象大于免征额时，仅对免征额部分征税

C. 当课税对象小于免征额时，不予征税

D. 征税对象的数额达到起征点的就全部数额征税

10．下列关于税法的构成要素说法正确的是（　　）。
A．征税对象是税收法律关系中征纳双方权利义务所指的物品
B．计税依据又叫税基
C．负税人是指直接负有纳税义务的自然人、法人和其他组织
D．超额累进税率是指以征税对象数额的相对率划分若干级距，分别规定相应的差别税率，我国的土地增值税就是采用这种税率

二、多选题

1．税法的构成要素包括（　　）。
A．纳税环节　B．纳税地点　C．征收对象　D．税率
2．下列关于税法的构成要素表述正确的有（　　）。
A．纳税人就是履行纳税义务的法人
B．征税人是指税务机关，其他机构无权征税
C．征税对象是区别不同类型税种的主要标志
D．我国现行的税率主要有比例税率、定额税率和累进税率
3．我国现行税法规定的税率有（　　）。
A．比例税率　B．超额累进税率
C．超率累进税率　D．定额税率
4．下列关于税率的表述正确的有（　　）。
A．个人所得税采用超额累进税率
B．增值税、城市维护建设税、企业所得税采用比例税率
C．土地增值税采用超率累进税率
D．车船税采用定额税率
5．我国目前采用定额税率（　　）。
A．土地增值税　B．城镇土地使用税　C．城市维护建设税　D．车船税
6．减税免税是国家对某些（　　）给予鼓励和照顾的一种特殊规定。
A．纳税期限　B．征税对象　C．税率　D．纳税人
7．减税、免税的主要形式有（　　）。
A．税基式减免　B．税率式减免
C．税额式减免　D．税制式减免
8．税基式减免具体包括有（　　）。
A．减税　B．起征点　C．免征额　D．免税
9．按照纳税环节的多少，可将税收课征制度划分为两类，即（　　）。
A．一次课征制度　B．独立课征制度
C．重复课征制度　D．多次课征制度
10．我国税法规定的纳税地点主要是（　　）。
A．机构所在地　B．报关地
C．财产所在地　D．经济活动发生地

三、判断题

1．纳税人即负税人。 （　）

2．比例税率即征税对象数额越大，税率越高。 （　）

3．税源就是课税对象，因为个人所得税的课税对象和税源都是个人所得。 （　）

4．按期纳税间隔期分为1日、5日、10日、15日和1个月5种。 （　）

5．纳税人以1个月或1个季度为1个纳税期的，自期满之日起10日内申报纳税。 （　）

第三节　税 收 分 类

一、单选题

1．税收按（　）可分为流转税、所得税、资源税、行为税和财产税。

A．按税收管理和使用权限　　B．按征税对象的性质

C．按计税标准为依据　　D．按税负是否转嫁为标准

2．按征税对象的不同，税收可分为（　）。

A．中央税、地方税和中央地方共享税

B．工商税类和关税类

C．流转税类、所得税类、资源税类、财产税类、行为税类

D．从价税、从量税和复合税

3．将税收分为中央税、地方税和中央地方共享税，这是（　）。

A．按照征收管理的分工体系进行的分类

B．按照征税对象不同进行的分类

C．按照计税标准不同进行的分类

D．按照税收征收权限和收入支配权限进行的分类

4．下列税种不属于中央税的是（　）。

A．消费税　　B．车辆购置税　　C．关税　　D．企业所得税

5．下列税种属于地方税种的是（　）。

A．房产税　　B．个人所得税　　C．增值税　　D．消费税

6．下列税种不属于中央与地方共享税的是（　）。

A．土地增值税　　B．增值税　　C．个人所得税　　D．企业所得税

7．下列税种中不属于财产税的是（　）。

A．房产税　　B．个人所得税　　C．车船税　　D．契税

8．下列税种属于行为税的是（　）。

A．车船税　　B．增值税　　C．消费税　　D．印花税

9．不属于资源税的税种是（　）。

A．城镇土地使用税　　B．耕地占用税

C．城市维护建设税 D．资源税

10．契税从性质上讲，属于（ ）。

A．所得税 B．行为税 C．流转税 D．财产税

11．（ ）是价外税。

A．房产税 B．增值税 C．消费税 D．资源税

12．按照从量计征式计税的税种是（ ）。

A．房产税 B．企业所得税 C．增值税 D．耕地占用税

13．不属于从价税的税种有（ ）。

A．增值税 B．消费税 C．契税 D．个人所得税

14．（ ）是间接税。

A．个人所得税 B．增值税 C．企业所得税 D．遗产税

15．下列关于从量税的表述，正确的是（ ）。

A．从量税是以课税对象的价格作为计税依据征收的一种税

B．从量税是以课税对象的实物量作为计税依据征收的一种税

C．从量税是以课税对象的价值量作为计税依据征收的一种税

D．从量税是以课税对象采用从价和从量相结合的计税方法征收的一种税

二、多选题

1．税收按征收对象分类，可分为（ ）。

A．流转税类 B．所得税类 C．财产税类 D．复合税类

2．属于流转税类的税种有（ ）。

A．增值税 B．房产税 C．关税 D．消费税

3．现行所得税税种包括（ ）。

A．个人所得税 B．房产税 C．企业所得税 D．契税

4．属于行为税的税种有（ ）。

A．车船税 B．印花税

C．房产税 D．城市维护建设税

5．下列项目中，属于财产税类的有（ ）。

A．房产税 B．契税

C．城镇土地使用税 D．车辆购置税

6．按照税收征收权限和收入支配权限，税收可分为（ ）。

A．关税 B．中央税

C．地方税 D．中央和地方共享税

7．属于中央税的税种有（ ）。

A．消费税 B．关税 C．车辆购置税 D．增值税

8．属于地方税的税种有（ ）。

A．增值税 B．房产税 C．车船税 D．土地增值税

9．下列各项中，采用从价计征形式的有（　　）。

A．房产税　　B．增值税　　C．车船税　　D．企业所得税

10．（　　）属于直接税。

A．企业所得税　　B．个人所得税　　C．增值税　　D．消费税

三、判断题

1．车辆购置税属于财产税类。（　　）

2．按税收的征收管理的分工体系分类，可以将税收分为中央税、地方税和中央地方共享税。（　　）

3．增值税、消费税、关税都属于流转税，也都属于中央与地方共享税。（　　）

4．增值税是一种价内税。（　　）

5．流转税是以增值额为征税对象的税种。（　　）

同步强化练习
参考答案及解析

第三章 增 值 税

学情分析

本章是全书最难但也最有用的一章，随着 2016 年 5 月 1 日全面“营改增”税制改革的深入推进，本章内容已按照最新政策进行了重新编写。本章知识点多且具有一定的难度，重点、难点、考点都比较明显，学习本章内容时，务必从学以致用的角度来对待。从知识掌握上看，增值税是税收类考试的“热点”；从应用上看，该内容与我们今后的工作联系紧密。

学习本章应重点掌握以下几点：

（1）征税范围：注意新增的“营改增”的行业，掌握视同销售行为，正确区分混合销售和兼营行为。

（2）纳税人：能准确划分一般纳税人和小规模纳税人。

（3）税率与征收率：与征税范围紧密结合，识记不同行业的税率与征收率。

（4）应纳税额的计算：分别掌握一般纳税人的一般计税方法、小规模纳税人的简易计税方法和进口货物的计税方法。

（5）征收管理：纳税义务发生时间要注意和销项税额的确认一起把握、纳税期限和纳税地点。

本章主要内容导图

- 增值税
  - 概述
    - 概念
    - 特点
  - 征税范围及纳税义务人
    - 征税范围
    - 纳税人
      - 纳税义务人
      - 扣缴义务人
  - 增值税纳税人
    - 一般纳税人
      - 认定标准
      - 资格条件
      - 认定地点和权限
    - 小规模纳税人
      - 认定标准
      - 管理
  - 税率与征收率
    - 比例税率
      - 基本税率（17%）
      - 低税率
      - 零税率
      - 征收率
    - 计税方法
      - 一般计税
      - 简易计税
  - 应纳税额计算
    - 一般计税方法
    - 简易计税方法
    - 进口货物应纳税额
  - 税收优惠
    - 免税
    - 即征即退
    - 其他
  - 征收管理
    - 纳税时间
      - 一般规定
      - 具体规定
    - 纳税期限
    - 纳税地点
    - 申报办法
  - 增值税专用发票

重点、难点讲解及典型例题

一、增值税概述

概念	增值税是以商品（含应税劳务和应税服务）在流转过程中产生的增值额作为征税对象而征收的一种流转税；是对在我国境内“销售或者进口货物，提供加工、修理修配劳务，销售服务、无形资产或者不动产”的单位和个人取得的增值额为计税依据征收的一种税。 提示： （1）计税依据：增值额。 （2）征税范围：销售服务、无形资产或者不动产是“营改增”后并入增值税征税范围的项目	
分类	生产型增值税	不允许纳税人在计算增值税时扣除外购固定资产的进项税额
	收入型增值税	允许纳税人在计算增值税时，将外购固定资产折旧部分扣除
	消费型增值税	允许纳税人在计算增值税时，将外购固定资产的进项税额一次性全部扣除。 注意：我国从 2009 年 1 月 1 日起全面实行消费型增值税
特点	实行税款抵扣制	应纳增值税额＝当期销项税额-当期进项税额
	实行比例税率	规定基本税率 17%和低税率（11%、6%）
	实行价外税	作为计税依据的销售额中是不含增值税税款的
	具有转嫁性	增值税是一种间接税

【例题·单选题】我国现行的增值税属于（　　）。

A．消费型增值税　　B．收入型增值税

C．生产型增值税　　D．积累型增值税

【答案】A

【解析】我国从 2009 年 1 月 1 日起全面实行消费型增值税。

【补充】增值税改革史。

增值税改革史

时间	次数	改革内容
1979 年		试行阶段
1984 年	第一次改革	过渡性阶段
1993 年	第二次改革	规范阶段
2009 年 1 月 1 日	第三次改革	生产型向消费型转型阶段
2012 年 1 月 1 日	第四次改革	“营改增”阶段（上海）
2012 年 8 月 1 日		10 省市试行“营改增”
2013 年 8 月 1 日		全国范围试行“营改增”
2014 年 1 月 1 日		铁路运输和邮政业“营改增”
2014 年 6 月 1 日		电信业“营改增”
2016 年 5 月 1 日		全面“营改增”
2017 年 7 月 1 日		增值税税率由四档减至 17%、11%和 6%三档，取消 13%这一档税率；将农产品、天然气等增值税税率从 13%降至 11%

二、征税范围

<table>
<tr><td rowspan="12">一般范围</td><td>销售及进口货物</td><td colspan="3">货物指“有形动产”，包括电力、热力、气体</td></tr>
<tr><td>提供应税劳务</td><td colspan="3">包括“加工、修理修配劳务”</td></tr>
<tr><td rowspan="7">提供应税服务
(“营改增”)</td><td>交通运输业</td><td colspan="2">包括“水、陆、空、管”</td></tr>
<tr><td>邮政服务</td><td colspan="2">除“邮政储蓄”(金融服务)外</td></tr>
<tr><td>电信服务</td><td colspan="2">基础电信服务、增值电信服务</td></tr>
<tr><td>建筑服务</td><td colspan="2">建造、修缮、装饰、安装</td></tr>
<tr><td>金融服务业</td><td colspan="2">贷款服务、直接收费金融服务、保险服务、金融商品转让</td></tr>
<tr><td>现代服务业</td><td colspan="2">包括研发和技术服务、信息技术服务、文化创意服务、物流辅助服务、租赁服务、鉴证咨询服务、广播影视服务、商务辅助服务、其他服务</td></tr>
<tr><td>生活服务业</td><td colspan="2">包括文化体育服务、教育医疗服务、旅游娱乐服务、餐饮住宿服务、居民日常服务和其他生活服务</td></tr>
<tr><td>销售不动产</td><td colspan="3">建筑物、构筑物</td></tr>
<tr><td>转让无形资产</td><td colspan="3">技术、商标、著作权、商誉、自然资源使用权和其他权益性无形资产（如土地使用权）</td></tr>
<tr><td colspan="4">注意：①“程租”“期租”“湿租”属交通运输业；“光租”“干租”属现代服务业——有形动产租赁税目；②装卸搬运、仓储属于物流辅助服务</td></tr>
<tr><td>视同销售</td><td colspan="4">(1) 视同销售货物：①委托代销货物；②销售代销货物；③异地（非同一县市）移送；④“自产、委托加工”的货物，无论“对内、对外”均视同销售；⑤“购进”的货物只有“对外”才视同销售。
对内行为：非增值税应税项目、集体福利、个人消费。
对外行为：投资、分配股利、无偿赠送。
理解要点：税收公平原则；纳税链条的完整；内外有别。
(2) 视同销售服务、无形资产或者不动产。
① 单位或者个体工商户向其他单位或者个人“无偿”提供服务。
② 单位或者个人向其他单位或者个人“无偿”转让无形资产或者不动产。
注意：用于“公益事业”或者以“社会公众”为对象的除外</td></tr>
<tr><td rowspan="2">混合销售</td><td rowspan="2">“一项”销售行为，既涉及货物又涉及服务</td><td>货物混合销售</td><td>经营主体从事货物生产、批发或零售</td><td>按销售货物缴纳增值税</td></tr>
<tr><td>服务混合销售</td><td>经营主体从事其他行业</td><td>按提供服务缴纳营增值税</td></tr>
<tr><td>兼营行为</td><td>纳税人“多元化”经营</td><td>增值税不同税目混业经营</td><td>不同时发生在同一购买者身上，也不发生在同一项销售行为中</td><td>分别核算分别缴纳；未分别核算的“从高”适用税率</td></tr>
</table>

【例题·多选题】下列属于增值税征税范围的有（　　）。

A．单位聘用的员工为本单位提供的运输服务

B．航空运输企业提供的湿租业务

C．广告公司提供的广告代理业务

D．房地产评估咨询公司提供的房地产评估业务

【答案】BCD

【解析】选项 A 不属于增值税的征税范围。

【例题·多选题】下列业务中，属于销售服务、无形资产或者不动产的有（　　）。

A．建筑安装　　B．零售商品

C．提供加工修配　　D．提供交通运输服务

【答案】AD

【解析】选项B属于销售货物，选项C属于提供加工修理修配劳务。

【例题·多选题】依据“营改增”政策，下列行为中属于商务辅助服务的有（　　）。

A．企业管理服务　　B．代理报关服务

C．场所住宅保安服务　　D．认证服务

【答案】ABC

【解析】选项D属于鉴证咨询服务。

【例题·多选题】增值税一般纳税人的下列行为中，应视同销售货物，征收增值税的有（　　）。

A．食品厂将自产的月饼发给职工作为中秋节的福利

B．商场将购进的服装发给职工用于运动会入场式

C．电脑生产企业将自产的电脑分配给投资者

D．纺织厂将自产的窗帘用于职工活动中心

【答案】ACD

【解析】选项B属于进项税额不得抵扣，不属于视同销售的情况。

【例题·多选题】增值税一般纳税人的下列行为中，应视同销售货物，征收增值税的有（　　）。

A．将自产货物用于集体福利　　B．将外购货物用于个人消费

C．将自产货物无偿赠送他人　　D．将外购货物分配给股东

【答案】ACD

【解析】选项B属于进项税额不得抵扣，不属于视同销售的情况。

【例题·多选题】下列业务属于增值税混合销售的有（　　）。

A．手机制造商销售手机，出租仓库

B．软件厂销售软件并同时收取安装费、培训费

C．房地产开发公司销售房产，转让自用的二手车

D．餐厅为现场餐饮消费的顾客提供销售香烟

【答案】BD

【解析】选项A、C属于兼营行为。

【例题·多选题】根据增值税法律制度的规定，下列行为中，应当按销售货物征收增值税的有（　　）。

A．贸易公司销售电梯同时负责安装

B．百货商店销售商品同时负责运输

C．建材商店销售建材，并从事装修、装饰业务

D．餐饮公司提供餐饮服务的同时销售酒水

【答案】AB

【解析】选项 C 属于兼营，应该分别核算分别缴纳；未分别核算的从高适用税率。选项 D 应该按照提供餐饮服务缴纳增值税。

三、纳税人

纳税人类型	小规模纳税人	一般纳税人
从事货物生产或者提供应税劳务的纳税人，以及从事货物以生产或者应税劳务为主，兼营货物批发或者零售的纳税人（工业企业）	年应税销售额≤50 万元	年应税销售额＞50 万元
其他纳税人（商业企业）	年应税销售额≤80 万元	年应税销售额＞80 万元
“营改增”	年应税服务销售额≤500 万元	年应税服务销售额＞500 万元
年销售额超标的其他个人（除个体户之外的个人）	小规模	—
非企业性单位、不经常发生应税行为的企业	可选择按小规模或一般纳税人纳税	

注意：（1）年销售额达标是“肯定”资格，未达标不是“否定”资格。小规模纳税人会计核算健全，可以申请认定为一般纳税人。除总局另有规定外，纳税人一经认定为一般纳税人后，不得转为小规模纳税人。

（2）一般纳税人资格实行“登记制”，向其主管税务机关办理

【例题·多选题】下列选项中，可以选择按小规模纳税人标准纳税的有（　　）。

A．年应税销售额未超过一般纳税人认定标准，但会计核算健全的企业

B．年应税销售额超过小规模纳税人标准的其他个人

C．年应税销售额超过小规模纳税人标准的非企业性单位

D．年应税销售额超过小规模纳税人标准的不经常发生应税行为的企业

【答案】ACD

【解析】选项 B 个人只能是小规模纳税人。

四、税率

<table>
<tr><th>类型</th><th>税率</th><th colspan="2">适用范围</th></tr>
<tr><td>基本税率</td><td>17%</td><td colspan="2">（1）除执行 11%税率以外的货物；
（2）加工修理修配劳务；
（3）有形动产租赁服务</td></tr>
<tr><td rowspan="4">低税率</td><td rowspan="3">11%</td><td>四大类</td><td>基本温饱、精神文明、农业生产、生活用能源</td></tr>
<tr><td>注意</td><td>（1）低税率中的农产品是指“一般纳税人”销售或进口农产品；
（2）农产品指初级农产品，不包括再加工产品；
（3）农产品、食用盐、居民用煤炭、农机为易错点</td></tr>
<tr><td colspan="2">交通运输、邮政、基础电信、建筑、不动产租赁、销售不动产、转让土地使用权。
记忆口诀：“房地产”是“交友”的“基础”</td></tr>
<tr><td>6%</td><td colspan="2">增值电信、现代服务业（除租赁服务外）、金融、生活服务业、转让无形资产（除土地使用权外）</td></tr>
<tr><td>零税率</td><td>0</td><td colspan="2">（1）“出口”货物（国务院另有规定的除外）。
（2）提供“国际运输服务、航天运输、向境外单位提供的研发和设计服务”</td></tr>
<tr><td>征收率</td><td>3%</td><td colspan="2">征收率（小规模纳税人及一般纳税人一些特殊情况适用）
特点：执行简易办法征收，不得抵扣进项税额</td></tr>
</table>

续表

类型	税率	适用范围
征收率	减按 2%	纳税人销售自己使用过的固定资产、旧货
	5%	小规模纳税人销售不动产、租赁不动产 房地产开发企业中的小规模纳税人销售房地产项目
	减按 1.5%	其他个人出租不动产

注：增值税税率最新规定：国务院常务会议决定，从 2017 年 7 月 1 日起，将增值税税率由四档减至 17%、11%和 6%三档，取消 13%这一档税率；将农产品、天然气等增值税税率从 13%降至 11%。同时，对农产品深加工企业购入农产品维持原扣除力度不变，避免因进项抵扣减少而增加税负。

五、一般计税方法应纳税额

应纳税额的计算方法见图 3.1。

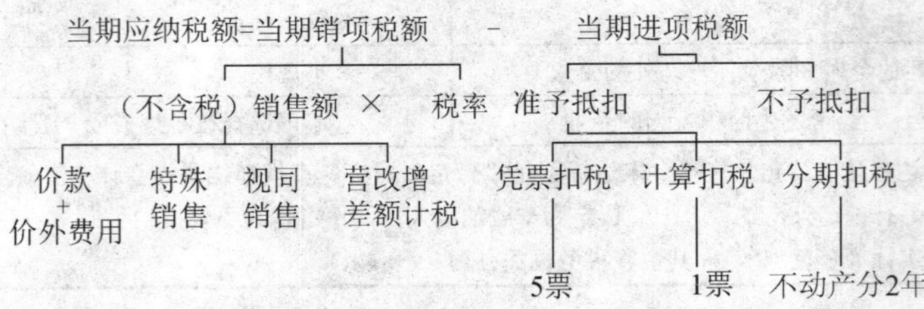

图 3.1 应纳税额的计算方法

（一）销项税额的计算

1. 一般销售方式下的销售额

销售额包含的项目	销售额中不包含的项目
① 向购买方收取的全部价款。 ② 向购买方收取的价外费用。 注意：价外费用全部为价税合计金额。 ③ 消费税、关税等价内税金（自身应缴的消费税或关税）	① 向购买方收取的“销项税额”。 ② 受托加工应征消费税的消费品所“代收代缴”的消费税。 ③ 符合条件的“代垫”运费。承运部门的运费发票开具给购货方，纳税人将该项发票转交给购货方。 ④ 符合条件的“代”为收取的政府性基金和行政事业性收费。条件： 够级别——由国务院或者财政部批准设立的政府性基金，由国务院或者省级人民政府及其财政、价格主管部门批准设立的行政事业性收费。 有证据——收取时开具省级以上财政部门印制的财政票据。 全上交——所收款项全额上缴财政 ⑤ 销售货物的同时“代”办保险等而向购买方收取的保险费，以及向购买方收取的“代”购买方缴纳的车辆购置税、车辆牌照费。 记忆提示：税法是讲理的，只要是“合理的代收款项”，确实不是企业的收入就不作为价外费用

【例题·多选题】价外费用不包括下列项目（　　）。

A. 受托加工应征消费税的消费品所代收代缴的消费税

B. 承运部门的运输费用发票开具给购买方的代垫运输费用，纳税人将该项发票转交给购买方的代垫运输费用

C. 销售货物的同时代办保险等而向购买方收取的保险费

D．代为收取的所收款项取得财政票据并全额上缴财政行政事业性收费

【答案】ABCD

【解析】本题考核不属于价外费用的情形。

2．含税销售额的转换

计算公式：不含税销售额＝含税销售额÷（1＋17%）或（1＋13%）。

默认含税销售额：①零售价；②价外费用；③普通发票。

【例题·单选题】A 公司为增值税一般纳税人，其销售钢材一批，含增值税的价格为 23400 元，适用的增值税税率为 17%。则其增值税销项税额为（ ）元。

A．3400　　B．3978　　C．2600　　D．3042

【答案】A

【解析】不含税销售额＝23400÷（1＋17%）＝20000（元）

增值税销项税额＝20000×17%＝3400（元）

【例题·单选题】某书店是增值税一般纳税人，2016 年 4 月销售图书取得含税销售额 6.78 万元。根据增值税法律制度的规定，该书店此项业务的增值税销项税额为（ ）万元。

A．0.78　　B．0.88　　C．0.99　　D．1.15

【答案】A

【解析】图书适用低税率 13%，则该书店此项业务的增值税销项额＝6.78÷（1＋13%）×13%＝0.78（万元）。

3．视同销售行为的销售额计算

纳税人销售价格明显偏低且无正当理由或者偏高且不具有合理商业目的的，或视同销售货物而无销售额的，按下列“顺序”确定销售额：

① 按纳税人最近时期同类货物的平均销售价格确定；

② 按其他纳税人最近时期同类货物的平均销售价格确定；

③ 按组成计税价格确定：组成计税价格＝成本×（1＋成本利润率）。

成本利润率由国家税务总局确定，目前为 10%。

理解：偏低调整是防止少纳增值税；偏高调整是防止出口虚报价格，骗取退税款。

【例题·单选题】甲公司为增值税一般纳税人，本月将一批新研制的产品赠送给老顾客使用，甲公司并无同类产品销售价格，其他公司也无同类货物，已知该批产品的生产成本为 10 万元，成本利润率为 10%，则甲公司本月视同销售的增值税销项税为（ ）元。

A．17000　　B．18500　　C．18700　　D．18888

【答案】C

【解析】甲公司本月视同销售的销项税＝100000×（1＋10%）×17%＝18700（元）。

4. “折扣销售”方式下的销售额的确定

折扣销售	税务处理	说明
商业折扣	折扣额可以从销售额中扣减（同一张发票上“金额栏”分别注明）	① 目的：促销 ② 实物折扣：按视同销售中“无偿赠送”处理，实物款额不能从原销售额中减除
现金折扣	折扣额不得从销售额中减除	目的：发生在销货之后，属于一种融资行为
销售折让	折让额可以通过红字专用发票减除	目的：保商业信誉，对已售产品出现品种、质量问题而给予购买方的补偿

【例题·单选题】甲服装厂为增值税一般纳税人，2015 年 9 月销售给乙企业 300 套服装，不含税价格为 700 元/套。由于乙企业购买数量较多，甲服装厂给予乙企业 7 折的优惠，并按原价开具了增值税专用发票，折扣额在同一张发票的“备注”栏注明。甲服装厂当月的销项税额为（　　）元。

A．24990　　B．35700　　C．36890　　D．47600

【答案】B

【解析】甲服装厂当月的销项税额＝700×300×17%＝35700（元）。

【例题·计算题】甲企业本月销售给某专卖商店 A 牌商品一批，由于货款回笼及时，根据合同规定，给予专卖商店 2%折扣，甲企业实际取得不含税销售额 245 万元，计算销项税额。

【答案】计税销售额＝245÷98%＝250（万元）

销项税额＝250×17%＝42.5（万元）

5. “以旧换新”销售方式的销售额的确定

以旧换新	税务处理	说明
一般货物	不得扣减旧货物的收购价格	金银首饰除外
金银首饰	可以按销售方实际收取的不含增值税的全部价款征收增值税	

【例题·单选题】某超市（一般纳税人）2016 年 8 月采取“以旧换新”方式销售电器，开出普通发票 8 张，收到货款 80000 元，并注明已扣除旧电器折价 30000 元；开出专用发票 28 张，注明扣除旧电器金额 110000 元（不含税），收到货款 580000 元（不含税），则该超市当月应纳的增值税为（　　）元。

A．116239.32　　B．133076.92　　C．133282.91　　D．143528.30

【答案】C

【解析】增值税法中规定，纳税人采取“以旧换新”方式销售货物，不允许扣除旧货物的价款（金银首饰除外）。应纳增值税＝（80000＋30000）÷（1＋17%）×17%＋（580000＋110000）×17%＝133282.91（元）。

【例题·计算题】某金店是增值税的一般纳税人，2016 年 3 月采取以旧换新方式销售纯金项链 10 条，每条新项链的不含税销售额为 4000 元，收购旧项链的不含税金额为每条 2000 元，该笔业务的销项税额为（　　）元。

【答案】销项税额＝（4000－2000）×10×17%＝3400（元）

【解析】对金银首饰以旧换新业务，可以按销售方实际收取的不含增值税的全部价款征收增值税。

【例题·计算题】某商业零售企业为增值税一般纳税人，以旧换新方式销售玉石首饰，旧玉石首饰作价 78 万元，实际收取新旧首饰差价款共计 90 万元；采取以旧换新方式销售原价为 3500 元的金项链 200 件，每件收取差价款 1500 元。计算销项税额。

【答案】销项税＝（780000＋900000＋200×1500）÷（1＋17%）×17%＝287692.31（元）

【解析】玉石首饰不属于金银首饰，按一般货物以旧换新方式进行税务处理。

6. “还本销售”方式的销售额的确定

销售方式	税务处理	说明
还本销售	销售额就是货物销售价格，不得扣减还本支出	是一种融资行为

学习提示：税法上按正常销售处理。

【例题·单选题】某工厂（增值税一般纳税人）2016 年 11 月销售一台自产设备，增值税专用发票上注明的销售额是 100 万元，同时规定该纳税人需要在 10 年的期限内分 10 次把货款退还给购货方，假设当期无其他业务，工厂当期应当确认的增值税销项税额是（　　）万元。

A．0　　B．16.83　　C．17　　D．17.17

【答案】C

【解析】纳税人以还本销售方式销售货物的，不得从销售额中减除还本支出。应确认的增值税销项税额＝100×17%＝17（万元）。

7. “以物易物”方式的销售额的确定

销售方式	税务处理	说明
以物易物	以物易物双方都应作购销处理，以各自发出的货物核算销售额并计算销项税额，以各自收到的货物按规定核算购货额并计算进项税额	必须分别开具合法的票据，否则不能抵扣进项税额

【例题·单选题】甲贸易公司为增值税一般纳税人，2015 年 4 月以不含税价格为 15 万元的玉米与乙公司不含税价格为 8 万元的罐头进行交换，差价款由乙公司以银行存款支付，双方均向对方开具增值税专用发票，假定当月取得的相关票据均符合税法规定，并在当月抵扣进项税，甲贸易公司当月应缴纳增值税（　　）万元。

A．0.59　　B．1.95　　C．2.50　　D．1.19

【答案】A

【解析】应纳的增值税＝15×13%－8×17%＝0.59（万元）。

8. “包装物押金”的税务处理

包装物押金	增值税		消费税	
	取得时	逾期时	取得时	逾期时
一般货物	×	√	×	√
啤酒、黄酒	×	√	×	×
白酒等其他酒类	√	×	√	×

注意：①逾期时指按照合同约定逾期或者 1 年以上。②与包装物租金进行区分，租金属于价外费用，押金不一定属于价外费用。

【例题·单选题】某生产企业（增值税一般纳税人），2016 年 10 月销售化工产品取得含税销售额 793.26 万元，为销售货物出借包装物收取押金 15.21 万元，约定 3 个月内返还；当月没收逾期未退还包装物的押金 1.3 万元。该企业 2016 年 10 月上述业务计税销售额为（　　）万元。

A．679.11　　B．691　　C．692.11　　D．794.56

【答案】A

【解析】计税销售额＝（793.26＋1.3）÷（1＋17%）＝679.11（万元）。

9. “营改增”行业的销售额的确定

“营改增”	行业	销售额的确定
全额法	贷款服务	取得的全部利息及利息性质的收入为销售额
	直接收费金融服务	以提供直接收费金融服务收取的手续费、佣金、酬金、管理费、服务费、经手费、开户费、过户费、结算费、转托管费等各类费用为销售额
差额法	金融商品转让	销售额为卖出价扣除买入价后的余额
	融资租赁	以取得的全部价款和价外费用，扣除支付的借款利息（包括外汇借款和人民币借款利息）、发行债券利息和车辆购置税后的余额为销售额
	航空运输服务	销售额不包括代收的机场建设费和代售其他航空运输企业客票而代收转付的价款
	客运场站服务	销售额为取得的全部价款和价外费用扣除支付给承运方运费后的余额，从承运方取得的增值税专用发票注明的增值税，不得抵扣
	旅游服务	可以选择以取得的全部价款和价外费用，扣除向旅游服务购买方收取并支付给其他单位或者个人的住宿费、餐饮费、交通费、签证费、门票费和支付给其他接团旅游企业的旅游费用后的余额为销售额
	经纪代理服务	以取得的全部价款和价外费用，扣除向委托方收取并代为支付的政府性基金或者行政事业性收费后的余额为销售额

【例题·单选题】以下不符合“营改增”试点行业销售额规定的是（　　）。

A．存款利息，以利息收入全额为销售额

B．贷款服务，以提供贷款服务取得的全部利息及利息性质的收入为销售额

C．金融商品转让，按照卖出价扣除买入价后的余额为销售额

D．航空运输企业的销售额，不包括代收的机场建设费和代售其他航空运输企业客票而代收转付的价款

【答案】A

【例题·计算题】某境内旅游企业组团到泰国旅游，共有游客 80 人，每人收费 3500 元，境内期间为每人支付了交通费和餐费 1000 元。出境后由泰国的某旅游企业接团，并按每人 1600 元付给泰国旅游企业。境内旅游企业应纳的增值税为（　　）元。

【答案】应纳增值税额＝80×（3500－1000－1600）×17%＝12240（元）。

（二）进项税额的抵扣

以票抵税	① 从销售方取得的“增值税专用发票”（含税控机动车销售统一发票）上注明的增值税额。 注意：自 2013 年 8 月开始，纳税人购入自用的“两车一艇进项税额准予抵扣”。 ② 从海关取得的“海关进口增值税专用缴款书”上注明的增值税额。 ③ 从境外单位或者个人购进服务、无形资产或者不动产，自税务机关或者扣缴义务人取得的解缴税款的完税凭证上注明的增值税额。 总结：可以用于抵扣的凭证包括增值税专用发票、机动车销售统一发票、海关进口增值税专用缴款书、农产品收购发票、农产品销售发票、税收缴款凭证。 注意：普通发票不能抵扣
计算抵税	购进免税农产品，按照“农产品收购发票或者销售发票”上注明的买价和 13%的扣除率，计算抵扣进项税额。 进项税额＝买价×13% 采购成本＝买价×87%

【例题·计算题】一般纳税人购进某农场自产玉米，收购凭证注明价款为 65830 元，从某供销社（一般纳税人）购进玉米，增值税专用发票上注明销售额 300000 元，计算进项税额及采购成本。

【答案】进项税额＝65830×13%＋300000×13%＝47557.9（元）

采购成本＝65830×（1－13%）＋300000＝357272.1（元）

【例题·多选题】可以用于抵扣增值税的凭证包括（　　）。

A．增值税专用发票　　B．机动车销售统一发票

C．农产品收购发票　　D．增值税普通发票

【答案】ABC

【解析】普通发票不能用于抵扣增值税。

（三）不得从销项税额中抵扣进项税额的项目

不得抵扣项目	解析	举例说明
用于简易计税方法计税项目、免征增值税项目、集体福利或者个人消费的购进货物、加工修理修配劳务、服务、固定资产、无形资产和不动产	① 个人消费包括纳税人的交际应酬消费。 ② 涉及的固定资产、无形资产、不动产，仅指专用于上述项目的固定资产、无形资产、不动产；发生兼用于上述项目的可以抵扣	① 生产免税产品接受的设计服务。 ② 外购一批涂料用于装修职工食堂
非正常损失的购进货物，以及相关的加工修理修配劳务和交通运输服务	① 非正常损失，指因管理不善造成货物被盗、丢失、霉烂变质，以及因违反法律法规造成货物被依法没收、销毁的情形。 ② 非正常损失货物在增值税中不得扣除（需做进项税额转出处理）；在企业所得税中，经批准准予作为财产损失扣除	购入的大麦因管理不善而霉烂

续表

不得抵扣项目	解析	举例说明
非正常损失的在产品、产成品所耗用的购进货物、加工修理修配劳务和交通运输服务		因管理不善被盗窃的产成品所耗用的外购原材料
非正常损失的不动产，以及该不动产所耗用的购进货物、设计服务和建筑服务	① 纳税人新建、改建、扩建、修缮、装饰不动产，均属于不动产在建工程。 ② 非正常损失指因违反法律法规造成不动产被依法没收、销毁、拆除的情形	被执法部门依法拆除的不动产所接受的设计服务的进项税额
非正常损失的不动产在建工程所耗用的购进货物、设计服务和建筑服务		
购进的旅客运输服务、贷款服务、餐饮服务、居民日常服务和娱乐服务	接受对象是个人，属于最终消费。 注意：购进的“货物运输服务”可以抵扣	
其他	原理上：不符合链条关系；用于非生产经营	

【例题·单选题】下列行为中，涉及的进项税额不得从销项税额中抵扣的是（　　）。

A．将外购的货物用于分配　　B．将外购的货物发给职工作福利

C．将外购的货物无偿赠送给外单位　　D．将外购的货物作为实物投资

【答案】B

【解析】选项 ACD 属于视同销售货物。

【例题·多选题】下列项目中，支付的增值税不得从销项税额中抵扣的有（　　）。

A．因自然灾害毁损的库存商品

B．因管理不善被盗窃的产成品所耗用的外购原材料

C．贷款利息支出

D．生产免税产品接受的设计服务

【答案】BCD

【解析】选项 A 可以抵扣进项税额。

【例题·多选题】 某咨询服务企业（增值税一般纳税人）的下列进项税额，不得从销项税额中抵扣的有（　　）。

A．购买涂料装修职工食堂发生的进项税额

B．购买办公用复印纸发生的进项税额

C．被执法部门依法没收的外购出版物的进项税额

D．交际应酬消费发生的进项税额

【答案】ACD

【解析】选项 B 属于正常的生产经营支出，可以抵扣。

兼营简易计税方法计税项目、免征增值税项目且无法划分不得抵扣的进项税额的税务处理：

不得抵扣的进项税额

＝当期无法划分的全部进项税额×（当期简易计税方法计税项目销售额＋免征增值税项目销售额）÷当期全部销售额

【例题·计算题】某制药厂为增值税一般纳税人，2016 年 9 月销售免税药品取得价款 20000 元，销售非免税药品取得含税价款 93600 元。当月购进原材料、水、电等取得的增值税专用发票（已通过税务机关认证）上的税款合计为 10000 元，其中有 2000 元进项税额对应的原材料用于免税药品的生产；5000 元进项税额对应的原材料用于非免税药品的生产；对于其他的进项税额对应的购进部分，企业无法划分清楚其用途。请计算该企业本月应缴纳的增值税额。

【答案】

销项税额＝93600÷（1＋17%）×17%＝80000×17%＝13600（元）

可抵扣的进项税额＝5000＋（10000－5000－2000）×80000÷（20000＋80000）
＝5000＋2400＝7400（元）

应纳增值税额＝13600－7400＝6200（元）

【解析】

不得抵扣进项税额的具体处理方法：

（1）购入时不予抵扣：直接计入购货的成本。

（2）已抵扣后改变用途、发生非正常损失：作进项税额转出处理。

① 直接计算进项税额转出的方法——适用于已抵扣过进项税的材料、服务、无形资产和不动产的非正常损失、改变用途等。

② 还原计算进项税额转出的方法——适用于计算抵扣进项税的农产品的非正常损失。

③ 比例计算进项税额转出的方法——适用于半成品、产成品的非正常损失。

【例题·计算题】某制造设备的生产企业 2016 年 6 月业务如下（所含该抵税的凭证均经过认证）：①购入一批原材料用于生产，价款 200000 元，增值税 34000 元；②外购一批床单用于职工福利，价款 10000 元，增值税 1700 元；③外购一批涂料用于装修职工食堂，价款 50000 元，增值税 8500 元；④外购一批食品用于交际应酬，价款 3000 元，增值税 510 元；⑤外购一批打印纸用于管理部门使用，价款 4000 元，增值税 680 元。

要求：计算该企业当月可抵扣的增值税进项税额。

【答案】该企业当月可抵扣的增值税进项税＝34000＋680＝34680（元）

【例题·计算题】某化妆品厂为增值税一般纳税人，10 月产品、材料领用情况：在建的职工文体中心领用外购材料，购进成本 25 万元，其中包括运费 5 万元；生产车间领用外购原材料，购进成本 125 万元。计算该厂不可以抵扣进项税额。

【答案】进项税转出＝（25－5）×17%＋5×11%＝3.95（万元）

【解析】将购进材料用于集体福利，不可以抵扣进项税额。

【例题·计算题】甲食品公司为增值税一般纳税人，9 月购进的免税农产品（已抵扣进项税额）因保管不善发生霉烂，账面成本价 3000 元（包括运费成本 100 元，已抵扣进项税额）。计算该公司不可以抵扣进项税额。

【答案】进项税额转出＝（3000－100）÷（1－13%）×13%＋100×11%＝444.33（元）

【解析】农产品的进项税额＝买价×13%

农产品的采购成本＝买价×87%

已知农产品的账面采购成本＝3000－100＝2900（元）

还原农产品的买价＝（3000－100）÷（1－13%）＝3333.33（元）

还原农产品的进项税额＝买价×13%＝3333.33×13%＝433.33（元）

所以进项税额转出＝（3000－100）÷（1－13%）×13%＋100×11%＝444.33（元）

【例题·单选题】某食品加工厂为增值税一般纳税人，从某粮食购销企业购进粮食100吨，取得增值税专用发票，注明价款150000元；从农民手中收购花生，收购凭证上注明收购价款为50000元；购入的以上货物均已入库，支付运输企业运输费用4000元，取得运输企业开具的运输发票。将本期购进的粮食和花生各1/4发给职工作为福利，则本期可以抵扣的进项税额为（　　）元。

A．126280　　B．19830　　C．19720　　D．19547

【答案】B

【解析】进项税额＝（150000×13%　＋50000×13%＋4000×11%）×3/4＝19830（元）

（四）不动产进项税额的抵扣（新增）

需要分2年抵扣的不动产范围：①取得的不动产，包括以直接购买、接受捐赠、接受投资入股、自建，以及抵债等各种形式取得的不动产，并在会计制度上按固定资产核算的不动产；②发生的不动产在建工程，包括新建、改建、扩建、修缮、装饰不动产。

不需分2年抵扣的不动产，一次性抵扣：①房地产开发企业自行开发的房地产项目；②融资租入的不动产；③在施工现场修建的临时建筑物。

如何分2年抵扣：第一年60%在扣税凭证认证当月，第二年40%在取得扣税凭证的当月起第13个月。

【例题·多选题】根据“营改增”关于不动产抵扣进项税的规定，2016年5月1日后取得的不动产，其进项税额分2年从销项税额中抵扣，第一年抵扣比例为60%，第二年抵扣比例为40%。以下适用该政策的取得的不动产有（　　）。

A．直接购买的不动产

B．融资租入的不动产

C．接受捐赠的不动产

D．抵债取得的不动产

E．房地产开发企业自行开发的房地产

【答案】ACD

【解析】选项B融资租入的不动产，选项E房地产开发企业自行开发的房地产不需进行分2年抵扣。

（五）一般计税方法应纳税额的计算

应纳税额的计算方法如图3.2所示。

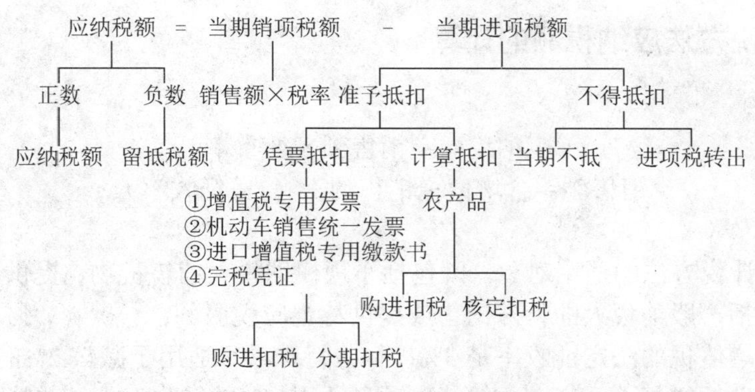

图 3.2 一般计税方法应纳税额的计算

【例题·计算机】甲企业为增值税一般纳税人，4 月发生以下业务：

（1）购进挖掘机一台，取得的增值税专用发票上注明的价款为 60 万元，增值税税额为 10.20 万元。

（2）购进一批低值易耗品，取得的增值税专用发票上注明的增值税税额为 8 万元。

（3）采取分期收款方式销售原煤 9000 吨，每吨不含税单价 500 元。购销合同约定，本月应收取 1/3 的价款，但实际只收取不含税价款 120 万元。

（4）为职工宿舍供暖，使用本月开采的原煤 200 吨；另将本月开采的原煤 500 吨无偿赠送给某有长期业务往来的客户。

（5）月末盘点时发现月初购进的低值易耗品的 1/5 因管理不善而丢失。

已知：相关票据在本月通过主管税务机关认证并申报抵扣；增值税月初留抵税额为 0。

要求：

（1）计算该企业当月可以抵扣的增值税进项税额；

（2）计算该企业当月的增值税销项税额；

（3）计算该企业当月应缴纳的增值税税额。

【答案】

（1）可以抵扣的进项税额＝10.20＋8×（1－1/5）＝16.60（万元）。

（2）销项税额＝9000×0.05×1/3×17%＋（200＋500）×0.05×17%＝31.45（万元）。

（3）应缴纳的增值税税额＝31.45－16.60＝14.85（万元）。

【解析】

（1）取得的增值税专用发票，凭票抵扣，进项税额＝10.20（万元）。

（2）取得的增值税专用发票，凭票抵扣，进项税额＝8（万元）。

（3）采取分期收款方式销售，按购销合同约定收 1/3：

销项税额＝9000×0.05×1/3×17%＝25.5（万元）

将开采的原煤用于职工宿舍供暖和无偿赠送，属于视同销售行为：

销项税额＝（200＋500）×0.05×17%＝5.95（万元）

（4）月初购进的低值易耗品的 1/5 因管理不善而丢失，不得抵扣，进项税额转出＝8×1/5＝1.6（万元）。

六、简易计税方法应纳税额的计算

计算公式：

应纳税额＝销售额×征收率

销售额＝含增值税销售额÷（1＋征收率）

注意：

（1）简易计税方法的适用对象，既包括小规模纳税人销售货物、提供应税劳务或应税服务；也包括一般纳税人的特殊销售或提供特定应税服务。

（2）我国增值税的法定征收率是3%；一些特殊项目适用于减按2%的征收率执行。全面“营改增”后的与不动产有关的特殊项目适用 5%的征收率；一些特殊项目适用于1.5%的征收率执行。

（一）小规模纳税人适用征收率情况

1. 按照3%的征收率计税——法定征收率

计税公式：

应纳税额＝含税销售额÷（1＋3%）×3%

【例题·单选题】某食品厂为增值税小规模纳税人，8月购进一批模具，取得的增值税普通发票注明金额4000元；以赊销方式销售一批饼干，货已发出，开具了增值税普通发票，金额60000元，截至当月月底收到50000元货款。当月该食品厂应纳增值税（　　）元。

A．776.31　　B．1067.57　　C．1456.31　　D．1747.57

【答案】D

【解析】增值税＝60000÷（1＋3%）×3%＝1747.57（元）。

2. 减按2%征收率征收

计税公式：

应纳税额＝含税销售额÷（1＋3%）×2%

适用情况：销售自己使用过的固定资产、销售旧货。

【例题·单选题】某服装厂为增值税小规模纳税人，2016年7月销售自己使用过3年的固定资产，取得含税销售额100000元；销售自己使用过的包装物，取得含税销售额40000元。2016年7月该服装厂上述业务应纳增值税（　　）元。

A．2718.45　　B．3106.80　　C．3125.83　　D．4077.67

【答案】B

【解析】应纳增值税＝100000÷（1＋3%）×2%＋40000÷（1＋3%）×3%＝3106.80（元）。

3. 按照5%征收率征收

计税公式：

应纳税额＝含税销售额÷（1＋5%）×5%

注意：不含税销售额有全额和差额的不同情况。

适用情况：①小规模纳税人销售自己取得或自建的不动产；②出租的不动产（不含个人出租住房）。

除其他个人之外的小规模纳税人，向不动产所在地主管地税机关预缴税款，向机构所在地主管国税机关申报纳税。其他个人按照本条规定的计税方法向不动产所在地主管地税机关申报纳税。

项目性质	不动产所在地地税预缴	机构所在地国税申报
取得的不动产	增值税＝转让差额÷（1+5%）×5%	与地税预缴相同
自建的不动产	增值税＝出售全价÷（1+5%）×5%	与地税预缴相同

个体户（含个人）销售房屋

<table>
<tr><th colspan="2">征税对象</th><th>计税规则</th></tr>
<tr><td rowspan="2">住房</td><td>北上广深</td><td>普通住房满 2 年免税，非普通住房满 2 年差额 5%，不满 2 年全额 5%</td></tr>
<tr><td>其他地区</td><td>满 2 年免税，不满 2 年全额 5%</td></tr>
<tr><td colspan="2">非住房</td><td>以取得的全部价款和价外费用减去该项不动产购置原价或者取得不动产时的作价后的余额为销售额</td></tr>
<tr><td colspan="2">涉及家庭财产分割</td><td>个人无偿转让不动产、土地使用权免征增值税</td></tr>
</table>

【例题·计算题】王某销售其在深圳市购买的普通住宅（不足 2 年，原购买价 80 万元），含税销售额 300 万元，征收率 5%，应缴纳增值税额为多少？

【答案】应纳增值税＝3000000/（1+5%）×5%＝142857.14（元）

小规模纳税人（含个人）出租不动产

<table>
<tr><th>计税方式</th><th>征收率</th><th>纳税地点</th></tr>
<tr><td>单位出租不动产</td><td rowspan="2">5%的征收率</td><td rowspan="3">① 不动产所在地与机构所在地不在同一县（市、区）的，纳税人应按照上述计税方法向不动产所在地主管国税机关预缴税款，向机构所在地主管国税机关申报纳税。
② 不动产所在地与机构所在地在同一县（市、区）的，纳税人应向机构所在地主管国税机关申报纳税</td></tr>
<tr><td>个体户出租非住房不动产</td></tr>
<tr><td>个体户出租住房</td><td rowspan="2">按照 5%的征收率减按 1.5%计算</td></tr>
<tr><td>其他个人出租住房</td><td rowspan="2">向不动产所在地主管地税机关申报纳税。
注意：其他个人没有预缴环节；只向地税申报纳税</td></tr>
<tr><td>其他个人出租非住房</td><td>5%的征收率</td></tr>
</table>

【例题·计算题】甲快餐店（小规模纳税人）将一处门市房出租，收取当月含税租金 50000 元，计算取得的租赁收入应纳增值税额。

【答案】应纳增值税＝50000÷（1+5%）×5%＝2380.95（元）

4. *减按 1.5%征收率征收*

计税公式：

应纳税额＝含税销售额÷（1+5%）×1.5%

适用情况：个人出租的住房。

【例题·计算题】张某将一处住房出租，收取当月含税租金 8600 元，计算取得的租赁收入应纳增值税额。

【答案】应纳增值税＝8600÷（1＋5%）×1.5%＝122.86 元

简易计税办法的不同税务处理

<table>
<tr><th>计税方法</th><th>不动产所在地国税预缴</th><th>机构所在地国税申报</th></tr>
<tr><td>小规模纳税人、个体工商户、个人出租非住房</td><td>应预缴税款＝含税销售额÷（1+5%）×5%</td><td rowspan="2">同预缴税款（个人在地税缴纳；不需向国税申报）</td></tr>
<tr><td>个人、个体户出租住房</td><td>应纳税款＝含税销售额÷（1+5%）×1.5%</td></tr>
</table>

小规模纳税人的征收率运用

<table>
<tr><th colspan="2">小规模纳税人销售的标的物</th><th>适用的征收率</th><th>计税公式</th></tr>
<tr><td rowspan="2">自己使用过的</td><td>固定资产（动产）</td><td>减按 2%</td><td>应纳税额＝含税销售额÷（1+3%）×2%</td></tr>
<tr><td>物品</td><td rowspan="2">3%</td><td rowspan="2">应纳税额＝ 含税销售额÷（1+3%）×3%</td></tr>
<tr><td rowspan="2">自己未使用过的</td><td>固定资产（动产）</td></tr>
<tr><td>旧货</td><td>减按 2%</td><td>应纳税额＝含税销售额÷（1+3%）×2%</td></tr>
<tr><td>取得或自建的</td><td>不动产</td><td rowspan="2">5%</td><td rowspan="2">应纳税额＝含税销售额÷（1+5%）×5%</td></tr>
<tr><td rowspan="2">出租</td><td>不动产</td></tr>
<tr><td>个人出租住房</td><td>1.5%</td><td>应纳税额＝含税销售额÷（1+5%）×1.5%</td></tr>
<tr><td colspan="2">其他“营改增”服务</td><td>3%</td><td>应纳税额＝ 含税销售额÷（1+3%）×3%</td></tr>
</table>

（二）一般纳税人适用征收率情况

1. 暂按简易办法依照 3%的征收率

适用情况：①寄售商店代销寄售物品（包括居民个人寄售的物品在内）；②典当业销售死当物品；③经国务院或其授权机关批准认定的免税商店零售免税货物。

【例题·多选题】增值税一般纳税人发生的下列情形中，暂按简易办法依照 3%征收率计算缴纳增值税的有（　　）。

A．寄售商店代销企业寄售的物品

B．典当业销售死当物品

C．生产企业销售废旧材料

D．寄售商店代销居民个人寄售的物品

【答案】ABD

2. 依照 3%征收率减按 2%征收

计税公式：

销售额＝含税销售额/（1＋3%）应纳税额＝销售额×2%

适用情况：①一般纳税人销售自己使用过的不得抵扣且未抵扣进项税额的固定资产（动产）；②一般纳税人销售旧货。

<table>
<tr><th colspan="3">一般纳税人销售的标的物</th><th>税率或征收率</th></tr>
<tr><td rowspan="3">自己使用过的</td><td rowspan="2">固定资产（动产）</td><td>不允许抵扣进项税的</td><td>依照 3%征收率减按 2%</td></tr>
<tr><td>允许抵扣进项税的（2009 年 1 月 1 日后购进）</td><td rowspan="2">法定税率 17%</td></tr>
<tr><td colspan="2">物品</td></tr>
</table>

续表

一般纳税人销售的标的物		税率或征收率
自己未使用过的	有形动产	法定税率 17%
	旧货	依照 3%征收率减按 2%

【新增】根据《国家税务总局关于营业税改征增值税试点期间有关增值税问题的公告》（国家税务总局公告 2015 年第 90 号）规定，自 2016 年 2 月 1 日起，纳税人销售自己使用过的固定资产，适用简易办法依照 3%征收率减按 2%征收增值税政策的，可以放弃减税，按照简易办法依照 3%征收率缴纳增值税，并可以开具增值税专用发票。总体分析如图 3.3 所示。

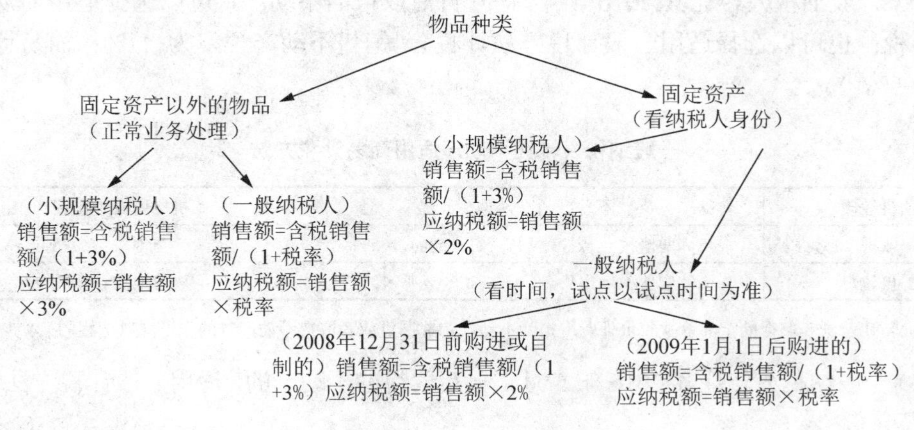

图 3.3 简易计税法汇总

【例题·计算题】某生产企业为增值税一般纳税人：

（1）2014 年 12 月销售购于 2008 年 12 月份的设备一台，取得收入 59000 元；

（2）2015 年 2 月销售购于 2012 年 2 月份的设备一台，取得收入 49000 元。

要求：分别计算应纳增值税税额。

【答案】（1）59000/（1＋3%）×2% ＝1145.63（元）

（2）49000/（1＋17%）×17% ＝7119.66（元）

3. 可选择按简易办法的征收率

选择简易办法计算缴纳增值税后，36 个月内不得变更。

税率	应税服务
3%	① 公共交通运输服务（注意：铁路旅客运输服务不包括在内）。 ② 动漫企业的列明服务，以及在境内转让动漫版权。 ③ 电影放映、仓储、装卸搬运、收派、文化体育服务。 ④ 试点前取得的有形动产为标的物的经营租赁服务。 ⑤ 试点前签订的尚未执行完毕的有形动产租赁合同

【例题·多选题】“营改增”一般纳税人所从事的下列应税服务，可选择简易计税方法计算缴纳增值税的有（　　）。

A．仓储服务　　　　B．收派服务

C．航空地面服务　　D．铁路客运服务

E．装卸搬运服务

【答案】ABE

【解析】提供电影放映服务、仓储服务、装卸搬运服务、收派服务和文化体育服务可选择简易计税方法。

七、特殊企业（交易行为）计税规则

（一）“销售不动产”

（1）一般纳税人转让其2016年4月30日前取得的不动产，可以选择适用简易计税方法计税；也可以选择适用一般计税方法计税。（销售不动产税率为11%；简易计税征收率为5%。）

一般纳税人转让不动产适用简易计税方法

项目性质	不动产所在地地税预缴	机构所在地国税申报
取得	增值税＝转让差额÷（1＋5%）×5%	与地税预缴相同
自建	增值税＝出售全价÷（1＋5%）×5%	与地税预缴相同

注：转让差额＝取得的全部价款和价外费用扣除不动产购置原价或者取得不动产时的作价（以下相同）。

（2）一般纳税人转让其2016年5月1日后取得的不动产的，适用一般计税方法计税。

一般纳税人转让不动产适用一般计税方法

项目性质	不动产所在地地税预缴	机构所在地国税申报
非自建项目	增值税＝转让差额÷（1＋5%）×5%	增值税＝出售全价÷（1＋11%）×11%－进项税额－预缴税款
自建项目	增值税＝出售全价÷（1＋5%）×5%	增值税＝出售全价÷（1＋11%）×11%－进项税额－预缴税款

（二）营改增“不动产经营租赁服务”

（1）一般纳税人出租其2016年4月30日前取得的不动产，可以选择适用简易计税方法，按照5%的征收率计算应纳税额。

计税公式：

应预缴税款＝含税销售额÷（1＋5%）×5%

不动产位置	征收比率及纳税地点
不动产所在地与机构所在地不在同一县（市、区）的	按照5%的征收率向不动产所在地主管国税机关预缴税款；向机构所在地主管国税机关申报纳税（5%征收率）
不动产所在地与机构所在地在同一县（市、区）的	向机构所在地主管国税机关申报纳税（5%征收率）

【例题·计算题】机构所在地在A市的甲企业是增值税一般纳税人，当月在A市取得含税咨询收入250000元，发生进项税8000元，将位于B市的一处办公用房（系2016年4月30日前取得）出租，收取含税月租金40000元，甲企业出租房屋选择简易计税方法，计算甲企业在A、B两市应缴纳税款。

【答案】甲企业应在B市预缴出租办公用房的税款＝40000÷（1＋5%）×5%
＝1904.76（元）

甲企业在A市纳税＝250000÷（1＋6%）×6%－8000＋40000÷（1＋5%）×5%－1904.76＝6150.94（元）

（2）一般纳税人出租其2016年5月1日后取得的不动产，适用一般计税方法计税。计税公式：

应预缴税款＝含税销售额÷（1＋11%）×3%

不动产位置	征收比率及纳税地点
不动产所在地与机构所在地不在同一县（市、区）的	应按照3%的预征率向不动产所在地主管国税机关预缴税款；向机构所在地主管国税机关申报纳税（11%税率）
不动产所在地与机构所在地在同一县（市、区）的	向机构所在地主管国税机关申报纳税（11%税率）

【例题·计算题】机构所在地在A市的甲企业是增值税一般纳税人，当月在A市取得含税咨询收入250000元，发生进项税8000元，将位于B市的一处办公用房（系2016年5月1日后取得）出租，收取含税月租金40000元，计算甲企业在A、B两市应缴纳税款。

【答案】甲企业应在B市预缴出租办公用房的税款＝40000÷（1＋11%）×3%
＝1081.08（元）

甲企业在A市纳税＝250000÷（1＋6%）×6%－8000＋40000÷（1＋11%）×11%－1081.08＝9033.82（元）

一般纳税人出租不动产不同计税方法税务处理

计税方法	不动产所在地国税预缴	机构所在地国税申报
简易	增值税＝含税销售额÷（1＋5%）×5%	与国税预缴相同
一般	增值税＝含税销售额÷（1＋11%）×3%	增值税＝含税销售额÷（1＋11%）×11%－进项税额－预缴税款

（三）营改增“跨县（市、区）提供建筑服务”

方法	计税依据	征收率	纳税地点
简易计税方法	以取得的全部价款和价外费用扣除支付的分包款后的余额为销售额。 应预缴税款＝（全部价款和价外费用－支付的分包款）÷（1＋3%）×3%	差价征收率3%计税、属地差价征收率3%预缴	向建筑服务发生地主管国税机关预缴税款。 向机构所在地主管国税机关申报纳税
一般计税方法	以取得的全部价款和价外费用为销售额。 应预缴税款＝（全部价款和价外费用－支付的分包款）÷（1＋11%）×2%	全价征收率11%计税、属地差价预征率2%预缴	

【例题·计算题】机构所在地在B市的甲建筑企业是增值税一般纳税人，当月在A市取得建筑收入300000元，则甲企业在建筑劳务发生地A市预缴税款是多少？

【答案】一般计税方法：甲企业应在A市预缴税款＝300000÷（1＋11%）×2%＝5405.41（元）。

简易计税方法：甲企业应在A市预缴税款＝300000÷（1＋3%）×3%＝8737.86（元）。

（四）"营改增""劳务派遣服务"

纳税人	计税方法	计税依据	计算公式
小规模纳税人	全价征收率3%计税	以取得的全部价款和价外费用为销售额	应纳税额＝（全部价款和价外费用）÷（1＋3%）×3%
	差价征收率5%计税	以取得的全部价款和价外费用扣除支付代用工单位支付给劳务派遣员工的工资、福利和为其办理社会保险及住房公积金后的余额为销售额	应纳税额＝（全部价款和价外费用－支付的工资福利社保公积金）÷（1＋5%）×5%
一般纳税人	一般计税方法：全价税率6%计税	以取得的全部价款和价外费用为销售额	应纳税额＝（全部价款和价外费用）÷（1＋6%）×6%
	简易计税方法：差价征收率5%计税	以取得的全部价款和价外费用扣除支付代用工单位支付给劳务派遣员工的工资、福利和为其办理社会保险及住房公积金后的余额为销售额	应纳税额＝（全部价款和价外费用－支付的工资福利社保公积金）÷（1＋5%）×5%

八、进口货物应纳税额的计算

进口货物计税一律使用组成计税价格计算应纳增值税，组价公式中包含关税完税价格、关税税额、消费税税额。进口货物应纳税额的计算公式为

关税＝关税完税价格×关税税率

组成计税价格＝关税完税价格＋关税＋消费税

＝关税完税价格×（1＋关税税率）/（1－消费税税率）

应纳税额＝组成计税价格×税率

注意：

① 进口货物不分一般纳税人和小规模纳税人；适用增值税税率为17%和11%，不使用征收率，但有特殊优惠税率。

② 在进口环节采用组成计税价格计税，无任何抵扣（包括在国外已纳的任何税额）。

③ 进口货物为应税消费品的，组价中应包括进口已纳的消费税额。

④ 关税完税价格：海关审定的成交价格为基础的到岸价格。

到岸价格＝成交价格（货价）＋货物运抵我国境内输入地点起卸前（境外）的运输费、保险费等

⑤ 货物进口环节海关代征的增值税，会构成一般纳税人境内货物销售环节的进项税额。

（1）进口一般货物：

关税＝关税完税价格×关税率

组成计税价格＝关税完税价格＋关税

【例题·单选题】甲公司为增值税一般纳税人，2016年5月从国外进口一批电脑，

海关核定的关税完税价格为 117 万元，缴纳关税 11.7 万元。已知增值税税率为 17%，甲公司该笔业务应缴纳增值税税额的下列计算中，正确的是（　　）。

A．117×17%＝19.89（万元）

B．（117＋11.7）×17%＝21.879（万元）

C．117÷（1＋17%）×17%＝17（万元）

D．（117＋11.7）÷（1＋17%）×17%＝18.7（万元）

【答案】B

【解析】甲公司应纳税额＝（关税完税价格＋关税）×增值税税率＝（117＋11.7）×17%＝21.879（万元）。

（2）进口从价计征消费税的“应税”消费品：

关税＝关税完税价格×关税率

组成计税价格＝关税完税价格＋关税＋消费税

＝（关税完税价格＋关税）/（1－消费税税率）

注意：进口环节缴纳的增值税作为国内销售环节的进项税额抵扣。

【例题·单选题】某公司为增值税一般纳税人，2012 年 12 月从国外进口一批高档化妆品，海关核定的关税完税价格为 100 万元。已知进口关税税率为 26%，消费税税率为 30%，增值税税率为 17%。则该公司进口环节应缴纳的增值税是（　　）万元。

A．17　　B．21.42　　C．28.7　　D．30.6

【答案】D

【解析】进口环节应纳关税税额＝100×26%＝26（万元）

进口环节应纳消费税税额＝（100＋26）÷（1－30%）×30%＝180×30%＝54（万元）

组成计税价格＝（100＋26＋54）＝180（万元）

进口环节应纳增值税税额＝180×17%＝30.6（万元）

九、税收优惠

1. 法定免税项目

法定免税项目：①农业生产者销售的自产农产品；②避孕药品和用具；③古旧图书；④直接用于科学研究、科学试验和教学的进口仪器、设备；⑤外国政府、国际组织（不包括外国企业）无偿援助的进口物资和设备；⑥由残疾人的组织直接进口供残疾人专用的物品；⑦销售的自己（指其他个人）使用过的物品。

注意：①纳税人兼营免税、减税项目的，应当分别核算免税、减税项目的销售额；未分别核算销售额的，不得免税、减税。②纳税人销售货物或者应税劳务适用免税规定的，可以放弃免税，依照《增值税暂行条例》的规定缴纳增值税。放弃免税后，“36 个月”内不得再申请免税。

2. “营改增”“境内”服务税收优惠项目

营改增“境内”服务税收优惠如图 3.4 所示。

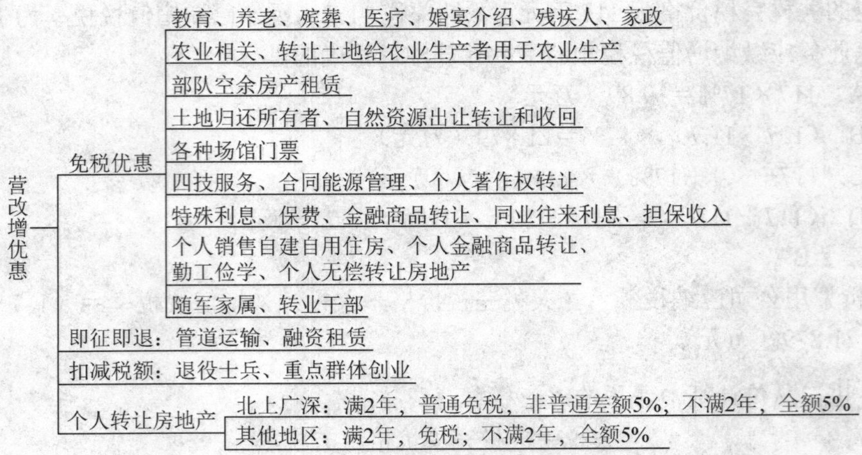

营改增优惠
- 免税优惠
  - 教育、养老、殡葬、医疗、婚宴介绍、残疾人、家政
  - 农业相关、转让土地给农业生产者用于农业生产
  - 部队空余房产租赁
  - 土地归还所有者、自然资源出让转让和收回
  - 各种场馆门票
  - 四技服务、合同能源管理、个人著作权转让
  - 特殊利息、保费、金融商品转让、同业往来利息、担保收入
  - 个人销售自建自用住房、个人金融商品转让、勤工俭学、个人无偿转让房地产
  - 随军家属、转业干部
- 即征即退：管道运输、融资租赁
- 扣减税额：退役士兵、重点群体创业
- 个人转让房地产
  - 北上广深：满2年，普通免税，非普通差额5%；不满2年，全额5%
  - 其他地区：满2年，免税；不满2年，全额5%

图 3.4 “营改增”“境内”服务税收优惠

【例题 · 单选题】下列免征增值税的有（　　）。

A．农业生产者销售外购农产品

B．宠物饲料的销售

C．蔬菜罐头的批发和零售

D．个人无偿转让不动产给其兄弟姐妹

【答案】D

【解析】选项 A、B、C 均应政策计征增值税。

【例题 · 多选题】下列项目中，免征增值税的是（　　）。

A．存款利息　　B．流动资金贷款利息

C．学历教育收取的学费　　D．非学历教育收取的学费

【答案】AC

【解析】根据规定，流动资金贷款利息和非学历教育收取的学费是征收增值税的。

【例题 · 判断题】个人转让著作权免征增值税。（　　）

【答案】√

【例题 · 判断题】残疾人本人为社会提供的服务，应缴纳增值税（　　）。

【答案】×

【解析】增值税税收优惠规定，残疾人员本人为社会提供的服务免征增值税。

3. “营改增”“跨境”服务“零税率”项目与“免税”项目

（1）零税率。

服务项目	具体内容
国际运输服务	在境内载运旅客或货物出境；在境外载运旅客或货物入境；在境外载运旅客或货物
航天运输服务	

续表

服务项目	具体内容
向境外单位提供的完全在境外消费的部分服务	①研发服务；②合同能源管理服务；③设计服务；④广播影视节目（作品）的制作和发行服务；⑤软件服务；⑥电路设计及测试服务；⑦信息系统服务；⑧业务流程管理服务；⑨离岸服务外包业务；⑩转让技术 记忆提示：现代服务中“技术含量较高”的部分服务

（2）免税。

服务项目	具体内容
运输服务	①台湾航运公司、航空公司从事海峡两岸海上直航、空中直航业务在大陆取得的运输收入；②以无运输工具承运方式提供的国际运输服务
邮政服务	为出口货物提供邮政服务
电信服务	向境外单位提供的完全在境外消费的电信服务
金融服务	①为出口货物提供保险服务；②为境外单位之间的货币资金融通及其他金融业务提供的直接收费金融服务，且该服务与境内的货物、无形资产和不动产无关
建筑服务	工程项目在境外的建筑服务、工程监理服务
现代服务	①工程勘察勘探服务；②会议展览地点在境外的会议展览服务；③存储地点在境外的仓储服务；④标的物在境外使用的有形动产租赁服务；⑤在境外提供的广播影视节目的播映服务；⑥国际货物运输代理服务；⑦为出口货物提供的收派服务；⑧向境外单位提供的完全在境外消费的下列服务：知识产权服务、物流辅助服务（仓储服务、收派服务除外）、鉴证咨询服务、专业技术服务、商务辅助服务、广告投放地在境外的广告服务
生活服务	在境外提供的文化体育服务、教育医疗服务、旅游服务
销售无形资产	向境外单位提供的完全在境外消费的无形资产

【例题·多选题】下列项目中，适用增值税零税率的有（　　）。

A．国际运输服务　　B．完全发生在境外的设计服务

C．工程项目在境外的建筑服务　　D．存储地点在境外的仓储服务

【答案】AB

【解析】工程项目在境外的建筑服务，存储地点在境外的仓储服务均属于免征增值税项目。

4．增值税起征点

个人销售货物、提供应税劳务和应税服务的，销售额未达到增值税起征点的，免征增值税；达到起征点的，全额计算缴纳增值税。

增值税起征点的幅度规定如下：①按期纳税的，为月销售额5000－20000元（含本数）；②按次纳税的，为每次（日）销售额300－500元（含本数）。

增值税起征点的适用范围限于个人（包括个体户和其他个人，但不适用于认定为一般纳税人的个体工商户）；销售额是指小规模纳税人的销售额。起征点由省、自治区、直辖市财政厅（局）和国家税务局在规定的幅度内，根据本地区实际情况确定。

5．增值税“小微企业”的税收优惠

（1）财政部、国家税务总局《关于暂免征收部分小微企业增值税和营业税的通知》

（财税〔2013〕52号）规定："为进一步扶持小微企业发展，经国务院批准，自2013年8月1日起，对增值税小规模纳税人中月销售额不超过2万元的企业或非企业性单位，暂免征收增值税。"

（2）财政部、国家税务总局《关于进一步支持小微企业增值税和营业税政策的通知》（财税〔2014〕71号）规定："自2014年10月1日起至2015年12月31日，对月销售额2万元（含本数，下同）至3万元的增值税小规模纳税人，免征增值税。"

（3）财政部、国家税务总局《关于继续执行小微企业增值税和营业税政策的通知》指出，为继续支持小微企业发展、推动创业就业，经国务院批准，财税〔2014〕71号规定的增值税政策继续执行至2017年12月31日。

（4）关于小微企业免征增值税的会计处理规定。

小微企业在取得销售收入时，应当按照税法的规定计算应交增值税，并确认为应交税费，在达到增值税制度规定的免征增值税条件时，将有关应交增值税转入当期损益。

6. 增值税税控系统专用设备和技术维护费用抵减增值税税额有关政策

增值税纳税人2011年12月1日（含，下同）以后初次购买增值税税控系统专用设备（包括分开票机）支付的费用，以及缴纳的技术维护费，可在增值税应纳税额中全额抵减。具体规定见下表：

纳税人购买或支付		抵税规则
购买税控系统专用设备（含分开票机）	初次购买	可凭购买增值税税控系统专用设备取得的增值税专用发票，在增值税应纳税额中全额抵减（抵减额为价税合计额），不足抵减的可结转下期继续抵减，即用价税合计数抵减增值税应纳税额
	非初次购买	费用由其自行负担，不得在增值税应纳税额中抵减；即只能凭专用发票抵税但不能抵价
支付技术维护费	2011年12月1日后缴纳的	可凭技术维护服务单位开具的技术维护费发票，在增值税应纳税额中全额抵减，不足抵减的可结转下期继续抵减。即用价税合计数抵减增值税应纳税额

提示：

（1）增值税一般纳税人支付的两项费用在增值税应纳税额中全额抵减的，其增值税专用发票不作为增值税抵扣凭证，其进项税额不得从销项税额中抵扣。即价税合计抵税后，该发票不能再次抵扣进项税额。

（2）增值税防伪税控系统专用设备包括金税卡、IC卡、读卡器或金税盘、报税盘，但不包括税控收款机，也不包括电脑、打印机等通用设备。

（3）增值税税控系统专用设备和技术维护费用抵减增值税额的账务处理。

按现行增值税制度规定，企业初次购买增值税税控系统专用设备支付的费用，以及缴纳的技术维护费允许在增值税应纳税额中全额抵减的，按规定抵减的增值税应纳税额，借记"应交税费——应交增值税（减免税款）"账户（小规模纳税人应借记"应交税费——应交增值税"账户），贷记"管理费用"等账户。

【例题·计算题】某企业为增值税一般纳税人，5月采购原材料，取得的增值税专用发票注明货款100000元，增值税17000元，同月初次购买增值税防伪税控系统专用设备，取得的增值税专用发票注明价款1500元，增值税225元，当月该企业不含增值税销售额 150000 元，计算该企业当月应纳增值税额。

【答案】该企业当月应纳增值税＝150000×17%－17000－（1500＋225）＝6775（元）

十、增值税征收管理

1. 纳税义务发生时间

销售方式		纳税义务发生时间
直接收款		收到销售额或取得索取销售额凭据
托收承付、委托收款		发出货物“并”办妥托收手续
赊销、分期收款		书面合同约定的收款日期。 注意：无合同或有合同无约定，为货物发出
预收货款	货物	货物发出。 注意：生产工期超过 12 个月的，为收到预收款或书面合同约定的收款日期
	建筑、租赁服务	收到预收款（新）
委托代销		收到代销清单或全部、部分货款。 注意：未收到代销清单及货款，为发出货物满 180 日
金融商品转让		所有权转移（新）
视同销售		货物移送、转让完成或权属变更
进口		报关进口
扣缴义务		纳税义务发生
先开发票		开具发票

【例题·多选题】下列关于增值税纳税义务发生时间说法正确的为（　　）。

A．采用托收承付和委托银行收款方式销售货物，为办妥托收手续的当天

B．采用赊销和分期收款方式销售货物，为合同约定的收款日期的当天

C．采用预收货款方式销售货物，为货物发出的当天

D．委托其他纳税人代销货物，为收到代销清单或者收到全部或者部分货款的当天

【答案】BCD

【解析】采用托收承付和委托银行收款方式销售货物，为发出货物并办妥托收手续的当天。

2. 纳税期限

纳税期限	按期纳税	7 种：1 日、3 日、5 日、10 日、15 日、1 个月或 1 个季度。 注意：以 1 个季度为纳税期限：小规模纳税人、银行、财务公司、信托投资公司、信用社。 记忆提示：小规模纳税人＋银行业金融机构按季度纳税
	按次纳税	不能按照固定期限纳税的，可以按次纳税
申报纳税		自××之日起 15 日内

【例题·多选题】根据增值税法律制度的规定，以一个季度为纳税期限的纳税人有（　　）。

A．小规模纳税人　　　　B．银行

C．保险公司　　　　D．基金公司

【答案】AB

【解析】以 1 个季度为纳税期限的包括小规模纳税人、银行、财务公司、信托投资公司、信用社。

3. 纳税地点

纳税人		纳税地点
固定业户	一般情况	向其机构所在地的主管税务机构申报纳税
	总分机构不在同一县市	一般分别申报纳税，经批准也可由总机构汇总申报纳税
	外出经营	应申请开具外出经营活动税收管理证明（外管证）
		有外管证——机构所在地申报纳税
		无外管证——外出经营地申报纳税→未在外出经营地申报纳税，由“机构所在地”主管税务机关补征税款
非固定业户		向销售地或劳务发生地的主管税务机关申报纳税
进口货物		向报关地海关申报纳税
扣缴义务人		向其机构所在地或者居住地申报缴纳其扣缴的税款

【例题·多选题】关于增值税的纳税地点，下列表述正确的有（　　）。

A. 非固定业户销售货物或者应税劳务，应当向销售地或者劳务发生地的主管税务机关申报纳税

B. 固定业户应当向其机构所在地的主管税务机关申报纳税，总机构和分支机构不在同一县（市）的，应当分别向各自所在地的主管税务机关申报纳税

C. 扣缴义务人应当向其机构所在地或者居住地的主管税务机关申报缴纳其扣缴的税款

D. 固定业户到外县（市）销售货物或者应税劳务，应当向其外出经营所在地的主管税务机关申报纳税

【答案】ABC

【解析】选项 D 说法不正确，固定业户外出经营，有外管证的在机构所在地申报纳税；无外管证的在外出经营地申报纳税，未在外出经营地申报纳税，由“机构所在地”主管税务机关补征税款。

十一、增值税专用发票的使用和管理

1. 联次

增值税专用发票的基本联次为“3 联”，包括发票联、记账联、抵扣联。

2. 专用发票开票限额

（1）专用发票实行最高开票限额管理。最高开票限额，是指单份专用发票开具的销售额合计数不得达到的上限额度。

（2）最高开票限额由一般纳税人申请，税务机关依法审批。税务机关审批最高开票限额应进行实地核查。

3. 一般纳税人不得开具增值税专用发票的情形

（1）零售（不包括劳保专用部分）。
（2）销售免税货物不得开具专用发票，法律、法规另有规定的除外。
（3）销售货物、提供应税劳务及服务适用免税规定。
（4）向消费者个人销售货物、提供应税劳务及销售服务无形资产和不动产。
（5）出口货物，出口企业或其他单位不得开具专用发票。
（6）一般纳税人会计核算不健全，或者不能够提供准确税务资料的纳税人，不得开具专用发票。
（7）适用简易计税办法征收的。
（8）向小规模纳税人销售应税项目。

注意：小规模纳税人销售货物、提供应税劳务或服务需要开具专用发票的，可以向主管税务机关申请代开。

4. 专用发票开具要求

（1）项目齐全、与实际交易相符。
（2）字迹清楚，不得压线、错格。
（3）发票联和抵扣联加盖财务专用章或发票专用章。
（4）按照增值税纳税义务的发生时间开具。

5. 专用发票开具时限

（1）采用预收货款、托收承付、委托银行收款结算方式的，为货物发出的当天。
（2）采用交款提货结算方式的，为收到货款的当天。
（3）采用赊销、分期付款结算方式的，为合同约定的收款日期的当天。
（4）将货物交付他人代销，为收到受托人送交的代销清单的当天。
（5）设有两个以上机构并实行统一核算的纳税人，将货物从一个机构移送其他机构用于销售，按规定应当征收增值税的，为货物移送的当天。
（6）将货物作为投资提供给其他单位或个体经营者，为货物移送的当天。
（7）将货物分配给股东，为货物移送的当天。

【例题·判断题】商业企业一般纳税人零售的烟、酒、食品、服装、鞋帽（不包括劳保专用部分）、化妆品等消费品可以开具专用发票。（ ）

【答案】×

【例题·多选题】根据《增值税专用发票使用规定》，一般纳税人的下列销售行为中，不得开具增值税专用发票的有（ ）。

A．向消费者个人销售应税货物　　B．零售劳保专用品
C．向一般纳税人销售避孕药品和用具　　D．向一般纳税人销售应税货物

【答案】AC

【例题·单选题】以下不得开具增值税专用发票的是（　　）。

A. 房地产商向企业销售办公写字楼　　B. 向消费者个人销售住房

C. 商业零售劳保服装　　D. 商业批发化妆品

【答案】B

同步强化练习

第一节　增值税概述

一、单选题

1. 增值税是对从事销售货物和进口货物、提供加工、修理修配劳务、销售应税服务、销售不动产及转让无形资产的单位和个人取得的（　　）为计税依据征收的一种税。

A. 销售额　　B. 营业额　　C. 增值额　　D. 收入额

2. 根据增值税的规定，增值税均实行（　　）。

A. 比例税率　　B. 定额税率　　C. 累进税率　　D. 超率累进税率

3. 下列各项中，允许纳税人在计算增值税时，将外购固定资产的进项税额一次性全部扣除的增值税类型是（　　）。

A. 生产型增值税　　B. 消费型增值税

C. 未定型增值税　　D. 收入型增值税

4. 自（　　）起，在全国范围内全面推开营业税改征增值税试点，建筑业、房地产业、金融业、生活服务业等全部营业税纳税人纳入试点范围，由缴纳营业税改为缴纳增值税。

A. 2009 年 1 月 1 日　　B. 2013 年 8 月 1 日

C. 2014 年 6 月 1 日　　D. 2016 年 5 月 1 日

二、多选题

1. 下列属于增值税特点的有（　　）。

A. 实行价外税制度　　B. 实行单环节纳税

C. 实行多环节纳税　　D. 实行价内税制度

2. 根据税基和购进固定资产的进项税额是否扣除及如何扣除的不同，各国增值税的类型可分为（　　）。

A. 生产型增值税　　B. 收入型增值税

C. 消费型增值税　　D. 增值型增值税

3. 下列关于增值税类型的说法中正确的是（　　）。

A. 生产型增值税不允许纳税人在计算增值税时扣除外购固定资产的价值

B. 收入型增值税允许纳税人在计算增值税时，将外购固定资产折旧部分扣除

C. 消费型增值税允许纳税人在计算增值税时，将外购固定资产价值中所含的税费一次性全部扣除

D. 我国现行增值税属于消费型增值税

三、判断题

1．生产型增值税允许纳税人在计算增值税时扣除外购固定资产的价值。（　　）

2．增值额是一个单位实现的商品销售收入额或经营收入额扣除其购入的商品或劳务等金额的差额。（　　）

3．我国增值税实行税款抵扣制。（　　）

第二节　增值税征税范围及纳税义务人

一、单选题

1．下列各项中，不属于增值税征税范围的有（　　）。

A．提供加工劳务

B．修理修配劳务

C．建筑劳务

D．单位或者个体工商户聘用的员工为本单位或者雇主提供取得工资的服务

2．根据增值税法律制度的规定，下列属于“销售服务”的有（　　）。

A．修理业　B．娱乐服务　C．进口货物　D．加工业

3．下列业务中，不属于“邮政服务”的有（　　）。

A．邮政普遍服务　B．邮政一般服务

C．邮政特殊服务　D．其他邮政服务

4．下列业务中，不属于“生活服务”税目的有（　　）。

A．旅游娱乐服务　B．住宿服务

C．物流辅助服务　D．餐饮服务

5．下列各项中，属于“现代服务业”的范围的是（　　）。

A．邮政储蓄服务　B．航空运输服务

C．文化创意服务　D．金融服务

6．管道的安装属于（　　）服务。

A．建筑服务　B．交通运输服务

C．物流辅助服务　D．生活服务

7．下列各项行为中，应当征收增值税的是（　　）。

A．某服装商店为服装厂代销儿童服装

B．某超市公司将外购部分饮料分发本公司员工作为福利

C．某家具公司将外购木料用于本公司非应税项目

D．某印染公司将外购洗衣粉用于个人消费

8．甲市 A、B 两店为实行统一核算的连锁店，A 店的下列经营活动中，不视同销售货物计算增值税销项税额的是（　　）。

A．销售乙市某商场的代销货物

B．为促销将本店货物无偿赠送消费者

C．将货物交付给位于乙市的某商场代销

D．将货物移送 B 店销售

9．不属于视同销售货物的是（　　）。

A．将购进的货物用于集体福利或个人消费

B．将自产、委托加工的货物用于非增值税应税项目

C．将自产、委托加工或购进的货物分配给股东或投资者

D．将自产、委托加工或购进的货物无偿赠送其他单位或个人

10．根据增值税法律制度的规定，下列关于混合销售与兼营的说法中错误的是（　　）。

A．混合销售是指一项销售行为既涉及货物又涉及服务

B．兼营是指纳税人的经营范围既包括销售货物和应税劳务，又包括销售服务、无形资产或者不动产

C．混合销售行为是发生在一项销售行为中，兼营不发生在同一项销售行为中

D．兼营非发生在一项销售行为中，混合销售行为不发生在同一项销售行为中

11．下列各项中，不属于以销售货物为主的增值税混合销售行为的是（　　）。

A．纳税人销售林木的同时提供林木管护劳务的行为

B．饭店为现场餐饮消费的顾客销售酒水

C．电梯销售商销售电梯并负责安装电梯

D．苏宁电器销售空调并负责安装

12．下列业务属于增值税兼营行为的有（　　）。

A．手机制造商销售手机，出租仓库

B．软件厂销售软件并同时收取安装费、培训费

C．餐厅为现场餐饮消费的顾客提供销售香烟

D．服装厂为航空公司设计并制作工作服

13．下列各项中，不属于增值税纳税人的有（　　）。

A．进口货物的企业

B．收取满足特定条件的行政事业性收费的行政单位

C．批发货物的超市

D．提供修理劳务的汽车行

14．单位以承包、承租、挂靠方式经营的，承包人以发包人名义对外经营并由发包人承担相关法律责任的，以（　　）为纳税人。

A．发包人　　　B．承包人　　　C．承租人　　　D．挂靠人

15．下列关于增值税的说法不正确的是（　　）。

A．在中华人民共和国境内销售和进口货物、提供加工、修理修配劳务、销售应税服务、销售不动产及转让无形资产的单位和个人，为增值税的纳税人

B．纳税人兼营不同税率或征收率的货物、劳务、服务、无形资产或者不动产，应当分别核算不同税率或征收率的销售额

C．混合销售的纳税人包括“其他个人”，其他个人销售货物和服务，按适用税率或征收率纳税

D. 从事货物的生产、批发或者零售的单位和个体工商户的混合销售行为，按照销售货物缴纳增值税

二、多选题

1. 下列项目中，应征收增值税的是（　　）。
A. 企业将自产钢材用于无偿赠送他人　　B. 企业转让商标取得的收入
C. 农业生产者出售的初级农产品　　D. 邮电局销售报刊

2. 下列项目中，属于增值税征收范围的有（　　）。
A. 单位为员工提供班车　　B. 转让商标专用权
C. 销售房屋　　D. 销售家电

3. 下列各项中，属于提供应缴纳增值税的应税服务的是（　　）。
A. 交通运输服务　B. 建筑服务　C. 贷款服务　D. 旅游服务

4. 下列各项中属于“交通运输服务”税目的有（　　）。
A. 铁路运输　　B. 管道运输
C. 远洋运输的程租、期租　　D. 航空运输的干租

5. 下列各项中属于“电信服务”税目的有（　　）。
A. 邮政储蓄服务　　B. 基础电信服务
C. 增值电信服务　　D. 鉴证咨询服务

6. 下列各项中属于“现代服务业”的有（　　）。
A. 研发和技术服务　　B. 文化创意服务
C. 不动产租赁服务　　D. 物流辅助服务

7. 下列行为中属于“物流辅助服务”的有（　　）。
A. 打捞救助服务　　B. 收派服务
C. 装卸搬运服务　　D. 仓储服务

8. 下列行为中属于“鉴证咨询服务”的有（　　）。
A. 认证服务　　B. 鉴证服务
C. 经纪代理服务　　D. 咨询服务

9. 下列服务中，属于“经纪代理服务”的有（　　）。
A. 代理记账　B. 代理报关服务　C. 劳务派遣　D. 货物运输代理

10. 下列各项中，应按照“生活服务业”计算缴纳增值税的是（　　）。
A. 出租文化场所　　B. 经营网吧
C. 经营音乐茶座　　D. 金融经纪业务

11. 下列增值税应税服务的具体内容，正确的是（　　）。
A. 交通运输业是指使用运输工具将货物或者旅客送达目的地，使其空间位置得到转移的业务活动
B. 现代服务业是指围绕制造业、文化产业、现代物流产业等提供技术性、知识性服务的业务活动
C. 现代服务业包括物流辅助服务、有形动产租赁服务等

D. 广播影视服务不属于现代服务业

12. 根据增值税规定，下列行为应视同销售征收增值税的有（　　）。

A. 将购买来的货物用于集体福利或个人消费

B. 将自产、委托加工或购买来的货物作为投资

C. 将货物交给他人代销或者销售代销货物

D. 设有两个以上机构并实行统一核算的纳税人，将货物异地（不在同一县市）移送销售

13. 根据增值税规定，下列行为应视同销售货物征收增值税的有（　　）。

A. 将自产货物用于非增值税应税项目　　B. 将外购货物用于个人消费

C. 将自产货物无偿赠送他人　　D. 将外购货物分配给股东

14. 下列各项中，应视同销售货物征收增值税的有（　　）。

A. 将委托加工收回的货物用于非应税项目

B. 用自产货物换取生产资料

C. 销售代销的货物

D. 用自产产品对外投资

15. 根据“营改增”的有关规定，下列属于视同提供应税服务的有（　　）。

A. 为本单位员工无偿提供搬家运输服务

B. 向客户无偿提供信息咨询服务

C. 销售货物同时无偿提供运输服务

D. 为客户无偿提供广告设计服务

16. 下列各项中，属于增值税混合销售行为的是（　　）。

A. 电梯生产企业销售电梯后为客户安装电梯的业务

B. 商场销售商品，并设餐饮区提供餐饮服务

C. 电信局提供电话安装的同时又销售所安装的电话

D. 汽车制造厂既生产销售汽车，又提供汽车修理服务

17. 根据税收相关法律制度的规定，下列销售行为中，属于兼营行为的有（　　）。

A. 建筑安装公司提供建筑安装劳务的同时销售自产铝合金门窗

B. 汽车修理厂修车，并销售汽车零配件

C. 建材商店销售建材，并从事装修、装饰业务

D. 花店销售鲜花，并承接婚庆服务业务

18. 下列说法正确的有（　　）。

A. 一项销售行为如果既涉及货物又涉及服务，则为混合销售

B. 从事货物的生产、批发或者零售的单位和个体工商户的混合销售行为，按照销售货物缴纳增值税；其他单位和个体工商户的混合销售行为，按照销售服务缴纳增值税

C. 兼营不同税率的销售货物、加工修理修配劳务、服务、无形资产或者不动产，从高适用税率

D. 试点纳税人销售货物、劳务、服务、无形资产或者不动产适用不同税率或者征收率的，应当分别核算适用不同税率或者征收率的销售额

19．下列属于增值税税纳税人的有（　　）。

A．提供建筑业的建筑公司　　B．提供金融保险业的保险公司

C．转让无形资产的单位　　D．销售不动产的个人

20．根据“营改增”的有关规定，下列情形不属于在境内提供应税服务的有（　　）。

A．境外单位或个人向境内单位或个人提供完全在境外消费的应税服务

B．境内单位或个人向境内单位或个人提供完全在境外消费的应税服务

C．境内单位或个人向境内单位或个人出租完全在境外使用的有形动产

D．境外单位或个人向境内单位或个人出租完全在境外使用的有形动产

三、判断题

1．增值税纳税人中的个人仅指个体工商户，不包括其他个人。（　　）

2．将自产、委托加工或购进的货物作为投资，提供给其他单位或个体工商户不属于视同销售行为。（　　）

3．单位或者个体工商户聘用的员工为本单位或雇主提供工资性服务，不属于提供应税服务，不征收增值税。（　　）

4．物业管理按照“生活服务业”征收增值税。（　　）

5．水路运输的光租业务按照“交通运输业”征收增值税。（　　）

6．航空运输的湿租业务按照“交通运输业”征收增值税。（　　）

7．研发和技术服务，包括研发服务、专业技术服务、合同能源管理服务、工程勘察勘探服务。（　　）

8．销售无形资产，是指转让无形资产所有权的业务活动。（　　）

9．混合销售不仅是指服务和货物的混合，还包括劳务、不动产和无形资产。（　　）

10．中华人民共和国境外的单位或者个人在境内发生应税行为，在境内未设有经营机构的，以购买方为扣缴义务人。（　　）

第三节　一般纳税人和小规模纳税人的认定及管理

一、单选题

1．从事货物生产或者提供应税劳务为主，并兼营货物批发或者零售的纳税人，年应税销售额在（　　）万元以下的，认定为小规模纳税人。

A．50　　B．60　　C．70　　D．80

2．从事货物生产或提供应税劳务以外的纳税人，年应税销售额在（　　）万元以下的为增值税小规模纳税人。

A．80　　B．200　　C．100　　D．150

3．根据增值税法律制度的规定，下列企业中应认定为小规模纳税人的是（　　）。

A．批发企业年应税销售额为 120 万元　　B. 生产企业年应税销售额在 60 万元

C．生产企业年应税销售额在 40 万元　　D. 零售企业年应税销售额在 90 万元

4. 根据增值税法律制度的规定，下列各项中，必须认定为小规模纳税人的是（　　）。

A．年不含税应税销售额在 80 万元以下的商业企业

B．年不含税应税销售额在 50 万元以上的从事货物生产的企业

C．年应税销售额超过小规模纳税人标准的非企业性单位、不经常发生应税行为的企业

D．年不含税应税销售额为 100 万元的商业企业

5．年应税销售额超过小规模纳税人标准的（　　），按小规模纳税人纳税。

A．不经常发生应税行为的企业　　B．企业

C．个人　　D．非企业性单位

6．按照现行规定，下列纳税人符合一般纳税人年应税销售额认定标准的是（　　）。

A．年应税销售额 120 万元的从事货物生产的纳税人

B．年应税销售额 60 万元的从事货物零售的纳税人

C．年应税销售额 50 万元的从事货物生产的纳税人

D．年应税销售额 40 万元从事货物生产的纳税人

7．取得一般纳税人资格应具备的基本条件是（　　）。

A．会计核算健全

B．年应征增值税的销售额在税法规定的 500 万元以上

C．注册资金达到一定的数额

D．职工人数达到一定的规模

二、多选题

1．按照现行规定，下列纳税人可以认定为一般纳税人的有（　　）。

A．年不含税销售额 45 万元，从事货物生产的纳税人

B．年不含税销售额 90 万元，从事货物批发的纳税人

C．年不含税销售额 60 万元，从事货物零售的纳税人

D．年不含税销售额 120 万元，从事货物生产的纳税人

2．根据增值税法律制度的规定，下列关于增值税一般纳税人和小规模纳税人的有关说法正确的有（　　）。

A．对从事货物生产的企业，年应征增值税销售额在 80 万元以下的，不能申请认定为一般纳税人

B．除个体经营者以外的其他个人不得申请认定为一般纳税人

C．提供应税服务的纳税人，应税服务年销售额超过 500 万元的为一般纳税人

D．小规模纳税人不得自行开具增值税专用发票，但可以向主管税务机关申请代开增值税专用发票

3．下列属于增值税小规模纳税人的有（　　）。

A．从事货物生产或提供应税劳务的纳税人，年应税销售额在 50 万元以下的

B．从事货物生产或提供应税劳务以外的纳税人，年应纳税销售额在 80 万元以上的

C．从事货物生产或提供应税劳务以外的纳税人，年应纳税销售额在 80 万元以下的

D．从事货物生产或提供应税劳务的纳税人，年应税销售额在 50 万元以上的

4．下列关于增值税小规模纳税人的说法中，正确的有（ ）。

A．年应税销售额超过小规模纳税人标准的其他个人按小规模纳税人纳税

B．年应税销售额超过小规模纳税人标准的非企业性单位、不经常发生应税行为的企业，可选择按小规模纳税人纳税

C．从事货物批发或零售的纳税人，年应税销售额在 80 万元以下的为小规模纳税人

D．从事货物生产或提供应税劳务的纳税人，以及以从事货物生产或提供应税劳务为主，并兼营货物批发或零售的纳税人，年应税销售额在 100 万元以下的为小规模纳税人

5．依据增值税的有关规定，下列关于增值税小规模纳税人的说法中不正确的是（ ）。

A．从事货物生产的企业，年应税销售额在 50 万元（含）以下的，一律认定为小规模纳税人

B．小规模纳税人会计核算健全，能提供准确税务资料，可申请不作为小规模纳税人

C．已认定为小规模纳税人的企业一律不得再转为一般纳税人

D．销售应税服务，年应税销售额超过 80 万元的为一般纳税人

三、判断题

1．从事货物生产或者提供应税劳务的纳税人，以及以从事货物生产或者提供应税劳务为主，并兼营货物批发或者零售的纳税人，年应征增值税销售额在 50 万元以下（含 50 万元）的为增值税一般纳税人。（ ）

2．小规模纳税人的标准由国务院财政、税务主管部门规定。（ ）

3．对于规模较大、会计核算较为健全、能够提供完整的核算资料的企业，不需要任何手续而直接作为一般纳税人申报纳税。（ ）

4．个体经营者符合一般纳税人条件的，可以向地市级国税局申请，经批准后成为一般纳税人。（ ）

5．增值税纳税人一经认定为一般纳税人后，不符合一般纳税人条件的，可以转为小规模纳税人。（ ）

第四节 税率与征收率

一、单选题

1．我国增值税的基本税率为（ ）。

A．11% B．3% C．7% D．17%

2．根据增值税有关规定，一般纳税人销售的下列产品中，（　　）适用 17%的税率。

A．农机配件　B．自来水　C．花生油　D．居民用煤炭

3．根据增值税有关规定，下列各项中执行 11%税率的是（　　）。

A．增值电信服务　B．提供装卸搬运服务

C．提供邮政业服务　D．有形动产租赁

4．下列各项，适用 6%增值税税率的是（　　）。

A．金融保险业　B．不动产租赁服务

C．建筑业　D．转让土地使用权

5．小规模纳税人租赁不动产征收率为（　　）。

A．3%　B．5%　C．6%　D．1.5%

6．增值税一般纳税人销售自己使用过的除了固定资产以外的物品，按照（　　）征收增值税。

A．2%　B．3%　C．5%　D．17%

二、多选题

1．我国增值税采用的是比例税率，其税率分为（　　）。

A．基本税率 17%　B．低税率 11%　C．零税率　D．低税率 3%

2．下列货物适用于 11%增值税税率的有（　　）。

A．交通运输服务　B．生活服务

C．建筑服务　D．转让土地使用权

3．下列货物适用于 6%增值税税率的有（　　）。

A．有形动产租赁服务　B．广告设计服务

C．物流辅助服务　D．商务辅助服务

4．根据“营改增”的规定，下列应税行为适用零税率的有（　　）。

A．在境内载运旅客或者货物出境　B．在境外载运旅客或者货物入境

C．航天运输服务　D．在境外载运旅客或者货物

5．下列说法正确的有（　　）。

A．提供邮政业服务，税率为 7%

B．提供现代服务业服务（租赁服务除外），税率为 6%

C．零税率，即税率为零，仅适用于法律不限制或不禁止的报关出口的货物。国务院另有规定的某些货物，不适用零税率

D．单位和个人提供的国际运输服务、向境外单位提供的完全在境外消费的研发服务和设计服务，以及财政部和国家税务总局规定的其他服务，税率为零

6．增值税的计税方法，包括（　　）。

A．一般计税方法　B．简易计税方法

C．扣缴计税方法　D．差额计税方法

三、判断题

1．小规模纳税人增值税法定征收率为 6%。（　　）

2．纳税人出口货物，税率一律为零。（　　）

3．食用盐应按照 17%的基本税率征收增值税。（　　）

4．零税率等同于免税。（　　）

5．小规模纳税人销售不动产征收率为 3%。（　　）

6．其他个人出租不动产，减按 1.5%征收率。（　　）

7．纳税人销售旧货，按照简易办法依照 3%征收率征收增值税。（　　）

8．小规模纳税人销售自己使用过的物品，减按 2%征收增值税。（　　）

9．一般纳税人销售或者提供财政部和国家税务总局规定的特定货物、应税劳务、应税行为，可以选择适用简易计税方法计税，一经选择，12 个月内不得变更。（　　）

10．小规模纳税人销售货物、提供应税劳务和应税行为适用一般计税方法计税。（　　）

第五节　一般计税方法应纳税额的计算

一、单选题

1．增值税一般纳税人销售货物或者应税劳务，采用销售额和销项税额合并定价方法的，其计算销售额的公式是（　　）。

A．销售额＝含税销售额/（1＋税率）

B．销售额＝不含税销售额/（1＋税率）

C．销售额＝含税销售额/（1－税率）

D．销售额＝不含税销售额/（1－税率）

2．下列各项中，不应计入增值税的应税销售额的是（　　）。

A．向购买者收取的包装物租金

B．向购买者收取的销项税额

C．因销售货物向购买者收取的手续费

D．因销售货物向购买者收取的代收款项

3．公司为增值税一般纳税人，2009 年 8 月销售钢材一批，不含税销售额为 8000 元，税率 17%，该公司 8 月增值税销项税额为（　　）元。

A．1360　　B．1300　　C．1000　　D．1162

4．某企业为增值税一般纳税人，2016 年 10 月销售自产电视机 10 台，开具增值税专用发票注明价款 30000 元，另外取得延期付款利息 2340 元，则该企业当月应缴纳增值税（　　）元。

A．4160　　B．4698.97　　C．5440　　D．5497.8

5．甲公司为增值税一般纳税人，本月销售产品一批，取得不含税销售额 10 万元，同时向对方收取包装费 1000 元，已知增值税税率为 17%，则甲公司本月增值税销项税额为（　　）元。

A．14675　　B．17000　　C．17145　　D．17170

6．某酒厂为增值税一般纳税人，2016 年 3 月向一小规模纳税人销售白酒，开具的普通发票上注明含税金额为 117000 元，同时收取包装物押金 2000 元。此业务酒厂应计算的销项税额为（　　）元。

A．17000　　B．19890　　C．3407.76　　D．17290.6

7．甲公司为增值税一般纳税人，本月将一批新研制的产品赠送给老顾客使用，甲公司并无同类产品销售价格，其他公司也无同类货物，已知该批产品的生产成本为 10 万元，甲公司的成本利润率为 10%，则甲公司本月视同销售的增值税销项税为（　　）元。

A．17000　　B．18500　　C．18700　　D．18888

8．甲公司为增值税一般纳税人，本月采用以旧换新的方式零售冰箱 50 台，冰箱每台售价 2000 元，同时收到旧冰箱 50 台，每台折价 200 元，实际收到销售款 9 万元，已知甲公司适用的增值税税率为 17%，则甲公司本月销售冰箱的增值税销项税额为（　　）元。

A．13077　　B．14530　　C．15300　　D．17000

9．某金店（中国人民银行批准的金银首饰经营单位）为增值税一般纳税人，2016 年 9 月采取“以旧换新”方式向消费者销售金项链 20 条，每条新项链的零售价格为 2500 元，每条旧项链作价 800 元，每条项链取得差价款 1700 元（含税）；取得首饰修理费 2270 元（含税），销售包金首饰 15 条，取得不含税销售额 5000 元。该金店上述业务应纳增值税税额（　　）元。

A．5800　　B．6020　　C．6120　　D．5400

10．某商场为增值税一般纳税人，2016 年 5 月实行还本销售家具，家具现零售价 25000 元，5 年后还本，该商场增值税的计税销售额为（　　）元。

A．25000　　B．24038.46　　C．21367.52　　D．不征税

11．某白酒生产企业为增值税一般纳税人，2016 年 10 月份销售白酒取得不含税销售收入 80 万元，收取包装物押金 2.34 万元。当月没收 3 个月前收取的逾期未退还的包装物押金 5.4 万元，则该白酒生产企业 2016 年 10 月应纳增值税（　　）万元。

A．13.94　　B．8.25　　C．6.86　　D．9.78

12．根据增值税法律制度的规定，下列各项中，说法正确的是（　　）。

A．采取折扣销售方式的，销售额为扣除折扣后的金额

B．采取以旧换新方式的，销售额为实际收取的全部价款

C．采取还本销售方式的，不得从销售额中减除还本支出

D．采取以物易物方式的，以实际收取的差价款为销售额

13．根据增值税法律制度的规定，下列情形中进项税额准予抵扣的是（　　）。

A．用于非增值税应税项目的购进货物

B．因自然灾害造成的购进原材料损失

C．接受旅客运输服务

D．属于一般纳税人但选择按照简易办法征税的自来水公司销售自来水

14．生产企业 2016 年 6 月外购原材料取得增值税专用发票上注明价款 100000 元，增值税 17000 元，已入库。支付运输企业的运输费 666 元（货物运输增值税专用发票上

注明运费 600 元，增值税 66 元）。该企业 6 月可以抵扣的进项税额的金额为（　　）元。

A．17066　　B．17660　　C．17000　　D．17600

15. 某广播影视公司为增值税一般纳税人，2016 年 8 月份提供广告设计服务取得不含税销售额 80 万元，提供广告发布服务取得不含税销售额 250 万元。当月接受旅客运输服务，支付不含税价款 20 万元，则该广播影视公司 2016 年 8 月份应缴纳增值税（　　）万元。

A．15.5　　B．17.6　　C．19.8　　D．25.54

二、多选题

1．下列有关增值税的计算公式中，正确的有（　　）。

A．销售额＝含税销售额÷（1＋税率）　　B．销项税额＝销售额×适用税率

C．销售额＝销项税额×适用税率　　D．销售额＝含税销售额÷税率

2．价外费用包括（　　）。

A．补贴　　B．基金　　C．返还利润　　D．滞纳金

3．下列各项中，应计入增值税的应税销售额的有（　　）。

A．向购买者收取的包装物租金

B．向购买者收取的销项税额

C．因销售货物向购买者收取的手续费

D．受托加工应征消费税的消费品所代收代缴的消费税

4．下列关于纳税人以特殊方式销售货物的税务处理，错误的有（　　）。

A．纳税人发生视同销售货物行为，按组成计税价格确定其销售额

B．纳税人用以旧换新方式销售金银首饰，按新货物的同期销售价格确定销售额

C．纳税人以折扣方式销售货物，若将折扣额另开增值税专用发票，可从销售额中减除折扣额

D．还本销售本质为筹资，税法规定，该行为不缴纳增值税

5．根据《中华人民共和国增值税暂行条例》（以下简称《增值税暂行条例》）的规定，下列关于包装物的增值税处理正确的有（　　）。

A．随同货物销售而出租包装物的租金一律在收取时作为价外费用并入销售额计征增值税

B．一般货物包装物押金一律在收取时作为价外费用并入销售额计征增值税

C．白酒包装物押金一律在收取时作为价外费用并入销售额计征增值税

D．啤酒包装物押金一律在收取时作为价外费用并入销售额计征增值税

6．准予从销项税额中抵扣的进项税额的有（　　）。

A．从销售方取得的增值税专用发票上注明的增值税税额

B．运输费用普通发票上注明的运输费用金额计算的进项税额

C．从海关取得的海关进口增值税专用缴款书上注明的增值税额

D．销售发票上注明的农产品买价计算的进项税额

7. 根据增值税法律制度的规定，下列各项可以作为增值税的扣税凭证的有（　　）。

A．税控机动车销售统一发票

B．海关进口增值税专用缴款书

C．接受境外单位提供的应税服务，从境内代理人处取得的解缴税款的税收缴款凭证

D．增值税普通发票

8．增值税一般纳税人的下列行为中，外购货物进项税额准予从销项税额中抵扣的有（　　）。

A．将外购货物无偿赠送给客户

B．将外购货物作为投资提供给联营单位

C．将外购货物分配给股东

D．将外购货物用于本单位职工福利

9．纳税人凭完税凭证抵扣进项税额的，应当具备规定的资料，资料不全的，其进项税额不得从销项税额中抵扣。规定的资料包括（　　）。

A．书面合同　　B．境外单位的对账单或者发票

C．账簿记录　　D．付款证明

10．甲公司外购一批货物 6000 元，取得增值税专用发票，委托乙公司加工，支付加工费 1000 元，并取得乙公司开具的增值税专用发票。货物加工好收回后，甲公司将这批货物直接对外销售，开出的增值税专用发票上注明的价款为 8000 元。根据以上所述，以下各种说法正确的有（　　）。

A．甲应当缴纳增值税 510 元　　B．乙应该缴纳增值税 170 元

C．乙不须缴纳增值税　　D．甲应当缴纳增值税 170 元

三、判断题

1．根据《增值税暂行条例》的规定，销售额为纳税人销售货物或应税劳务向购买方收取的全部价款，但不包括价外费用。（　　）

2．在计算增值税销项税额时的销售额应包括向购买方收取的销项税额和其他符合税法规定的费用。（　　）

3．纳税人应以其提供应税服务、转让无形资产或者销售不动产向对方收取的全部价款和价外费用为计税依据计算应缴纳的增值税。（　　）

4．视同销售货物行为而无销售额的，由物价部门核定销售额。（　　）

5．纳税人采用折扣销售方式销售货物，只要折扣额与销售额在同一张发票上注明，可按折扣后的净额计算交纳增值税。（　　）

6．因销货退回还给购买方的增值税税额，应从发生销货退回下期的销项税额中冲减。（　　）

7．纳税人因进货退回而收回的增值税税额，不允许从当期发生的进项税额中冲减。（　　）

8．增值税专用发票、机动车销售统一发票，应在开具之日起 180 日内到税务机关

办理认证，并在认证通过的当月申报期内，向主管税务机关申报抵扣进项税额。（ ）

9．增值税纳税人初次购买增值税税控系统专用设备（包括分开票机）支付的费用：凭购买的增值税专用发票，在增值税应纳税额中全额抵减（即价税合计额）。（ ）

10．已抵扣进项税额的购进货物改变用途，用于个人消费的，应当将该项购进货物的进项税从当期进项税额中扣减；无法确定该项进项税额的，按当期外购项目的对外销售额计算应扣减的进项税额。（ ）

四、计算题

1．某商店为一般纳税人，2015 年 10 月销售货物，开具增值税专用发票取得不含税销售额 50 万元，开具普通发票取得含税销售额 70.2 万元。

要求：计算该商店当月的销售额和销项税额。

2．中秋节将至，某食品厂（一般纳税人）特地制作了一款月饼发给本厂职工。当月及以前月份均无同类月饼售价。已知制作这款月饼的总成本为 1.6 万元。

要求：分别计算该食品厂当月的销售额和销项税额。

3．某企业（一般纳税人）2016 年 2 月采取以旧换新方式销售彩电，开出普通发票 38 张，收到货款 80000 元，并注明已扣除旧货折价 30000 元。

要求：计算该商店当月的销项税额。

4．2016 年 3 月，某酒厂（增值税一般纳税人）销售粮食白酒和啤酒给副食品公司，其中白酒开具增值税专用发票，收取不含税价款 50000 元，另外收取包装物押金 3000 元；啤酒开具普通发票，收取的价税合计款 23400 元，另外收取包装物押金 1500 元。副食品公司按合同约定，于 2016 年 12 月将白酒、啤酒包装物全部退还给酒厂，并取回全部押金。

要求：计算该酒厂当月的销项税额。

5．某企业为增值税一般纳税人，兼营增值税应税项目和免税项目。月应税项目取得不含税销售额 1200 万元，免税项目取得销售额 1000 万元；当月购进用于应税项目的材料支付价款 700 万元，购进用于免税项目的材料支付价款 400 万元，当月购进应税项目和免税项目共用的自来水支付进项税额 0.6 万元，购进共用的电力支付价款 8 万元，进项税额无法在应税项目和免税项目之间准确划分，当月购进项目均取得增值税专用发票，并在当月通过认证并抵扣。

要求：计算该企业应纳的增值税额。

6．某饮料厂当月批发零售销售饮料，实现销售额 81.9 万元。当月从一般纳税人处购进白糖、柠檬酸等原材料，购货金额 15 万元；从小规模纳税人处购进香料 5 万元；为本厂食堂购进一台大冰柜，取得增值税专用发票上注明税款 4.8 万元；为本厂职工幼儿园购进一批童桌、童椅、木床，取得增值税专用发票上注明税款 0.234 万元。

要求：计算该厂当月应纳增值税税额。

7．乙建材商店为增值税一般纳税人，主营建筑装修材料的销售，同时兼营装修业务和工具租赁业务。该商店对货物销售额和应税服务销售额分别进行核算。2016 年 10

月发生以下经济业务：

（1）购进涂料一批，货款已付，取得的增值税专用发票上注明的销售额为60000元（不含增值税）。

（2）销售商品的销售额共计397800元（含增值税）。

（3）出租装修工具收入14040元（含增值税）。

（4）承揽装修及地板安装业务收入88800元（含增值税）。

要求：计算当月应纳增值税税额。

8. 某境内旅游企业组团到美国夏威夷岛旅游，共有游客50人，每人收费12000元，境内期间为每人支付了交通费和餐费7000元。出境后由美国的某旅游企业接团，并按每人3000元付给美国旅游企业。

要求：计算该境内旅游企业应纳增值税税额。

9. 2016年7月5日，某增值税一般纳税人购进办公大楼一座，该大楼用于公司办公，计入固定资产，并于次月开始计提折旧。7月20日，该纳税人取得该大楼的增值税专用发票并认证相符，专用发票注明的增值税税额为1000万元。

要求：分年计算可抵扣的进项税额。

10. 某电器商场为增值税一般纳税人，税率17%，2016年7月发生下列购销业务：

（1）零售A型热水器300台，每台3000元，商场派人负责安装，每台收取安装费200元。

（2）采取有奖销售方式销售电视机100台，每台零售价2800元；奖品为电子石英手表，市场零售单价200元，共计送出50只电子石英手表。

（3）购进B型热水器100台，取得增值税专用发票注明价款200000元，双方正在协商以商业汇票方式进行结算。

（4）收到某客户购买20台A型热水器的预付款40000元，每台3000元，因供货商的原因当期未能向客户交货，发票尚未开具。

（5）采取分期收款方式销售给某宾馆电视机200台，增值税专用发票注明价款400000元，合同约定本月收款50%，余款再分三个月收回。

（6）由于天气炎热，商场免费为员工发放5月份购进的库存电风扇50台，该批电风扇的不含税进价为每台200元，5月份已申报抵扣了进项税额。

（7）购进电视机150台，取得增值税专用发票注明价款300000元，但商场因资金周转困难只支付了70%的货款，余款在下月初支付。

（8）因质量原因，退回上期购进的电视机20台，每台不含税单价2000元，取得电视机厂开具的红字专用发票。

（9）为某厨具厂代销电磁炉一批，代销合同规定：厨具厂与商场的结算价格为每台175.5元（含税）；商场本月实际销售800件，零售价每台250元，将代销清单送交厨具厂，取得厨具厂开具的增值税专用发票。

（注：该商场零售业务均开具了增值税普通发票；取得的增值税专用发票均通过主管税务机关认证并申报抵扣；7月初增值税留抵税额为2000元。）

要求：计算该商场当期应纳增值税税额。

五、案例分析题

1．某百货商场为一般纳税人，2017 年 1 月发生以下购销业务：

（1）购入电视机两批，货款均已支付，第一批货物款为 11.7 万元（含税），尚未取得增值税专用发票，第二批货物取得增值税专用发票上注明支付的价款 20 万元、增值税税额 3.4 万元，先后购进这两批货物时已分别支付两笔运费 0.26 万元和 0.44 万元（运费 0.4 万元、增值税 0.044 万元），第一批货物支付运费取得普通发票，第二批货物支付运费取得承运单位开具货物运输增值税专用发票。

（2）批发销售电视机一批，取得不含税销售额 25 万元，采用委托银行收款方式结算，货已发出并办妥托收手续，货款尚未收回。

（3）零售电视机，取得含税销售收入 35.1 万元，同时将零售价为 1.17 万元（含税）的电视机捐赠给某小学。

（说明：有关票据在本月均通过主管税务机关认证并申报抵扣；月初增值税留抵扣额为 0 元。）

要求：根据上述资料，回答下列问题。

（1）该商场支付运费可抵扣的增值税进项税额为（　　）万元。

A．0.044　　B．0.028　　C．0.077　　D．0.622

（2）该商场 1 月可抵扣的增值税进项税额为（　　）万元。

A．5.1　　B．5.144　　C．3.444　　D．3.4

（3）该商场销售电视机的增值税销项税额为（　　）万元。

A．9.35　　B．4.25　　C．5.10　　D．9.52

（4）该商场将电视机赠送给顾客的增值税销项税额为（　　）万元。

A．0.17　　B．0.1989　　C．0　　D．0.13

（5）该商场 1 月份应缴纳的增值税税额为（　　）万元。

A．0　　B．6.076　　C．5.95　　D．4.376

2．甲企业为增值税一般纳税人，主要从事货物运输服务，2016 年 10 月有关经济业务如下：

（1）购进运输用货车 4 辆，取得增值税专用发票上注明的税额为 85000 元；购进货车用柴油，取得增值税专用发票上注明的税额为 21000 元。

（2）购进客车 1 辆，作为本企业职工班车，取得增值税专用发票上注明的税额为 6500 元。

（3）提供货物运输服务，取得含增值税价款 1110000 元，同时收取优质费 2220 元。

（4）提供货物装卸搬运服务，取得含增值税价款 31800 元；因损坏所搬运货物，向客户支付赔偿款 5300 元。

（5）提供货物仓储服务，取得含增值税价款 116600 元；所用仓库为经营性租赁取得，每月支付出租方含增值税租金 7000 元，取得增值税专用发票。

已知：交通运输业服务增值税税率为 11%，物流辅助服务增值税税率为 6%，上期留抵增值税税额 3400 元，取得的增值税专用发票已通过税务机关认证。

要求：根据上述资料，分别回答下列问题。

（1）甲企业下列增值税进项税额中，准予抵扣的是（　　）。

A．购进运输用货车的进项税额 85000 元

B．购进货车用柴油的进项税额 21000 元

C．购进客车的进项税额 6500 元

D．租入仓库的进项税额 693.69 元

（2）甲企业当月提供货物运输服务的增值税销项税额是（　　）元。

A．122344.2　　B．122100　　C．110220　　D．135531

（3）甲企业当月提供货物装卸搬运服务的增值税销项税额是（　　）元。

A．1590　　B．1908　　C．1800　　D．1500

（4）甲企业当月提供货物仓储服务的增值税销项税额是（　　）元。

A．6600　　B．6996　　C．6576　　D．6203.77

（5）甲企业当月应纳增值税额为（　　）元。

A．11926.31　　B．8526.31　　C．9220　　D．12620

3．甲公司为增值税一般纳税人，主要生产和销售洗衣机。2016 年 3 月有关经济业务如下：

（1）购进一批原材料，取得增值税专用发票上注明的税额为 272000 元；支付运输费，取得增值税专用发票上注明税额 2750 元。

（2）购进低值易耗品，取得增值税普通发票上注明的税额为 8500 元。

（3）销售 A 型洗衣机 1000 台，含增值税销售单价 3510 元/台；另收取优质费 526500 元、包装物租金 175500 元。

（4）采取以旧换新方式销售 A 型洗衣机 50 台，旧洗衣机作价 117 元/台。

（5）向优秀职工发放 A 型洗衣机 10 台，生产成本 2106 元/台。

已知：增值税税率为 17%，上期留抵增值税税额 59000 元，取得的增值税专用发票已通过税务机关认证。

要求：根据上述资料，分析回答下列小题。

（1）甲公司下列增值税进项税额中，准予抵扣的是（　　）。

A．购进低值易耗品的进项税额 8500 元

B．上期留抵的增值税税额 59000 元

C．购进原材料的进项税额 272000 元

D．支付运输费的进项税额 2750 元

（2）甲公司当月销售 A 型洗衣机增值税销项税额的下列计算中，正确的是（　　）。

A．[1000×3510＋526500÷（1＋17%）]×17%＝673200（元）

B．（1000×3510＋526500＋175500）×17%＝716040（元）

C．（1000×3510＋526500＋175500）÷（1＋17%）×17%＝612000（元）

D．1000×3510×17%＝596700（元）

（3）甲公司当月以旧换新方式销售 A 型洗衣机增值税销项税额的下列计算中，正确的是（　　）。

A．50×3510×17%＝29835（元）

B．50×（3510－117）÷（1＋17%）×17%＝24650（元）

C．50×3510÷（1＋17%）×17%＝25500（元）

D．50×（3510－117）×17%＝28840.5（元）

（4）甲公司当月向优秀职工发放 A 型洗衣机增值税销项税额的下列计算中，正确的是（　　）。

A．10×2106÷（1＋17%）×17%＝3060（元）

B．10×3510×17%＝5967（元）

C．10×2160×17%＝3580.2（元）

D．10×3510÷（1＋17%）×17%＝5100（元）

（5）甲企业当月应纳增值税额为（　　）元。

A．308850　　B．359350　　C．367850　　D．300350

第六节　简易计税方法应纳税额的计算

一、单选题

1．小规模纳税人销售货物或者提供劳务，对其增值税进项税额的处理规定是（　　）。

A．取得增值税专用发票的，可按发票上注明的增值税额进行抵扣

B．没有取得增值税专用发票的可按 3%的抵扣率抵扣进项税额

C．取得增值税专用发票的可按 13%抵扣进项税额

D．即使取得增值税专用发票，也不得抵扣任何进项税额

2．某从事商品零售的小规模纳税人，2016 年 1 月份销售商品取得含税收入 10300 元，当月该企业应纳的增值税是（　　）元。

A．300　　B．309　　C．396.2　　D．412

3．2016 年 2 月，某个体工商户（增值税小规模纳税人）购进皮鞋 200 双，单价 60 元，当月以每双 120 元的含税价格全部零售出去。该个体工商户当月销售这些皮鞋应纳增值税为（　　）元。

A．360　　B．699.03　　C．720　　D．349.51

4．某建材商店为小规模纳税人，5 月销售给大型建材城公司建材一批，共取得收入为 154500 元；当月购进货物时取得增值税专用发票上注明价款为 16000 元，则该建材商店本月应纳增值税税额为（　　）元。

A．4020　　B．4033.98　　C．4155　　D．4500

5．某企业为增值税小规模纳税人，2016 年 10 月销售自产货物取得含税收入 10300

元，销售自己使用过2年的设备一台，取得含税收入80000元，当月购入货物取得的增值税专用发票上注明金额8000元，增值税税额1360元，则该企业当月应缴纳增值税（　　）元。

A. 493.40　　B. 1270.10　　C. 2630.10　　D. 1853.40

6. 某汽修厂为增值税小规模纳税人，12月取得修理收入为60000元；处置使用过的举升机一台，取得收入5000元。汽修厂12月份应缴纳增值税（　　）元。

A. 1747.57　　B. 1844.66　　C. 1893.20　　D. 1980.58

7. 其他个人出租其取得的不动产（不含住房），应按照（　　）的征收率计算应纳税额。

A. 5%　　B. 3%　　C. 1.5%　　D. 2%

8. 张某将自己闲置的住房出租，每月取得租金收入5000元，则张某当月应缴纳增值税（　　）元。

A. 150　　B. 75　　C. 238.10　　D. 71.43

9. 东莞市的李某将其购买不足2年的住房以210万元对外销售，则张某当月应缴纳增值税（　　）万元。

A. 6.3　　B. 10　　C. 10.5　　D. 6.12

10. 某旧机动车交易公司（增值税一般纳税人）2016年3月销售2008年12月购进的旧机动车60辆，取得含税销售收入515万元。根据增值税法律制度的规定，该公司此项业务应缴纳增值税（　　）万元。

A. 15　　B. 10　　C. 10.3　　D. 15.45

11. 下列关于固定资产处理的说法，正确的是（　　）。

A. 小规模纳税人销售自己使用过的固定资产的，应按3%征收率征收增值税

B. 小规模纳税人销售自己使用过的除固定资产以外的物品，应减按2%的征收率征收增值税

C. 一般纳税人销售自己使用过的2009年1月1日以后购进的固定资产，按照3%征收率减按2%征收增值税

D. 自2009年1月1日起，增值税一般纳税人购进固定资产发生的进项税额可以从销项税额中抵扣

12. 小规模纳税人提供劳务派遣服务，可以选择全额依（　　）的征收率纳税，也可以选择差额依（　　）的征收率纳税。

A. 3%，5%　　B. 5%，3%　　C. 6%，5%　　D. 5%，6%

13. 一般纳税人跨县（市、区）提供建筑服务适用一般计税方法计税的，以取得的全部价款和价外费用扣除支付的分包款后的余额，按（　　）的预征率计算应预缴税款。

A. 1.5%　　B. 2%　　C. 3%　　D. 5%

14. 一般纳税人销售其试点前自建的不动产，采用的增值税政策是（　　）。

A. 可以选择简易计税，以全部价款和价外费用减去成本为销售额，按5%征收率计税

B．可以选择简易计税，以全部价款和价外费用为销售额，按5%征收率计税

C．应使用一般计税方法，以全部价款和价外费用为销售额计税

D．应使用一般计税方法，以全部价款和价外费用减去成本为销售

15．一般纳税人销售（　　）其取得（不含自建）的不动产，可以选择适用简易计税方法。

A．2009年1月1日前　　B．2009年1月1日后

C．2016年4月30日前　　D．2016年5月1日后

二、多选题

1．下列有关小规模纳税人征税和管理的说法，正确的有（　　）。

A．销售货物不得使用增值税专用发票

B．购进货物可以使用和扣税凭证抵扣税款

C．不享有税款抵扣权

D．应纳税额采用简易征收办法计算

2．“营改增”小规模纳税人按5%征收率计算应纳税额的有（　　）。

A．李某出租住房

B．乙企业（小规模纳税人）将其购置的厂房对外销售

C．丙房地产开发企业（小规模纳税人）销售自行开发的房地产项目

D．丁企业（小规模纳税人）出租其购置的仓库

3．小规模纳税人提供劳务派遣服务，可以选择差额纳税，以取得的全部价款和价外费用，扣除（　　）后的余额为销售额。

A．代用工单位支付给劳务派遣员工的工资

B．代用工单位支付给劳务派遣员工的福利

C．为其办理的社会保险

D．为其办理的住房公积金

4．“营改增”一般纳税人所从事的下列应税服务，可选择简易计税方法计算缴纳增值税的有（　　）。

A．仓储服务　　B．文化体育服务

C．提供公共交通运输服务　　D．提供电影放映服务

5．下列关于建筑服务的说法，正确的是（　　）。

A．一般纳税人以清包工方式提供的建筑服务，可以选择适用简易计税方法计税

B．一般纳税人为甲供工程提供的建筑服务，可以选择适用简易计税方法计税

C．一般纳税人为建筑工程老项目提供的建筑服务，可以选择适用简易计税方法计税

D．一般纳税人跨县（市）提供建筑服务，可以选择适用简易计税方法计税

6．下列关于“营改增”后一般纳税人按简易计税方法计税规定的说法，正确的有（　　）。

A．一般纳税人销售其2016年4月30日前购置取得的不动产，可以全部的价款

和价外费用，按照5%的征收率计算应纳税额

B. 一般纳税人出租其2016年4月30日前取得的不动产，可以选择适用简易计税方法，按5%征收率计算应纳税额

C. “营改增”的一般纳税人提供的公共交通运输服务，可以选择按照简易计税方法计算缴纳增值税

D. 一般纳税人跨县（市）提供建筑服务，可以选择适用简易计税方法，以取得的全部价款和价外费用扣除支付分包款后的余额为销售额按3%征收率计算应纳税额

7．根据增值税法律制度的规定，下列说法中正确的有（　　）。

A. 一般纳税人转让其2016年4月30日前购置的不动产，选择适用简易方法计税的，以取得的全部价款和价外费用扣除不动产购置原价或者取得不动产时的作价后的余额为销售额

B. 一般纳税人转让其2016年4月30日前自建的不动产，选择适用简易方法计税的，以取得的全部价款和价外费用为销售额

C. 一般纳税人转让其2016年4月30日前购置的不动产，选择适用一般计税方法计税的，以取得的全部价款和价外费用扣除不动产购置原价或者取得不动产时的作价后的余额为销售额

D. 一般纳税人转让其2016年5月1日后自建和非自建取得的不动产，均适用一般计税方法，以取得的全部价款和价外费用为销售额计算应纳税额

8．根据增值税的有关规定，下列关于个人将住房对外销售的税收政策，说法正确的是（　　）。

A. 2016年8月，李某将位于北京的2013年购买的非普通住房对外销售，免征增值税

B. 2016年8月，王某将位于上海的2015年购买的普通住房对外销售，免征增值税

C. 2016年8月，张某将位于大连的2013年购买的非普通住房对外销售，免征增值税

D. 2016年8月，孙某将位于长春的2015年购买的住房对外销售，差额计征增值税

三、判断题

1．甲公司是一家按月纳税的从事货物零售的小规模纳税人，2016年3月甲公司销售额为20600元，已知小规模纳税人适用的征收率为3%，则甲公司应纳的增值税为600元。（　　）

2．纳税人销售旧货，按照简易办法依照3%的征收率缴纳增值税。（　　）

3．房地产开发企业中的小规模纳税人，销售自行开发的房地产项目，按照3%的征收率计税。（　　）

4．小规模纳税人取得的销售额与一般纳税人一样，都是销售货物或提供应税劳务

和应税服务向购买方收取的全部价款和价外费用，不包括收取的增值税税额。（ ）

5．涉及家庭财产分割的个人无偿转让不动产、土地使用权免征增值税。（ ）

6．一般纳税人提供财政部和国家税务总局规定的特定应税服务，可以选择适用简易计税方法计税，但一经选择，12 个月内不得变更。（ ）

7．一般纳税人出租其 2016 年 5 月 1 日后取得的、与机构所在地不在同一县（市）的不动产，应按照 5%的预征率在不动产所在地预缴税款后，向机构所在地主管税务机关进行纳税申报。（ ）

8．公路经营企业中的一般纳税人收取试点前开工的高速公路的车辆通行费，可以选择适用简易计税方法，按 5%的征收率计算应纳税额。（ ）

四、计算题

1．某五金工具厂为小规模纳税人，适用的增值税征收率为 3%。2017 年 1 月份，该厂取得销售收入 18540 元。

要求：计算该厂 1 月份应缴纳的增值税税额。

2．某生产企业是增值税小规模纳税人，2016 年 6 月销售边角废料，由税务机关代开增值税专用发票，取得不含税收入 8 万元；销售使用过的小汽车 1 辆，取得含税收入 5.2 万元；当月购进货物支付价款 3 万元。

要求：计算该企业上述业务应缴纳的增值税税额。

3. 某生产企业为增值税一般纳税人，2016 年 12 月把资产盘点过程中不需用的部分资产进行处理：销售已经使用 9 年的机器设备，取得收入 9200 元；销售自己使用过的 3 年的运输车 1 辆，取得收入 64000 元；销售给小规模纳税人库存未使用的钢材取得收入 35000 元。（以上收入均为含税收入）

要求：计算该企业上述业务应缴纳的增值税税额。

4．甲百货商场为增值税一般纳税人，2016 年 10 月发生以下业务：

（1）销售自己使用过的包装箱，取得含税收入 9360 元，支付不含税运输费 500 元，取得运输企业开具的增值税专用发票。

（2）出租位于本市的一幢 4 年前取得的办公用房，价税合计收取租金 80000 元，选择简易计税方法。

要求：计算本月应缴纳的增值税税额。

5．甲建筑企业是增值税一般纳税人，2016 年 9 月跨市在 A 市提供建筑服务，取得建筑收入 200 万元。将一部分建筑工程服务分包出去，支付分包款 100 万元，选择一般计税方法计算纳税。

要求：计算甲企业在建筑劳务发生地 A 市预缴税款。

6. 2016 年 7 月，某一般纳税人商贸公司将一栋办公楼对外转让，取得全部价款 5600 万元，该办公楼为 2013 年以 3200 万元购进。

要求：计算该企业应当预缴的税款。

五、案例分析题

某商品流通企业属于增值税小规模纳税人，2015 年 5 月有关购销业务如下：

（1）购进服装 100 套，进价 150 元/套，取得普通发票，价款已付；另支付货物运费 200 元，取得运输单位开具货物运输发票。

（2）购入办公设备，取得普通发票，注明价款 3000 元。

（3）销售服装 100 套，售价 515 元/套，开具普通发票上注明价款 51500 元，价款已全部收到。

（4）转让厂房，取得转让收入 1000000 元（含税价）。

要求：根据上述资料，回答下列问题。

（1）下列关于增值税小规模纳税人的说法，正确的有（　　）。

A．从事货物批发或零售的纳税人，年应税销售额在 80 万元以下的，属于小规模纳税人

B．从事货物生产或提供应税劳务的纳税人，以及以从事生产或者提供应税劳务为主，并兼营货物批发或零售的纳税人，应税销售额在 50 万元以下的，属于小规模纳税人

C．年应税销售额超过小规模纳税人标准的个人、非企业性单位、不经常发生应税行为的企业，视同小规模纳税人纳税

D．小规模纳税人应纳增值税与购进货物没有关系，购进货物的全部支出都将计入货物的成本

（2）小规模纳税人增值税的征收率为（　　）。

A．3%　　B．6%　　C．7%　　D．13%

（3）该企业销售服装应缴纳的增值税税额为（　　）元。

A．1545　　B．1500　　C．8500　　D．3500

（4）该企业转让厂房应缴纳的增值税为（　　）元。

A．30000　　B．29126.21　　C．47619.05　　D．50000

（5）下列各项说法正确的是（　　）。

A．该企业外购服装可抵扣的进项税额为 0 元

B．该企业外购服装发生的运费可抵扣的进项税额为 22 元

C．该企业购入办公用品可抵扣的进项税额为 90 元

D．该企业可按 3%的征收率计算可抵扣的进项税额

第七节　进口货物应纳增值税的计算

一、单选题

1．按照《海关法》和《进出口关税条例》的规定，一般贸易下进口货物的关税完税价格以海关审定的成交价格为基础的（　　）作为完税价格。

A．到岸价格　　B．申报价格

C．实际成交价格　　D．离岸价格

2．下列项目中，不应计入进口货物完税价格的有（　　）。

A．机器设备进口后的安装费用　　B．运抵我国境内起卸前的运输费

C．运抵我国境内起卸前的保险费　　D．买方支付的进口货物的货价

3．某生产企业为增值税一般纳税人，2016 年 3 月进口一批钢材，关税完税价格为 400 万元，进口关税为 80 万元，则进口时应缴纳的增值税为（　　）万元。

A．54.4　　B．68　　C．81.6　　D．69.74

4．甲公司为增值税一般纳税人，2016 年 8 月从国外进口一批音响，海关核定的关税完税价格为 117 万元，缴纳关税 11.7 万元。已知增值税税率为 17%，甲公司该笔业务应缴纳增值税税额的下列计算中，正确的是（　　）。

A．117×17%＝19.89（万元）

B．（117＋11.7）×17%＝21.879（万元）

C．117÷（1＋17%）×17%＝17（万元）

D．（117＋11.7）÷（1＋17%）×17%＝18.7（万元）

5．某公司为增值税一般纳税人，本月从国外进口一批高档化妆品，海关核定的关税完税价格为 100 万元。已知进口关税税率为 26%，消费税税率为 30%，增值税税率为 17%。则该公司进口环节应缴纳的增值税是（　　）万元。

A．17　　B．21.42　　C．28.7　　D．30.6

6. 某具有进出口经营权的企业为增值税小规模纳税人，2 月从国外进口小汽车一辆，关税完税价格折合人民币 185500 元，假定小汽车的关税税率 20%，消费税税率 5%，其进口环节应纳增值税（　　）元。

A．39833.68　　B．31535　　C．37842　　D．36040

7．商贸企业 2015 年 8 月进口机器一台，关税完税价格为 200 万元，假设进口关税税率为 20%，支付国内运输企业的不含税运输费用 0.2 万元（取得运输企业开具的货物运输业增值税专用发票）；本月售出，取得不含税销售额 350 万元，则本月应纳增值税额（　　）万元。

A．28.5　　B．40.8　　C．18.678　　D．18.7

二、多选题

1．下列属于进口货物的征税范围是（　　）。

A．从国外进口的设备　　B．国外捐赠的货物

C．企业出口的设备　　D．我国已出口而转销国内的货物

2．下列属于进口货物增值税征收范围的是（　　）。

A．A 公司从国外进口先进自动化设备一套

B．某公益社团接受国际组织无偿援助进口物资一批

C．张某委托新西兰亲属邮寄进境 5 罐奶粉自用

D．某贸易公司进口圣诞树等节庆物资一批，商品标识注明“Made in China”（中国制造）

3．下列不属于进口货物的纳税义务人是（　　）。

A．进口货物的收货人　　B．办理报关手续的单位

C．出口货物的发货人　　　　　　　　D．进口货物的代理人

4．下列属于进口货物的适用税率是（　　）。

A．3%　　　B．5%　　　C．13%　　　D．17%

5．下列关于进口货物计算增值税组成计税价格计算公式正确的是（　　）。

A．组成计税价格＝关税完税价格＋关税＋消费税

B．组成计税价格＝关税完税价格＋关税－消费税

C．组成计税价格＝（关税完税价格＋关税）÷（1－消费税税率）

D．组成计税价格＝（关税完税价格＋关税）÷（1＋消费税税率）

三、判断题

1．对进口货物是否减免税由国家税务总局统一规定，任何地方、部门都无权规定减免税项目。（　　）

2．进口环节按组价公式直接计算出的是应纳税额，在进口环节不能抵扣任何境外税款。（　　）

3．进口货物增值税的组成计税价格中包括已纳关税税额，不包括已纳消费税税额。（　　）

4．一般贸易下进口货物以海关审定的成交价格为基础的离岸价格作为关税完税价格。（　　）

5．对代理进口货物以海关开具的完税凭证的纳税人为增值税纳税人。（　　）

四、计算题

1．甲企业为增值税小规模纳税人，2016 年 5 月进口一批货物，买价为 70000 元，支付境外运抵我国海关境内输入地点起卸前的运输费及保险费 5000 元。海关开具了进口增值税专用缴款书，甲企业缴纳进口环节税金后海关放行。（假定该批货物关税税率为 15%。）

要求：

（1）计算关税完税价格及应纳关税税额。

（2）计算进口环节应纳增值税的组成计税价格。

（3）计算进口环节应缴纳增值税的税额。

2．某市日化厂为增值税一般纳税人，8 月进口一批高档化妆品，买价 85 万元，境外运费及保险费共计 5 万元，海关于 8 月 15 日开具了完税凭证，日化厂缴纳进口环节税金后海关放行。已知关税税率为 10%，消费税税率为 15%，增值税税率 17%。

要求：

（1）计算关税完税价格及应纳关税税额。

（2）计算进口环节应纳增值税的组成计税价格。

（3）计算进口环节应缴纳增值税额。

3．某企业是增值税一般纳税人。2017 年 1 月从国外进口实木地板一批，海关审定的完税价格为 100 万元，已知该批实木地板关税税率为 10%，消费税率 5%，该企业适

用的增值税率 17%，货物报关后企业向海关缴纳了进口环节相关税金，并取得了海关完税凭证。

要求：

（1）计算进口环节应纳增值税的组成计税价格。

（2）计算进口环节应缴纳增值税税额。

4．某贸易公司某年 8 月进口货物一批，该批货物在国外的买价为 400 万元，另该批货物运抵我国海关前发生的包装费、运费、保险费等共计 50 万元。货物报送后，公司按规定缴纳了进口环节的税金并取得海关开具的完税凭证。假定该批货物在国内全部销售，取得不含税销售额 900 万元。假定该货物关税税率 15%，增值税税率 17%。

要求：

（1）计算关税的完税价格及应纳关税税额。

（2）计算进口环节应纳增值税的组成计税价格。

（3）计算进口环节应缴纳增值税的税额。

（4）计算国内销售环节的销项税额。

（5）计算国内销售环节应缴纳增值税税额。

第八节 税 收 优 惠

一、单选题

1．根据《增值税暂行条例》的规定，免征增值税的是（ ）。

A．销售农药化肥　　B．销售电子出版物

C．提供缝纫服务　　D．销售古旧图书

2．一般纳税人销售下列货物或者应税劳务适用免税规定的是（ ）。

A．农产品　　B．避孕药品

C．图书　　D．自己使用过的汽车

3．下列不属于免征增值税的项目是（ ）。

A．农业生产者销售的自产农产品

B．古旧图书

C．直接用于科学研究、科学试验和教学的进口仪器、设备

D．销售的自己使用过的物品

4．根据增值税法律制度的规定，下列各项中，免征增值税的是（ ）。

A．农业生产者销售外购农产品　　B．销售避孕药品

C．企业销售使用过的机器设备　　D．外国企业无偿援助的进口物资

5．根据《增值税暂行条例》的规定，一般纳税人销售下列货物或者应税劳务适用免税规定的是（ ）。

A．农产品　　B．避孕药品

C．图书　　D．自己使用过的汽车

二、多选题

1．根据增值税法律制度的规定，下列各项中，属于增值税免税项目的有（　　）。

A．药店销售的避孕药品　　B．农民销售的自产农产品

C．残疾人个人提供广告服务　　D．航空公司提供飞机喷洒农药服务

2．根据“营改增”试点实施办法的规定，下列各项中，免征增值税的有（　　）。

A．残疾人员个人为社会提供的劳务

B．境内保险机构为出口货物提供的保险产品

C．宗教场所举办宗教活动的门票收入

D．残疾人福利机构提供的育养服务

3．根据增值税法律制度的规定，下列各项中，免征增值税的有（　　）。

A．托儿所提供的保育服务　　B．养老机构提供的养老服务

C．学生勤工俭学提供的服务　　D．个人销售自建自用住房

4．根据增值税的规定，下列各项免征增值税的有（　　）。

A．超市销售蔬菜　　B．农业生产者销售自产的水果

C．商场销售的水产品罐头　　D．销售宠物饲料

5．下列各项业务免征增值税的有（　　）。

A．外国政府、国际组织无偿援助的进口物资和设备

B．自然人销售自己使用过的物品

C．由残疾人组织直接进口供残疾人专用的物品

D．销售自行开发生产的软件产品

6．下列关于增值税起征点幅度的表述中，不正确的是（　　）。

A．按期纳税的，为月销售额5000～20000元

B．按期纳税的，为月销售额2000～10000元

C．按次纳税的，为每次（日）销售额200～500元

D．按次纳税的，为每次（日）销售额300～500元

7．根据增值税法律制度的规定，纳税人提供的下列服务，享受增值税免税优惠的有（　　）。

A．病虫害防治　　B．金融同业往来利息

C．个人转让书籍　　D．提供学历教育的学校收取的赞助费

三、判断题

1．商贸企业进口的供残疾人专用的物品，免增值税。（　　）

2．根据增值税法律制度的规定，纳税人兼营免税、减税项目的，应当分别核算免税、减税项目的销售额；未分别核算销售额的，由税务机关确定减税、免税销售额。（　　）

3．境内单位和个人向中华人民共和国境外单位提供电信业服务，免征增值税。（　　）

4．增值税一般纳税人初次购买税控系统专用设备支付的费用，以及缴纳的技术维护费在增值税应纳税额中全额抵减的，还可凭增值税专用发票从销项税额中抵扣该笔业务的进项税额。（ ）

5．个人将购买 2 年以上（含 2 年）的住房对外销售的，免征增值税。（ ）

6．福利彩票、体育彩票的发行收入免征增值税。（ ）

7．将土地使用权转让给农业生产者用于农业生产免征增值税。（ ）

8．纳税人提供技术转让、技术开发和与之相关的技术咨询、技术服务免征增值税。（ ）

9．个人从事金融商品转让业务应当缴纳增值税。（ ）

10．保险公司开办的一年期以上人身保险产品取得的保费收入免征增值税。（ ）

第九节 征 收 管 理

一、单选题

1．关于增值税纳税义务发生时间的表述错误的是（ ）。

A．采取直接收款方式销售货物，不论货物是否发出，均为收到销售款或者取得索取销售款凭据的当天

B．采取托收承付和委托银行收款方式销售货物，为收到货款的当天

C．销售应税劳务，为提供劳务同时收讫销售款或者取得索取销售款的凭据的当天

D．采取预收货款方式销售货物，为货物发出的当天

2．根据增值税法律制度的规定，纳税人采取托收承付和委托银行收款方式销售货物的，其纳税义务的发生时间为（ ）。

A．货物发出的当天　　B．合同约定的收款日期的当天

C．收到销货款的当天　　D．发出货物并办妥托收手续的当天

3．根据增值税法律制度的规定，关于增值税纳税义务发生时间的下列表述中，不正确的是（ ）。

A．纳税人采取预收货款结算方式销售货物的，为收到预收款的当天

B．纳税人采取赊销方式销售货物的，为书面合同约定的收款日期的当天

C．纳税人发生视同销售货物行为，为货物移送的当天

D．纳税人进口货物，为报关进口的当天

4．委托其他纳税人代销货物，增值税纳专用发票开具时间为收到代销单位销售的代销清单或者收到全部或者部分货款的当天。未收到代销清单及货物的，为发出代销货物满（ ）日的当天。

A．150　　B．210　　C．90　　D．180

5．根据增值税的规定，纳税人以 1 个月或者 1 个季度为 1 个纳税期的，自期满之

日起（　　）日内申报纳税。

A．10　　B．5　　C．15　　D．7

6．根据《增值税暂行条例》规定，增值税纳税期限分别为（　　）。

A．15 日、1 个月或者 1 个季度

B．5 日、10 日、15 日、1 个月或者 1 个季度

C．1 日、3 日、5 日、10 日、15 日、1 个月或者 1 个季度

D．1 日、3 日、5 日、10 日、15 日或者 1 个月

7．北京 A 市民将其在承德市的一块土地使用权转让给石家庄市的 B 公司。双方已经办理了相关过户手续。根据《营业税改征增值税试点实施办法》的规定，A 市民增值税纳税申报的地点应当是（　　）。

A．石家庄市　　B．承德市　　C．天津市　　D．北京市

8．根据《营业税改征增值税试点实施办法》的规定，纳税人销售不动产，其申报缴纳增值税的地点是（　　）。

A．纳税人居住地　　B．不动产所在地

C．纳税人机构所在地　　D．销售不动产行为发生地

9．根据增值税的规定，下列关于固定业户到外县（市）销售货物或者应税劳务，其纳税地点的说法中，不正确的是（　　）。

A．未向销售地或者劳务发生地的主管税务机关申报纳税的，由其机构所在地的主管税务机关补征税款

B．未开具外出经营活动税收管理证明的，应当向销售地或者劳务发生地的主管税务机关申报纳税

C．未向其机构所在地的主管税务机关申报纳税的，由销售地或者劳务发生地的主管税务机关补征纳税

D．应当向其机构所在地的主管税务机关申请开具外出经营活动税收管理证明，并向其机构所在地的主管税务机关申报纳税

二、多选题

1．根据增值税的规定，下列关于纳税期限的说法中，正确的有（　　）。

A．增值税的纳税期限分别为 5 日、10 日、15 日、1 个月或者 1 个季度

B．纳税人不能按照固定期限纳税的，可以按次纳税

C．纳税人以 1 个月或者 1 个季度为一个纳税期的，自期满之日起 15 日内申报纳税

D．纳税人以 5 日、10 日或者 15 日为一个纳税期的，自期满之日起 5 日内预缴税款，于次月 1 日起 15 日内申报纳税并结清上月应纳税款

2．下列关于增值税纳税人纳税义务发生时间的表述，正确的有（　　）。

A．委托其他纳税人代销货物，在收到代销清单以前收到货款的，为收到代销单位销售的代销清单的当天

B．委托其他纳税人代销货物，在收到代销清单以前收到货款的，为收到货款的当天

C. 委托其他纳税人代销货物，对发出代销商品超过 180 日仍未收到代销清单及货款的，为收到代销单位销售的代销清单的当天

D. 委托其他纳税人代销货物，对发出代销商品超过 180 日仍未收到代销清单及货款的，为发出代销商品满 180 日的当天

3. 下列关于增值税纳税义务发生时间的说法中，不正确的有（　　）。

A. 销售应税劳务，为提供劳务同时收讫销售额或取得索取销售额的凭据的当天

B. 采取预收货款方式销售货物，为收到预收款的当天

C. 采取委托银行收款方式销售货物，为发出货物并办妥托收手续的当天

D. 进口货物，为货物验收入库的当天

4. 下列关于增值税纳税义务发生时间的说法中，正确的有（　　）。

A. 采取托收承付销售货物，为发出货物并办妥托收手续的当天

B. 纳税人发生视同销售货物中法律规定的特定行为的，为对方收到货物的当天

C. 进口货物，为报关进口的当天

D. 采取赊销和分期收款方式销售货物，为按合同约定的收款日期的当天

5. 下列关于增值税纳税义务发生时间的表述中正确的有（　　）。

A. 采取托收承付方式销售货物，为办妥托收手续的当天

B. 采取分期收款方式销售货物，为书面合同约定的收款日期的当天

C. 采取预收款方式租赁有形动产，为收到预收款的当天

D. 委托他人代销货物，为收到代销清单或者收到全部或部分货款的当天

6. 下列关于增值税纳税地点的表述中，正确的有（　　）。

A. 非固定业户销售货物或者应税劳务，未向销售地或者劳务发生地的主管税务机关申报纳税的，由其机构所在地或者居住地的主管税务机关补征税款

B. 扣缴义务人应当向其机构所在地或者居住地的主管税务机关申报缴纳其扣缴的税款

C. 进口货物，应当向报关地海关申报纳税

D. 固定业户到外县（市）销售货物或者应税劳务，未开具外出经营活动税收管理证明的，应当向销售地或者劳务发生地的主管税务机关申报纳税

7. 下列关于“营改增”行业增值税纳税义务发生时间的表述，正确的有（　　）。

A. 纳税人提供建筑服务采取预收款方式的，纳税义务发生时间为收到预收款的当天

B. 纳税人从事金融商品转让的，为金融商品所有权转移的当天

C. 纳税人提供不动产租赁服务采取预收款方式的，纳税义务发生时间为出租不动产的当天

D. 纳税人发生视同销售服务，纳税义务发生时间为服务完成的当天

E. 纳税人发生视同转让不动产情形的，纳税义务发生时间为不动产权属变更的当天

8. 根据增值税法律制度的规定，关于增值税的纳税地点下列表述正确的有（　　）。

A. 其他个人提供建筑服务，应向建筑服务发生地申报纳税

B. 纳税人跨县（市）提供建筑服务，在建筑服务发生地纳税申报
C. 纳税人销售不动产，向不动产所在地进行纳税申报
D. 纳税人出租不动产，在不动产所在地预缴税款后，向机构所在地主管税务机关进行纳税申报
E. 其他个人销售不动产，应向不动产所在地主管税务机关申报纳税

9. 纳税人（　　）采用预收款方式的，其纳税义务发生时间为收到预收款的当天。
A. 销售货物　　B. 提供建筑服务
C. 提供租赁服务　　D. 提供电信服务

三、判断题

1. 纳税人进口货物，应当自海关填发海关进口增值税专用缴款书之日起 20 日内缴纳税款。（　　）

2. 增值税扣缴义务发生时间为纳税人支付货款的当天。（　　）

3. 纳税人销售货物或者应税劳务，先开具发票的，其增值税纳税义务发生时间为实际收到款项的当天。（　　）

4. 纳税人委托其他纳税人代销货物的，其增值税纳税义务的发生时间为发出代销货物的当天。（　　）

5. 纳税人发生视同销售货物中法律规定的特定行为的，其纳税义务发生时间为货物移送的当天。（　　）

6. 采取委托银行收款方式销售货物时，增值税纳税义务发生时间是银行收到货款的当天。（　　）

7. 增值税非固定业户销售货物或者应税劳务，应当向销售地或劳务发生地的主管税务机关申报纳税，进口货物应当向报关地海关申报纳税。（　　）

8. 根据增值税的规定，非固定业户销售货物或者应税劳务，未向销售地或者劳务发生地的主管税务机关申报纳税的，由其机构所在地或者居住地的主管税务机关补征税款。（　　）

9. 固定业户到外县（市）销售货物或者应税劳务，未开具外出经营活动税收管理证明的，应当向销售地或者劳务发生地的主管税务机关申报纳税；未向销售地或者劳务发生地的主管税务机关申报纳税的，由其机构所在地的主管税务机关补征税款。（　　）

10. 根据增值税法律制度的规定，固定业户应当向其机构所在地的主管税务机关申报纳税，如总机构和分支机构不在同一县（市），则应由总机构汇总向总机构所在地的主管税务机关申报纳税。（　　）

第十节　增值税专用发票的使用及管理

一、单选题

1. 将货物交付他人代销，开具增值税专用发票的时间为（　　）。
A. 收到货款的当天　　B. 合同约定的收款日期当天

C．收到受托人送交的代销清单的当天　　D．货物移送当天

2．下列有关增值税专用发票的表述中，不正确的是（　　）。

A．增值税专用发票是指专门用于结算销售货物和提供加工、修理修配劳务使用的一种发票

B．只有经国家税务机关认定为增值税一般纳税人的才能领购增值税专用发票，小规模纳税人和法定情形的一般纳税人不得领购使用

C．增值税专用发票由省、自治区、直辖市税务机关指定的企业统一印刷

D．增值税专用发票应当使用防伪税控系统开具

3．企业有下列（　　）情形的，不得领购开具增值税专用发票。

A．发生借用他人增值税专用发票的违法行为，在税务机关规定的期限内已改正的

B．会计核算不健全，不能准确提供增值税进项税额、销项税额、应纳税额等资料

C．发生私自印制增值税专用发票的违法行为，在税务机关规定的期限内已改正的

D．发生未按规定保管增值税专用发票的违法行为，在税务机关规定的期限内已改正的

4．增值税专用发票的领购使用只限于（　　）。

A．增值税一般纳税人　　B．增值税小规模纳税人

C．特殊纳税人　　D．个体工商户

5．根据《增值税专用发票使用规定》，一般纳税人的下列销售行为中，应开具增值税专用发票的是（　　）。

A．向消费者个人销售应税货物　　B．向小规模纳税人转让专利权

C．销售免税货物　　D．向一般纳税人销售应税货物

6．根据增值税法律制度的规定，下列情形中，纳税人可以自行开具增值税专用发票的是（　　）。

A．商业企业一般纳税人零售烟酒

B．一般纳税人销售免税货物

C．小规模纳税人销售货物

D．生产企业一般纳税人销售机器设备

7．增值税专用发票最高开票限额的审批机关是（　　）。

A．国家税务总局　　B．省级税务机关

C．地级税务机关　　D．区县级税务机关

8．增值税小规模纳税人发生下列销售行为，不可以申请税务机关代开增值税专用发票的是（　　）。

A．销售旧货　　B．销售自己使用过的固定资产

C．销售边角余料　　D．销售免税货物

二、多选题

1．下列各项中，属于增值税专用发票基本联次的有（　　）。

A．发票联　　B．抵扣联　　C．存根联　　D．记账联

2．增值税专用发票开具时限，必须按照（　　）规定。

A．采用预收货款、托收承付、委托银行收款结算方式的，为货物发出的第二天

B．采用交款提货结算方式的，为收到货款的当天

C．采用赊销、分期付款结算方式的，为合同约定的收款日期的当天

D．将货物交付他人代销，为收到受托人送交的代销清单的当天

3．不得领购使用增值税专用发票的单位或个人是（　　）。

A．年应税销售额超过小规模纳税人标准的个人

B．一般纳税人有私自印刷专用发票行为，税务机关责令限期改正而认为改正的

C．销售货物全部属于免税项目的

D．年应税销售额在 80 万元以下的商品批发企业

4．一般纳税人不得领购使用专用发票的法定情形有（　　）。

A．会计账簿不健全的

B．未按规定保管专用发票，经责令改正仍未改正者

C．一般纳税人经营商业批发烟、酒、食品等

D．会计核算不健全

5．根据增值税法律制度的规定，下列各项中，不得领购开具增值税专用发票的是（　　）。

A．虚开增值税专用发票，经税务机关责令限期改正而仍未改正的

B．未按规定接受税务机关检查，经税务机关责令限期改正而仍未改正的

C．有《税收征收管理法》规定的税收违法行为，拒不接受税务机关处理的

D．会计核算不健全，不能向税务机关准确提供增值税销项税额、进项税额、应纳税额数据及其他有关增值税税务资料的

6．下列各项关于发票开具要求的表述中，正确的是（　　）。

A．未发生经营业务一律不得开具发票

B．发票联和抵扣联盖单位财务印章或发票专用章

C．填写发票可使用外文

D．可自行拆本使用发票

7．一般纳税人销售货物不得开具增值税专用发票的有（　　）。

A．零售劳保专用品　　B．向消费者个人销售货物

C．批发计生用品　　D．销售非自用二手车

三、判断题

1．增值税一般纳税人不得开具使用普通发票。（　　）

2．增值税专用发票的基本联次主要有存根联、抵扣联、发票联三联。（　　）

3．增值税专用发票应由省、自治区、直辖市国家税务局指定的企业印制。（　　）

4．一般纳税人必须按规定时限开具增值税专用发票，不得滞后，但可以提前。（　　）

5．一般纳税人会计核算不健全，或者不能够提供准确税务资料的，应当按照销售额和增值税税率计算应纳税额，不得抵扣进项税额，但可以使用增值税专用发票。（　　）

6．商业企业一般纳税人零售的烟、酒、食品、服装、鞋帽（不包括劳保专用部分）、化妆品等消费品可以开具专用发票。（　　）

7．纳税人取得符合规定的发票，应自开具之日起 90 日内到税务机关办理认证，并于认证通过的次月申报期内抵扣。（　　）

同步强化练习
参考答案及解析

第四章　消　费　税

学情分析

本章属于重点章节，从历年学习情况看，本章各种题型均有涉及，尤其进口环节消费税的计算缴纳多次与关税、增值税等税种交叉混合出题，学生比较容易混淆。

学习本章时，学生应注意最新的消费税税收政策变化，如新增“电池和涂料属于消费税的征税范围”，取消对“普通美容、修饰类化妆品”征收消费税，将“化妆品”税目名称更名为“高档化妆品”，该税目的税率调整为15%。

另外，消费税的计税方法灵活多变，应重点掌握从价定率、从量定额和复合计税三种计税方法。

本章主要内容导图

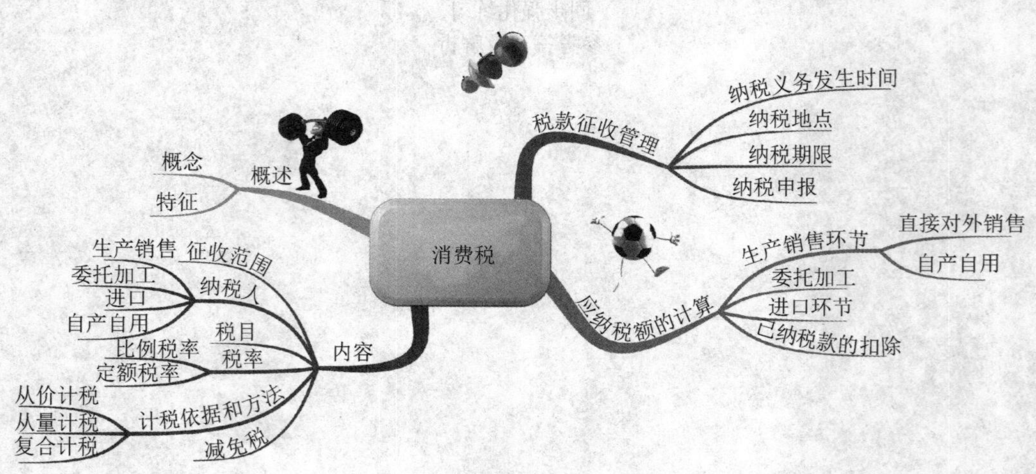

重点、难点讲解及典型例题

一、消费税的概述

消费税是对我国境内从事生产、委托加工和进口应税消费品的单位和个人就其销售额或销售数量，在特定环节征收的一种税。消费税是对特定的消费品和消费行为征收的一种税。

消费税与增值税的差异对比

差异方面	增值税	消费税
征税范围	① 销售或进口的货物； ② 提供加工、修理修配劳务； ③ 提供应税服务； ④ 转让无形资产； ⑤ 销售不动产	货物中的应税消费品： ① 生产应税消费品； ② 委托加工应税消费品； ③ 进口应税消费品； ④ 零售的金银首饰、铂金首饰、钻石及钻石饰品； ⑤ 批发的卷烟。 注意：消费税的货物是指列举的 15 种特定消费品，而不是全部
纳税环节	多环节征收，同一货物在生产、批发、零售、进出口多环节征收	消费税原则上实行单一环节一次课征的办法，一般在应税消费品的生产出厂环节、委托加工收回环节和进口环节一次课征，但个别应税消费品适用特殊规定。例如，我国对金银首饰、铂金首饰、钻石及钻石饰品改为在零售环节课征，对卷烟批发环节还要课征一道消费税
计税依据	计税依据具有单一性，只有从价定率计税	计税依据具有多样性，包括从价定率计税、从量定额计税、复合计税
与价格的关系	增值税属于价外税	消费税属于价内税

二、消费税的纳税人

在中华人民共和国境内生产、委托加工和进口条例规定的消费品的单位和个人，以及国务院确定的销售应税消费品的其他单位和个人，均为消费税的纳税义务人。

消费税的纳税人		备注
生产（含视为生产）应税消费品的单位和个人	自产销售	纳税人销售时纳税
	自产自用	纳税人自产的应税消费品，用于连续生产应税消费品的，不纳税；用于其他方面的，于移送使用时纳税
进口应税消费品的单位和个人		进口报关单位或个人为消费税的纳税人，进口消费税由海关代征
委托加工应税消费品的单位和个人		委托加工的应税消费品，除受托方为个人外，由受托方在向委托方交货时代收代缴税款
零售金银首饰、钻石、钻石饰品、铂金首饰的单位和个人		生产、进口和批发金银首饰、钻石、钻石饰品、铂金首饰时不征收消费税，纳税人在零售时纳税
从事卷烟批发业务的单位和个人		纳税人（卷烟批发商）销售给纳税人以外的单位和个人的卷烟于销售时纳税。纳税人之间销售的卷烟不缴纳消费税

【例题·多选题】下列关于消费税纳税人的说法，正确的有（　　）。

A．零售金银首饰的纳税人是消费者

B．委托加工化妆品的纳税人是受托加工企业

C．携带卷烟入境的纳税人是携带者

D．邮寄入境应税消费品的纳税人是收件人

【答案】CD

三、消费税的征收范围和税目

提示：现已取消了汽车轮胎和酒精的消费税。2015 年 2 月 1 日起开征了电池和涂料

的消费税。

不属于征税范围的消费品

税目	子目	注释
烟	卷烟、雪茄烟、烟丝	
酒	粮食白酒、薯类白酒、黄酒、啤酒、其他酒	注意： ① 调味料酒、酒精不征消费税； ② 娱乐业、饮食业自制啤酒； ③ 配制酒按白酒、其他酒
高档化妆品	包括高档美容、修饰类化妆品、高档护肤类化妆品和成套化妆品	高档：生产（进口）环节销售（完税）价格（不含增值税）在 10 元/毫升（克）或 15 元/片（张）及以上。 不包括舞台、戏剧、影视演员化妆用的上妆油、卸装油、油彩等。2016 年 10 月，该税率调整为 15%
贵重首饰及珠宝玉石	包括翡翠、珍珠、宝石、宝石坯等	金银首饰、钻石及钻石饰品，零售环节征收消费税
鞭炮、焰火		体育上用的发令纸、鞭炮引线不属于应税消费品
成品油	包括汽油、柴油等 7 个子目	纯生物柴油免征；对成品油生产过程中，作燃料、动力及原料消耗掉的自产成品油，免征消费税
摩托车	轻便摩托车、摩托车（两轮、三轮）	气缸容量 250 毫升（不含）以下的小排量摩托车不征消费税
小汽车		① 对于购进乘用车或中轻型商用客车整车改装生产的汽车，征收消费税； ② 电动汽车、沙滩车、雪地车、卡丁车、高尔夫车不征消费税
高尔夫球及球具		包括球包、球杆、球袋
高档手表		不含增值税售价每只 10000 元以上
游艇		8 米＜长度＜90 米，玻璃钢、铝合金等材制
木制一次性筷子		
实木地板		包括实木复合地板、素板
电池		包括原电池、蓄电池、燃料电池、太阳能电池和其他电池
涂料		

【例题·多选题】下列消费品中，征收消费税的有（　　）。

A．实木复合地板

B．电动汽车

C．高尔夫球杆

D．气缸容量在 250 毫升（不含）以下的摩托车

【答案】AC

【解析】根据消费税法律制度的规定，电动汽车和气缸容量在 250 毫升（不含）以下的摩托车不征收消费税，实木复合地板和高尔夫球杆属于消费税征收范围。

四、消费税的税率、计税依据和计税方法

（一）消费税税率的基本形式

基本形式：比例税率、定额税率。

特殊情况：定额税率和比例税率并用——复合计税。

消费税税率形式、适用税目、计算公式概览表

税率形式	适用税目	计税公式
定额税率（从量计征）	啤酒、黄酒、成品油	应纳税额＝销售数量（交货数量、进口数量）×定额税率
比例税率和定额税率并用（复合计税）	卷烟、白酒	应纳税额＝销售数量（交货数量、进口数量）×定额税率＋销售额（同类消费品价格、组成计税价格）×比例税率
比例税率（从价计征）	除上述以外的其他项目	应纳税额＝销售额（同类消费品价格、组成计税价格）×比例税率

（二）从高适用税率的两种情况

经营形式	消费税计税原则
兼营不同税率应税消费品	分别核算，分别计税； 未分别核算的，从高计税
将不同税率应税消费品组成成套消费品销售	从高计税（分别核算也从高适用税率）

【例题·计算题】某啤酒厂既生产甲类啤酒又生产乙类啤酒，“五一”促销期间，直接销售甲类啤酒 200 吨，取得收入 80 万元；直接销售乙类啤酒 300 吨，取得收入 75 万元；销售甲类啤酒和乙类啤酒礼品盒取得收入 12 万元（内含甲类啤酒和乙类啤酒各 18 吨），上述收入均不含增值税。该企业应纳的消费税为多少万元？

【答案】应纳消费税＝（200＋18×2）×250＋300×220＝125000（元）＝12.5（万元）。

五、消费税应纳税额的计算

（一）生产销售环节应纳消费税的计算

<table>
<tr><th>纳税人</th><th>行为</th><th>纳税环节</th><th>计税依据</th></tr>
<tr><td rowspan="8">生产应税消费品的单位和个人</td><td rowspan="3">出厂销售</td><td rowspan="3">出厂销售环节</td><td>从价定率：销售额</td></tr>
<tr><td>从量定额：销售数量</td></tr>
<tr><td>复合计税：销售额、销售数量</td></tr>
<tr><td rowspan="5">自产自用</td><td>用于连续生产应税消费品的，不纳消费税</td><td>不涉及</td></tr>
<tr><td rowspan="4">用于其他方面：①生产非应税消费品；②用于在建工程；用于管理部门、非生产机构；提供劳务；用于馈赠、赞助、集资、广告、样品、职工福利、奖励等方面的，在移送使用时纳税</td><td>从价定率：①同类消费品价格；②组成计税价格＝（成本＋利润）÷（1－消费税税率）</td></tr>
<tr><td>从量定额：移送数量</td></tr>
<tr><td>复合计税：同类产品价格或组成计税价格、移送数量。
组价＝（成本＋利润＋自产自用数量×定额税率）÷（1－比例税率）</td></tr>
</table>

生产销售环节有关消费税知识的汇总如图 4.1 所示。

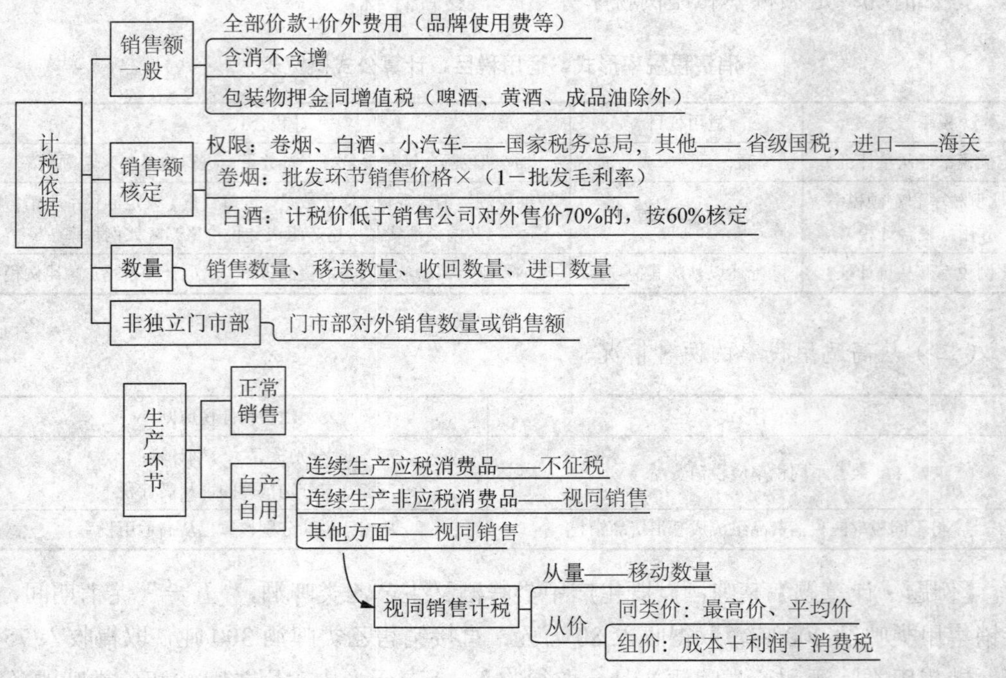

图 4.1 生产销售环节消费税知识汇总

【例题·单选题】某白酒生产企业为增值税一般纳税人，2016 年 7 月销售白酒 2 吨，取得不含税收入 20000 元，另收取包装物押金 1170 元，品牌使用费 2340 元，该白酒生产企业当月应纳消费税（　　）元。

A．6200　　B．6600　　C．6700　　D．6400

【答案】B

【解析】应纳的消费税＝[20000＋（1170＋2340）/（1＋17%）]×20%＋2×2000×0.5＝6600（元）。

【例题·单选题】2016 年 10 月，某手表生产企业销售 H 牌-1 型手表 800 只，取得不含税销售额 400 万元；销售 H 牌-2 型手表 200 只，取得不含税销售额 300 万元。该手表厂当月应纳消费税（　　）万元。（高档手表消费税税率 20%）

A．52.80　　B．60.00　　C．152.80　　D．140.00

【答案】B

【解析】H 牌-2 型手表每只不含税价＝300/200＝1.5（万元），属高档手表。

该手表厂当月应纳消费税＝300×20%＝60（万元）。

（二）委托加工

确定	特指委托方提供原料和主要材料，受托方只收取加工费和代垫辅料加工的应税消费品
代收代缴税款	受托方（单位）向委托方交货时代收代缴消费税。 （受托方是个体经营者，委托方在收回后向所在地主管税务机关缴纳）
	委托加工的应税消费品，受托方在交货时已代收代缴消费税，委托方收回后直接销售的，不再征收消费税。 （直接销售特指不加价销售）

续表

计税依据	委托加工的应税消费品，按照受托方的同类消费品的销售价格计算纳税
	没有同类的：组成计税价格＝（材料成本＋加工费）÷（1－比例税率）。 复合计税公式：组成计税价格＝（材料成本＋加工费＋委托加工数量×定额税率）÷（1－比例税率）

【例题·计算题】某高档化妆品企业2016年3月受托为某商场加工一批化妆品，收取不含增值税的加工费13万元，商场提供的原材料金额为50万元。已知该化妆品企业无同类产品销售价格，消费税税率为15%。计算该高档化妆品企业应代收代缴的消费税。

【答案】根据消费税法律制度的规定，委托加工的应税消费品，应按照受托方的同类消费品的销售价格计算缴纳消费税，没有同类消费品销售价格的，按照组成计税价格计算纳税。计算过程：

（1）组成计税价格＝（50＋13）÷（1－15%）＝74.12（万元）

（2）应代收代缴消费税＝74.12×15%＝11.12（万元）

（三）进口环节

组成计税价格	比例税率：组成计税价格＝（关税完税价格＋关税）÷（1－消费税税率）
	复合计税：组价＝（关税完税价格＋关税＋消费税定额税）/（1－消费税适用比例税率）
	卷烟：应纳消费税税额＝进口卷烟消费税组成计税价格×进口卷烟消费税适用比例税率＋消费税定额税

【例题·计算题】某汽车贸易公司2016年4月从国外进口小汽车50辆，海关核定的每辆小汽车关税完税价为28万元，已知小汽车关税税率为20%，消费税税率为25%。计算该公司进口小汽车应纳消费税税额。

【答案】根据消费税法律制度的规定，纳税人进口应税消费品，按照组成计税价格和规定的税率计算应纳税额。计算过程：

（1）应纳关税税额＝50×28×20%＝280（万元）；

（2）组成计税价格＝（50×28＋280）÷（1－25%）＝2240（万元）；

（3）应纳消费税税额＝2240×25%＝560（万元）。

消费税3个组价汇总：

① 生产环节（自产自用）：组价（消费税、增值税）$=\frac{\text{成本}\times(1+\text{消费税成本利润率})}{1-\text{消费税}\%}$；

② 委托加工（受托方代收）组价$=\frac{\text{材料成本}+\text{加工费}}{1-\text{消费税}\%}$；

③ 进口环节：组价（消费税、增值税）$=\frac{\text{完税价}+\text{关税}}{1-\text{消费税}\%}$。

生产、进口、零售、批发：消费税、增值税相同依据（除换、抵、投）。

（四）已纳消费税扣除的计算

扣除范围	①已税烟丝为原料生产的卷烟；②已税高档化妆品原料生产的高档化妆品；③已税珠宝、玉石原料生产的贵重首饰及珠宝、玉石；④已税鞭炮、焰火原料生产的鞭炮、焰火；⑤已税杆头、杆身和握把为原料生产的高尔夫球杆；⑥已税木制一次性筷子原料生产的木制一次性筷子；⑦已税实木地板原料生产的实木地板；⑧已税石脑油、润滑油、燃料油为原料生产成品油，已税汽油、柴油为原料生产的汽柴油；⑨已税摩托车连续生产的摩托车

续表

前提	必须是同一税目
按当期生产领用数量扣除其已纳消费税	公式：当期准予扣除的外购应税消费品已纳税款＝当期准予扣除的外购应税消费品买价×外购应税消费品适用税率； 当期准予扣除的外购应税消费品买价＝期初库存的外购应税消费品的买价＋当期购进的应税消费品的买价－期末库存的外购应税消费品的买价
特别说明	① 纳税人用外购的已税珠宝、玉石原料生产的改在零售环节征收消费税的金银首饰（镶嵌首饰），在计税时一律不得扣除外购珠宝、玉石的已纳税款； ② 允许扣除已纳税款的应税消费品只限于从工业企业购进的应税消费品和进口环节已缴纳消费税的应税消费品，对从境内商业企业购进应税消费品的已纳税款一律不得扣除

【例题·计算题】某筷子加工厂，2016 年 2 月初库存外购已税木制一次性筷子原料金额 10 万元，当月又外购已税木制一次性筷子原料，取得的增值税专用发票注明的金额为 40 万元，月末库存已税木制一次性筷子原料金额 6 万元，其余为当月生产应税木制一次性筷子领用。已知木制一次性筷子的消费税税率为 5%。计算该厂当月准许扣除的外购木制一次性筷子原料已缴纳的消费税税额。

【答案】根据消费税法律制度的规定，外购已税木制一次性筷子原料生产的木制一次性筷子，其已纳消费税款可以扣除。计算过程：

（1）当月准许扣除的外购木制一次性筷子原料买价＝10＋40－6＝44（万元）；

（2）当月准许扣除的外购木制一次性筷子已缴纳的消费税税额＝44×5%＝2.2（万元）。

六、消费税征收管理

纳税义务发生时间	同增值税 注意：纳税人委托加工应税消费品的，为纳税人提货的当天
纳税期限	同增值税
纳税地点	委托加工：单位——受托方所在地代收代缴； 个体经营者——委托方机构所在地或居住地申报纳税
	到外县（市）销售：机构所在地或居住地
	自产自用：机构所在地或居住地
	进口：报关地海关
	总机构与分机构不在同一县市：同增值税

【例题·多选题】根据消费税法律制度的规定，关于消费税纳税义务发生时间的下列表述中，正确的有（　　）。

A．纳税人采取预收货款结算方式销售应税消费品的，为收到预收款的当天

B．纳税人自产自用应税消费品的，为移送使用的当天

C．纳税人委托加工应税消费品的，为纳税人提货的当天

D．纳税人进口应税消费品的，为报关进口的当天

【答案】BCD

【解析】采取预收货款结算方式的，为发出应税消费品的当天。

同步强化练习

第一节 消费税概述

一、单选题

1．下列税目中，在批发环节多征一道消费税的是（　　）。

A．雪茄烟　　B．洋酒　　C．卷烟　　D．白酒

2．消费税是对我国境内外从事生产、（　　）和进口应税消费品的单位和个人，就其销售额或销售数量，在特定环节征收的一种税。

A．委托加工　　B．修理修配

C．出口应税消费品　　D．以上都是

3．消费税的最终负税者是（　　）。

A．消费者　　B．生产者　　C．批发商　　D．零售商

二、多选题

1．消费税属于（　　）。

A．价内税　　B．价外税　　C．流转税　　D．财产税

2．消费税的特征是（　　）。

A．征收范围具有选择性

B．征收环节具有单一性

C．征收方法具有灵活性

D．平均税率水平比较高且税负差异大

3．在中国，消费税总体上实行单一环节征税，征收环节有（　　）。

A．生产　　B．委托加工　　C．进口环节　　D．出口环节

4．消费税征收方法有（　　）。

A．从价定率征收　　B．从量定额征收

C．复合计税征收　　D．以上都不是

5．下列是征收消费税的目的是（　　）。

A．对特殊消费品发挥限制消费的作用　　B．有效地增加财政收入

C．调节产品结构　　D．以上都不是

三、判断题

1．凡列入消费税范围的消费品，一般都是高价高税产品。（　　）

2．消费品所含的消费税税款最终都要转嫁到消费者身上，由消费者负担。（　　）

3．消费税的平均税率水平一般定得比较高，并且不同征税项目的税负差异较大。（　　）

4．在中国，消费税总体上实行多个环节征税。（　　）

第二节 消费税的内容

一、单选题

1．下列商品中，征收消费税的有（ ）。

A．冰箱 B．空调 C．彩电 D．啤酒

2．下列商品中不适用定额税率征收消费税的商品有（ ）。

A．汽油 B．柴油 C．小汽车 D．啤酒

3．以下应税消费品中，适用比例税率的有（ ）。

A．啤酒 B．汽油 C．黄酒 D．其他酒

4．下列货物中应征消费税的有（ ）。

A．零售商销售外购啤酒 B．啤酒屋销售自制啤酒

C．商店销售化妆品 D．零售商销售卷烟

5．下列应税消费品中，适用定额税率的有（ ）。

A．粮食白酒 B．薯类白酒 C．酒精 D．汽油

6．依据消费税的有关规定，下列消费品中属于消费税征税范围的是（ ）。

A．高尔夫球包 B．竹制筷子 C．护肤护发品 D．电动汽车

7．根据消费税的有关规定，下列消费品中实行从量定额与从价定率相结合征税办法的是（ ）。

A．啤酒 B．白酒 C．酒糟 D．葡萄酒

8．下面属于价内税的税种是（ ）。

A．增值税 B．个人所得税 C．消费税 D．房产税

9．下列行为中不需缴纳消费税的是（ ）。

A．珠宝行销售金银首饰

B．进口应税高档化妆品

C．直接销售委托加工收回后的烟丝

D．将自产的啤酒作为福利发放给本企业职工

10．一般纳税人销售应税消费品时，如果开具的是普通发票，在计算消费税时，销售额应按（ ）换算。

A．含增值税销售额÷（1－17%）

B．含增值税销售额÷（1＋17%）

C．含增值税销售额÷（1－消费税税率）

D．含增值税销售额÷（1＋消费税税率）

11．下列各项中，属于消费税征收范围的是（ ）。

A．电动汽车 B．卡丁车 C．高尔夫车 D．超豪华小汽车

12．下列关于消费税的税目说法中，表述错误的是（ ）。

A．舞台、戏剧、影视演员化妆用的上妆油、卸妆油、油彩，不属于高档化妆品税目的征收范围

B．对出国人员免税商店销售的金银首饰征收消费税

C．成品油税目包括汽油、柴油、石脑油、溶剂油、航空煤油、润滑油、燃料油

D．只有仅以烟叶为原料加工生产出来的卷烟、烟丝，才属于烟税目的征收范围

13．我国消费税税目共有（　　）个。

A．12　　B．13　　C．14　　D．15

14．某酒厂既生产税率为20%的粮食白酒，又生产税率为10%的其他酒，如药酒等，同时该厂还生产白酒与其他酒小瓶装礼品套酒，下列说法不正确的是（　　）。

A．该厂应分别核算白酒与其他酒的销售额，然后按各自的适用税率计税

B．不分别核算各自的销售额，其他酒也按白酒的税率计算纳税

C．销售白酒与其他酒小瓶装礼品套酒应按全部销售额以白酒的税率计算应纳消费税额

D．销售白酒与其他酒小瓶装礼品套酒可以以其他酒的税率计算其中任何一部分的应纳税额

15．根据消费税的现行规定，下列车辆属于应税小汽车征税范围的是（　　）。

A．电动汽车

B．用厢式货车改装的商务车

C．用中轻型商务车底盘改装的中轻型商务车

D．车身8米并且有24座的大客车

二、多选题

1．以下关于消费税说法正确的有（　　）。

A．消费税是在对所有货物普遍征收增值税的基础上选择少量消费品征收的

B．消费税纳税人同时也是增值税纳税人

C．增值税纳税人同时也是消费税纳税人

D．征收消费税的货物属于增值税征收范围

2．消费税计算应纳税额的计税方法有（　　）。

A．从价定率　　B．从量定额

C．从价定率和从量定额复合计税　　D．累进计税

3．下列各企业属于消费税纳税人的是（　　）。

A．金银饰品商店　　B．高档化妆品专卖店

C．卷烟厂　　D．进口轿车的贸易公司

4．下列单位中属于消费税纳税人的有（　　）。

A．生产销售应税消费品（金银首饰类除外）的单位

B．委托加工应税消费品（金银首饰类除外）的单位

C．进口应税消费品（金银首饰类除外）的单位

D．受托加工应税消费品（金银首饰类除外）的单位

5．依据消费税的有关规定，下列消费品中属于高档化妆品税目的有（　　）。

A．成套化妆品　　B．高档护肤类化妆品

C．高档美容、修饰类化妆品　　D．演员化妆用的上妆油、卸妆油

6．下列货物征收消费税的有（　　）。

A．啤酒　　B．电池　　C．保健食品　　D．金银首饰

7．下列商品中适用定额税率征收消费税的商品有（　　）。

A．汽油　　B．柴油　　C．小汽车　　D．啤酒

8．下列应税消费品中，采用复合计税方法计算消费税的有（　　）。

A．烟丝　　B．卷烟　　C．白酒　　D．酒精

9．消费税纳税义务人是中华人民共和国境内（　　）的单位和个人

A．生产应税消费品　　B．委托加工应税消费品

C．进口应税消费品　　D．购买应税消费品

10．消费税中的税目——烟，包括（　　）。

A．卷烟　　B．雪茄烟　　C．烟丝　　D．烟叶

11．实行从价定率和从量定额复合计税的办法计算应纳税额的应税消费品是（　　）。

A．白酒　　B．卷烟　　C．小汽车　　D．珠宝玉石

12．下列关于消费税税目的政策，正确的有（　　）。

A．电动汽车属于“小汽车”税目的征收范围

B．“高尔夫球及球具”税目的征收范围包括高尔夫球、高尔夫球杆、高尔夫球包（袋）

C．未经涂饰的素板不属于“实木地板”税目的征收范围

D．未经打磨的木制一次性筷子属于“木制一次性筷子”税目的征收范围

13．根据消费税有关规定，下列说法正确的是（　　）。

A．植物性润滑油属于润滑油征收范围

B．娱乐业举办的啤酒屋（啤酒坊）利用啤酒生产设备生产的啤酒，属于消费税征收范围

C．体育上用的发令纸、鞭炮引线，不属于消费税征收范围

D．高尔夫车属于消费税征收范围

14．下列对生产销售达到低污染排放限值的小轿车、越野车和小客车减征消费税的计算公式正确的有（　　）。

A．减征税额＝按法定税率计算的消费税额×30%

B．减征税额＝按核定税率计算的消费税额×30%

C．应征税额＝按法定税率计算的消费税额－减征税额

D．应征税额＝按法定税率计算的消费税额＋减征税额

15．下列项目中，符合消费税纳税环节规定的有（　　）。

A．进口的钻石在进口环节缴纳消费税

B．进口的高档化妆品在进口环节缴纳消费税

C．委托个体经营者加工的应税消费品，收回后由委托方缴纳消费税

D．首饰厂销售金银首饰时不缴纳消费税

三、判断题

1．消费税实行从价定率、从量定额，或者从价定率和从量定额复合计税的办法计算应纳税额。 （ ）

2．消费税的征税环节与增值税一样，都是从生产到流通的所有环节。 （ ）

3．消费税属于流转税的范畴。 （ ）

4．舞台、戏剧、影视演员化妆用的上妆油、卸妆油、油彩，属于消费税高档化妆品税目的征收范围。 （ ）

5．高尔夫球杆的杆头、杆身和握把不属于高尔夫球税目的征收范围。 （ ）

6．消费税中每标准箱卷烟的定额税率是150元。 （ ）

7．消费税征税范围，根据新条例和细则，现有15个税目，具体为6个类别。 （ ）

8．纳税人兼营不同税率的应税消费品，应当分别核算不同税率应税消费品的销售额、销售数量。 （ ）

9．缴纳消费税的纳税人一般要缴纳增值税。 （ ）

10．消费税只在应税消费品的生产、委托加工和进口环节缴纳，实行的是价内税。 （ ）

11．消费税是在对所有货物普遍征收增值税的基础上选择少量消费品征收的，因此，消费税纳税人同时也是增值税纳税人。 （ ）

12．纳税人应税消费品的计税价格明显偏低并无正当理由的，由主管税务机关核定其计税价格。 （ ）

13．高档手表是指销售价格（含增值税）每只在10 000元（含）以上的各类手表。 （ ）

14．消费税具有单一环节征税的特点。 （ ）

15．消费税中小汽车税目包括含驾驶员座位在内最多不超过9个座位（含）的各类乘用车和各类中轻型商用客车。 （ ）

第三节 消费税的计算

一、单选题

1．根据《消费税暂行条例》的规定，纳税人销售应税消费品向购买人收取的下列税金、价外费用中，不应并入应税消费品销售额的是（ ）。

A．向购买方收取的消费税税额　　B．向购买方收取的价外基金

C．向购买方收取的增值税税额　　D．向购买方收取的手续费

2．某炼油厂某月生产销售无铅汽油10吨，其应纳消费税额为（ ）。

A．16656　　B．15200　　C．25000　　D．21097.6

3．一般纳税人销售应税消费品时，如果开具的是普通发票，在计算消费税时，销

售额应按（　　）公式换算。

A．含增值税销售额÷（1－17%）

B．含增值税销售额÷（1＋17%）

C．含增值税销售额÷（1－消费税税率）

D．含增值税销售额÷（1＋消费税税率）

4．下列关于消费税计税销售额的说法中，正确的是（　　）。

A．含消费税且含增值税的销售额

B．含消费税而不含增值税的销售额

C．不含消费税而含增值税的销售额

D．不含消费税也不含增值税的销售额

5．某啤酒厂销售 A 型啤酒 20 吨给副食品公司，开具税控专用发票收取价款 58000 元，收取包装物押金 3000 元，该啤酒厂应缴纳的消费税是（　　）元。

A．3000　　B．4400　　C．5000　　D．6000

6．某小轿车生产企业为增值税一般纳税人，12 月份生产并销售小轿车 300 辆，每辆含税销售价格 17.55 万元，适用消费税税率 9%，该企业 12 月份应缴纳消费税（　　）万元。

A．395　　B．405　　C．283.5　　D．205.5

7．纳税人将自产自用的应税消费品，用于连续生产应税消费品的（　　）。

A．视同销售纳税　　B．于移送使用时纳税

C．按组成计税价格纳税　　D．不纳税

8．纳税人自产自用一批 G 消费品，G 消费品总成本为 70 万元，消费税采用从价定率计算，税率为 30%，确定 G 消费品的成本利润率为 10%，则该批 G 消费品应缴纳消费税额为（　　）万元。

A．21　　B．33　　C．7　　D．0

9．根据消费税的有关规定，下列纳税人自产自用应税消费品不缴纳消费税的是（　　）。

A．炼油厂用于本企业基建部门车辆的自产汽油

B．汽车厂用于管理部门的自产汽车

C．日化厂用于交易会样品的自产化妆品

D．卷烟厂用于生产卷烟的自制烟丝

10．某纳税人自产一批化妆品用于本企业职工福利，没有同类产品价格可以比照，需按组成计税价格计算缴纳消费税。其组成计税价格为（　　）。

A．（材料成本＋加工费）÷（1－消费税税率）

B．（成本＋利润）÷（1－消费税税率）

C．（材料成本＋加工费）÷（1＋消费税税率）

D．（成本＋利润）÷（1＋消费税税率）

11．委托加工应税消费品是指（　　）。

A．受托方先将原材料卖给委托方，然后再接受加工的应税消费品

B．由受托方提供原材料生产的应税消费品

C．由受托方以委托方的名义购进原材料生产的应税消费品

D．由委托方提供原材料，受托方只收取加工费和代垫部分辅助材料加工的应税消费品

12．A 建材商城将一批成本为 18144 元的原木送往 B 实木地板厂，委托 B 实木地板厂为 A 加工特制木地板用于销售，合同注明，A 须支付 B 实木地板厂加工费和辅料费含增值税金额 7020 元，A 企业提货时被代收代缴的消费税为（ ）元。

A．1464.21　　B．1410.53　　C．1324.42　　D．1270.74

13．进口的应税消费品，实行复合计税办法计算纳税的组成计税价格计算公式是（ ）。

A．组成计税价格＝（关税完税价格＋关税）÷（1－消费税比例税率）

B．组成计税价格＝关税完税价格＋关税

C．组成计税价格＝（关税完税价格＋关税＋进口数量×消费税定额税率）÷（1－消费税比例税率）

D．组成计税价格＝（关税完税价格＋关税）÷（1－消费税比例税率）＋进口数量×消费税定额税率

14．某外贸进出口公司当月从日本进口 140 辆小轿车，每辆海关的关税完税价格为 8 万元，已知小轿车关税税率为 110%，消费税税率为 5%。进口这些轿车应缴纳（ ）万元消费税。

A．61.6　　B．123.79　　C．56　　D．64.84

15．纳税人将收回的委托加工的应税消费品用于连续生产应税消费品，在计算纳税时，其委托加工消费品的已纳消费税税款应（ ）。

A．按当期生产领用的数量计算扣除　　B．于当期部分领用时一次性扣除

C．于当期领用时扣除 50%　　D．直接计入成本，不予扣除

二、多选题

1．确定消费税的销售额时可以不计入销售额的有（ ）。

A．向购买方收取的增值税

B．符合条件的代垫运费

C．受托加工应税消费品代收代缴消费税

D．违约金

2．实行从量定额办法计算的应纳税额＝销售数量×定额税率，这里的销售数量是指应税消费品的数量，具体是指（ ）。

A．销售应税消费品的，为应税消费品的销售数量

B．自产自用应税消费品的，为应税消费品的移送使用数量

C．委托加工应税消费品的，为纳税人收回的应税消费品数量

D．进口应税消费品的，为纳税人报关进口的应税消费品数量

3．纳税人自产的应税消费品（　　）项目时，应视同销售计征消费税。

A．用于在建工程　　B．用于连续生产应税消费品

C．用于广告　　D．用于赞助

4．某地板生产企业将一批实木地板用作职工福利，其成本为 8 万元，消费税税率为 5%，消费税成本利润率为 5%，则其计税销售额（组价）为（　　）。

A．消费税组价为 8.84 万元　　B．消费税组价为 9.26 万元

C．增值税组价为 8.84 万元　　D．增值税组价为 9.26 万元

5．委托加工应税消费品消费税的组成计税价格中应包括的项目有（　　）。

A．加工费用　　B．委托方提供加工材料的实际成本

C．受托方代垫辅助材料的实际成本　　D．受托方代收代缴的消费税金

6．下面准予扣除外购消费品已缴纳消费税的情况是（　　）。

A．外购已税烟丝生产的卷烟

B．外购已税珠宝玉石生产的贵重首饰及珠宝玉石

C．外购已税实木地板为原料生产的实木地板

D．外购已税鞭炮焰火生产的鞭炮焰火

7. 某公司进口一批高尔夫球具，海关应征进口关税 18 万元（关税税率假定为 20%），则进口环节还需要缴纳（　　）。（消费税税率为 10%）

A．消费税 12 万元　　B．消费税 9.81 万元

C．增值税 20.4 万元　　D．增值税 10.8 万元

8．下面连续生产的应税消费品准予从应纳消费税税额中按当期生产领用数量计算扣除委托加工收回的应税消费品已纳消费税税款的有（　　）。

A．以委托加工收回的已税实木地板为原料生产的实木地板

B．以委托加工收回的已税摩托车生产的摩托车

C．以委托加工收回的已税杆头、杆身和握把为原料生产的高尔夫球杆

D．以委托加工收回的已税润滑油为原料生产的润滑油

9．下列不可抵扣外购应税消费品的已纳税额的项目有（　　）。

A．为生产化妆品而领用的酒精

B．为零售金银首饰而出库的金银首饰

C．为研制口红而购入的化工染料

D．领用外购已税白酒勾兑白酒

10．纳税人自产自用的应税消费品，没有同类消费品销售价格的，按照组成计税价格计算纳税。组成计税价格公式为（　　）。

A．实行从价定率办法计算纳税的组成计税价格计算公式：

组成计税价格＝（成本＋利润）÷（1－比例税率）

B．实行复合计税办法计算纳税的组成计税价格计算公式：

组成计税价格＝（成本＋利润＋自产自用数量×定额税率）÷（1－比例税率）

C．实行复合计税办法计算纳税的组成计税价格计算公式：

组成计税价格＝（成本＋利润）÷（1－比例税率）＋自产自用数量×定额税率

D．以上都不对

11．委托加工的应税消费品，受托方没有同类消费品销售价格的，按照组成计税价格计算纳税。组成计税价为（　　）。

A．实行从价定率办法计算纳税的组成计税价格计算公式：

组成计税价格＝（材料成本＋加工费）÷（1－比例税率）

B．实行复合计税办法计算纳税的组成计税价格计算公式：

组成计税价格＝（材料成本＋加工费＋委托加工数量×定额税率）÷（1－比例税率）

C．实行复合计税办法计算纳税的组成计税价格计算公式：

组成计税价格＝（材料成本＋加工费）÷（1－比例税率）＋委托加工数量×定额税率

D．以上都不对

12．进口的应税消费品，按照组成计税价格计算纳税。组成计税价是（　　）。

A．组成计税价格＝（关税完税价格＋关税）÷（1＋消费税比例税率）

B．实行从价定率办法计算纳税的组成计税价格计算公式：

组成计税价格＝（关税完税价格＋关税）÷（1－消费税比例税率）

C．实行复合计税办法计算纳税的组成计税价格计算公式：

组成计税价格＝（关税完税价格＋关税＋进口数量×消费税定额税率）÷（1－消费税比例税率）

D．实行复合计税办法计算纳税的组成计税价格计算公式：

组成计税价格＝（关税完税价格＋关税）÷（1－消费税比例税率）＋进口数量×消费税定额税率

13．某啤酒厂 2016 年 4 月销售乙类啤酒 400 吨，每吨出厂价格 2800 元。计算该啤酒厂应纳（　　）。

A．消费税额 88000 元　　B．增值税额 190400 元

C．消费税额 100000 元　　D．增值税额 145600 元

14．依据消费税的规定，下列应税消费品中，准予扣除外购已纳消费税的有（　　）。

A．以已税珠宝玉石为原料生产的钻石首饰

B．以已税润滑油为原料生产的润滑油

C．以已税杆头、杆身握把为原料生产的高尔夫球杆

D．以已税白酒勾兑白酒

15．委托加工应税消费品的单位，代收代缴消费税的计税依据包括（　　）。

A．加工材料成本　　B．代垫的辅助材料成本

C．代收代缴的消费税　　D．加工费

三、判断题

1．委托加工应征消费税的消费品，受托方所代收代缴的消费税属于价外费用。（　　）

2．在从量定额征收情况下，消费税应纳税额以应税消费品的销售额乘以比例税率计算得出。（　　）

3．消费税中的销售额为纳税人销售应税消费品向购买方收取的全部价款和价外费用，以及向购买方收取的增值税款。（ ）

4．将委托加工收回的应税消费品继续生产应税消费品销售的，不得扣除委托加工收回应税消费品已缴纳的消费税。（ ）

5．纳税人自产自用的应税消费品，按照纳税人生产的同类消费品的销售价格计算纳税；没有同类消费品销售价格的，按照其他纳税人生产的同类消费品的销售价格计算纳税。（ ）

6．实行复合计税办法计算纳税的组成计税价格计算公式：组成计税价格＝（成本＋利润）÷（1－比例税率）＋自产自用数量×定额税率。（ ）

7．委托加工的应税消费品，按照受托方的同类消费品的销售价格计算纳税；受托方没有同类消费品销售价格的，按照委托方的同类消费品的销售价格计算纳税。

（ ）

8．委托加工实行复合计税办法计算纳税的应税消费品，受托方没有同类消费品销售价格的，按照组成计税价格计算纳税。组成计税价为：组成计税价格＝（材料成本＋加工费＋委托加工数量×定额税率）÷（1－比例税率）。（ ）

9．应税消费品连同包装物销售的，无论包装物是否单独计价，以及在会计上如何核算，均应并入应税消费品的销售额中缴纳消费税。（ ）

10．纳税人销售的应税消费品，如因质量等原因由购买者退回时，经机构所在地或者居住地财政机关审核批准后，可退还已缴纳的消费税税款。（ ）

11．纳税人兼营不同税率的应税消费品，将不同税率的应税消费品组成成套消费品销售的，凡是分别核算不同税率的消费品的销售额，应按各自适用税率计算缴纳消费税。

（ ）

12．某纳税人用外购已税小汽车生产超豪华小汽车，销售超豪华小汽车计征消费税时允许扣除当期生产领用的已税小汽车的已纳消费税税金。（ ）

13．某汽车厂用自产小客车的底盘改装成小货车销售，则销售时应缴纳增值税和消费税。（ ）

14．委托加工应税消费品是指受托方提供原料和主要材料，并收取加工费加工的应税消费品。（ ）

15．在计算消费税时，应将含增值税的销售额换算为不含增值税税款的销售额的换算公式为：应税消费品的销售额＝含增值税的销售额÷（1＋增值税税率或征收率）。

（ ）

四、计算题

1．月光珠宝行（增值税一般纳税人），2016 年 9 月将金项链 100 克作为奖品奖励本店职工，无同类金项链的零售价格，该批金项链的进价为 125 元/克。金银首饰成本利润率为 6%。

要求：计算应纳消费税税额。

2．某化妆品有限公司委托某化工厂加工高档化妆品 100 套。化工厂没有该种高档化妆品同类产品的销售价格，该批高档化妆品原料成本为 4550 元，支付加工费 1400 元，增值税 238 元，则该化工厂应代收代缴消费税为多少元？（已知消费税税率为 15%）

3．某进出口公司 3 月进口小轿车 120 辆，每辆到岸价格为 7 万元人民币，已知小轿车进口关税税率为 110%，消费税税率为 5%。

要求：计算该批进口小轿车应纳的消费税税额。

4．某化妆品公司长期委托某日用化工厂加工某种高档化妆品，收回后以其为原材料继续生产高档化妆品销售。一年来，受托方一直按同类化妆品每千克 60 元的销售价格代收代缴消费税，2016 年 10 月公司收回加工好的高档化妆品 4000 千克，全部用于连续生产，当月销售连续生产的高档化妆品 800 箱，每箱销售价格 600 元（不含税），高档化妆品适用的消费税税率为 15%。则当月该公司销售高档化妆品应纳消费税为多少元？

5．某酒厂为一般纳税人，2016 年 7 月份发生如下经济业务，要求计算应纳消费税税额。

（1）本月向一小规模纳税人销售果酒 500 公斤，开具普通发票上注明金额 93600 元；同时收取单独核算的包装物押金 2000 元。

（2）销售 A 型啤酒 20 吨给副食品公司，开具税控专用发票注明价款 58000 元，收取包装物押金 3000 元；销售 B 型啤酒 10 吨给宾馆，开具普通发票收取 32760 元，收取包装物押金 1500 元。

（3）本月向 A 公司销售白酒 20 吨，不含税单价 5000 元/吨；向 B 公司销售白酒 8 吨，不含税单价 5500 元/吨，款项全部存入银行。另用自产的白酒 10 吨，从农民手中换玉米，玉米已验收入库，开出收购专用发票。

6．某日化厂 2016 年 2 月发生下列业务：

（1）受托加工高档化妆品，委托方提供原材料 40 万元，本企业取得的普通发票上注明的加工费为 18.72 万元，受托方没有同类高档化妆品的销售价格；

（2）将本企业生产的成本为 5 万元的特种高档化妆品分给职工作福利，将不含税售价为 6 万元的高档化妆品用于广告样品；

（3）销售高档化妆品取得不含税销售收入 100 万元，货款已经收回；

（4）没收逾期未归还的包装物押金 5 850 元。

要求：计算该企业本月应纳的消费税税额。（假设成本利润率 10%，高档化妆品消费税税率 15%）

五、案例分析题

1．甲企业为增值税一般纳税人，主要从事小汽车的制造和销售业务。2016 年 7 月有关业务如下：

（1）销售 1 辆定制小汽车取得含增值税价款 234000 元，另收取手续费 35100 元。

（2）将 20 辆小汽车对外投资，小汽车生产成本 10 万元/辆，甲企业同类小汽车不含增值税最高销售价格 16 万元/辆，平均销售价格 15 万元/辆、最低销售价格为 14 万元/辆。

（3）采取预收款方式销售给4S店一批小汽车，当月5日签订合同，当月10日收到预售款，当月15日发出小汽车，当月20日开具发票。

（4）生产中轻型商用客车500辆，其中480辆用于销售、10辆用于广告、8辆用于企业管理部门、2辆用于赞助。

已知，小汽车增值税税率为17%，消费税税率为5%。

要求：根据上述资料，分别回答下列问题：

（1）甲企业销售定制小汽车应缴纳的消费税税额的下列计算中，正确的是（　　）。

A．234000×5%＝11700（元）

B．（234000＋35100）÷（1＋17%）×5%＝11500（元）

C．234000÷（1＋17%）×5%＝10000（元）

D．（234000＋35100）×5%＝13455（元）

（2）甲企业以小汽车投资应缴纳消费税税额的下列计算中，正确的是（　　）。

A．20×16×5%＝16（万元）　　B．20×15×5%＝15（万元）

C．20×10×5%＝10（万元）　　D．20×14×5%＝14（万元）

（3）甲企业采用预收款方式销售小汽车，消费税的纳税义务发生时间是（　　）。

A．7月5日　　B．7月10日　　C．7月15日　　D．7月20日

（4）下列行为中，应缴纳消费税的是（　　）。

A．480辆用于销售　　B．10辆用于广告

C．8辆用于企业管理部门　　D．2辆用于赞助

2．甲公司为增值税一般纳税人，主要从事汽车贸易及维修业务，2016年10月有关经营情况如下：

（1）进口一批越野车，海关审定的关税完税价格360万元，缴纳关税90万元，支付通关、商检费用2.5万元。

（2）销售小轿车取得含增值税价款351万元，另收取提车价款14.04万元。

（3）维修汽车取得含增值税维修费21.06万元，其中工时费9.36万元、材料费11.7万元。

已知：越野车的消费税税率为25%，增值税税率为17%。

要求：根据上述资料，分别回答下列问题。

（1）甲公司进口越野车应缴纳消费税税额的下列计算中，正确的是（　　）。

A．（360＋90＋2.5）÷（1－25%）×25%＝150.83（万元）

B．（360＋2.5）×25%＝90.625（万元）

C．（360＋90）÷（1－25%）×25%＝150（万元）

D．（360＋90＋2.5）×25%＝113.125（万元）

（2）甲公司进口越野车应按照组成计税价格和规定税率计算增值税，下列各项中，应计入组成税价格的是（　　）。

A．关税完税价格　B．通关、商检费用　C．消费税　　D．关税

（3）甲公司销售小轿车增值税销项税额的下列计算中，正确的是（　　）。

A．[351÷（1＋17%）＋14.04]×17%＝53.3868（万元）

B．[351＋14.04÷（1＋17%）]×17%＝61.71（万元）

C．（351＋14.04）×17%＝62.0568（万元）

D．（351＋14.04）÷（1＋17%）×17%＝53.04（万元）

（4）甲公司维修汽车增值税销项税额的下列计算中，正确的是（　　）。

A．21.06÷（1＋17%）×17%＝3.06（万元）

B．（21.06－9.36）×17%＝1.989（万元）

C．（21.06－11.7）×17%＝1.5912（万元）

D．21.06×17%＝3.5802（万元）

3．甲企业（增值税一般纳税人）为白酒生产企业，2016 年 4 月发生以下业务：

（1）向某烟酒专卖店销售粮食白酒 20 吨，开具普通发票，取得含税收入 2000000 元，另收取优质费 500000 元。

（2）提供 100000 元（不含税）的原材料委托乙企业加工散装药酒 1 吨，收回时向乙企业支付加工费 10000 元（不含税），乙企业已代收代缴消费税，乙企业无同类消费品的销售价格。

（3）委托加工的散装药酒收回后甲企业将其继续加工成瓶装药酒 1800 瓶，通过其非独立核算门市部以每瓶 100 元（不含税）的价格全部对外销售。

（4）将自产的粮食白酒 30 吨用于换取生产资料。甲企业该类粮食白酒的平均不含税售价为 100000 元/吨，最高不含税售价为 120000 元/吨。

已知：增值税税率为 17%，药酒的消费税税率为 10%，粮食白酒消费税的比例税率为 20%、定额税率为 0.5 元/500 克。

要求：根据上述资料，分别回答下列问题。

（1）甲企业向烟酒专卖店销售粮食白酒时应纳消费税税额的下列计算中，正确的是（　　）。

A．2000000÷（1＋17%）×20%＝341880.34（元）

B．（2000000＋500000）×20%＝500000（元）

C．（2000000＋500000）÷（1＋17%）×20%＝427350.43（元）

D．（2000000＋500000）÷（1＋17%）×20%＋20×1000×2×0.5＝447350.43（元）

（2）甲企业委托乙企业加工散装药酒时，乙企业应代收代缴消费税税额的下列计算中，正确的是（　　）。

A．100000×10%＝10000（元）

B．（100000＋10000）×10%＝11000（元）

C．（100000＋10000）÷（1－10%）＝122222.22（元）

D．（100000＋10000）÷（1－10%）×10%＝12222.22（元）

（3）甲企业通过其非独立核算门市部对外销售瓶装药酒时应纳消费税税额的下列计算中，正确的是（　　）。

A．100×1800×10%＝18000（元）

B．100×1800÷（1＋17%）×10%＝15384.62（元）

C．100×1800×10%－（100000＋10000）÷（1－10%）×10%＝5777.78（元）

D．100×1800÷（1＋17%）×10%－（100000＋10000）÷（1－10%）×10%
＝3162.39（元）

（4）甲企业用自产的粮食白酒换取生产资料时应纳消费税税额的下列计算中，正确的是（　　）。

A．100000×30×20%＝600000（元）

B．120000×30×20%＝720000（元）

C．100000×30×20%＋30×1000×0.5×2＝630000（元）

D．120000×30×20%＋30×1000×0.5×2＝750000（元）

4．甲高档化妆品生产企业为增值税一般纳税人，2016 年 10 月有关经济业务如下：

（1）进口一批香水精，海关审定的关税完税价格为 10000 元（人民币，下同），按规定向海关缴纳相关税费，并取得海关填发的专用缴款书。

（2）委托乙企业为其加工一批口红，提供的原材料不含税价格为 2000 元；乙企业收取加工费 1000 元，以及代垫部分辅料费 150 元，并开具增值税专用发票。委托加工的口红已于当月全部收回。

（3）自制一批新型化妆品（无同类市场价格），发放给本企业女职工作为福利，已知该批化妆品的生产成本为 3500 元，成本利润率为 5%。

（4）将自产的化妆品投资到丙企业，取得丙企业 5%的股权，同类化妆品的平均不含税售价为 13000 元，最高不含税售价为 15000 元。

已知：关税税率为 20%，化妆品消费税税率为 15%，化妆品增值税税率为 17%。

要求：根据上述资料，回答下列问题。

（1）甲企业当月进口香水精应纳税额的下列计算中，正确的是（　　）。

A．应纳关税＝10000×20%＝2000（元）

B．应纳消费税＝（10000＋2000）×15%＝1800（元）

C．应纳消费税＝（10000＋2000）÷（1－15%）×15%＝2117.65（元）

D．应纳增值税＝（10000＋2000）÷（1－15%）×17%＝2400（元）

（2）甲企业委托乙企业加工口红，应被代收代缴消费税的计算，正确的是（　　）。

A．（2000＋1000＋150）×15%＝472.5（元）

B．（2000＋1000）×15%＝450（元）

C．（2000＋1000＋150）÷（1－15%）×15%＝555.88（元）

D．（2000＋1000）÷（1－15%）×15%＝529.41（元）

（3）甲企业自制新型化妆品作为职工福利，应缴纳消费税的计算，正确的是（　　）。

A．3500÷（1＋5%）÷（1－15%）×15%＝588.24（元）

B．3500÷（1－15%）×15%＝617.65（元）

C．3500×（1＋5%）×15%＝551.25（元）

D．3500×（1＋5%）÷（1－15%）×15%＝648.53（元）

（4）关于甲企业以自产化妆品对外投资的行为，下列说法正确的是（　　）。

A．以同类化妆品的平均不含税售价作为计税依据

B．以同类化妆品的最高不含税售价作为计税依据

C．应纳消费税＝13000×15%＝1950（元）

D．应纳消费税＝15000×15%＝2250（元）

第四节　征 收 管 理

一、单选题

1．消费税纳税人以1日、3日、5日、10日或者15日为1个纳税期的，自期满之日起5日内预缴税款，于次月（　　）内申报纳税并结清上月应纳税款。

A．1日起15日　B．1日起7日　C．1日起10日　D．1日起5日

2．下列关于消费税纳税义务时间规定不正确的是（　　）。

A．纳税人自产自用应税消费品的，为移送使用的当天

B．纳税人委托加工应税消费品的，为纳税人提货的当天

C．纳税人进口应税消费品的，为报关进口的当天

D．纳税人销售应税消费品的，为收到货款的当天

3．下列各项中，符合消费税纳税义务发生时间规定的是（　　）。

A．分期收款结算方式下为实际收款的日期

B．赊销方式下为收到货款的当天

C．预收货款结算方式下为收到货款的当天

D．预收货款结算方式下为发出应税消费品的当天

4．纳税人委托个体经营者加工应税消费品，一律于（　　）缴纳消费税。

A．受托方代扣后在受托方所在地　B．受托方代扣后在委托方所在地

C．委托方收回后在委托方所在地　D．委托方收回后在受托方所在地

5．消费税纳税人以1个月为一期纳税的自期满之日起（　　）日内申报纳税。

A．5　B．10　C．15　D．30

6．消费税纳税人采用赊销和分期收款结算方式的，其纳税义务发生时间为（　　）。

A．发出货物的当天　B．收到货款的当天

C．合同规定的收款日期当天　D．双方约定的任一时间

7．纳税人采用预收货款方式销售应税消费品的，其纳税义务发生时间为（　　）。

A．销售合同规定的收款日期的当天　B．发出应税消费品的当天

C．办妥托收手续的当天　D．收到货款的当天

8．纳税人进口应税消费品，应当自海关填发海关进口消费税专用缴款书之日起（　　）日内缴纳税款。

A．5　B．7　C．10　D．15

9．关于消费税征收管理的说法不正确的是（　　）。

A．纳税人销售的应税消费品，以及自产自用的应税消费品，除国务院财政、税务主管部门另有规定外，应当向纳税人机构所在地或者居住地的主管税务机关申报纳税

B. 委托个人加工的应税消费品，由委托方向其机构所在地或者居住地主管税务机关申报纳税

C. 进口的应税消费品，由进口人或代理人向报关地海关申报纳税

D. 纳税人销售的应税消费品，如因质量等原因由购买者退回时，经机构所在地主管税务机关审核批准后，可退还已征收的消费税税额

10. 纳税人采用分期收款方式销售应税消费品的，其纳税义务发生时间为（　　）。

A. 发出应税消费品的当天

B. 发出应税消费品并办妥托收手续的当天

C. 销售合同规定的收款日期的当天

D. 收讫销售款或者取得索取销售款的凭据的当天

二、多选题

1. 下列各项中，符合消费税纳税地点规定的有（　　）。

A. 进口应税消费品的，由进口人或其代理人向报关地海关申报纳税

B. 纳税人的总机构与分支机构不在同一县（市）的，应分别向各自机构所在地缴纳消费税

C. 委托加工应税消费品的，一律由委托方向受托方所在地主管税务机关申报纳税

D. 纳税人到外县销售自产应税消费品的，应向机构所在地或者居住地主管税务机关申报纳税

2. 下列关于消费税征收管理说法正确的有（　　）。

A. 生产销售应税消费品的纳税人，采取赊销和分期收款结算方式的，纳税义务发生时间为书面合同约定的收款日期的当天

B. 自产自用的应税消费品，纳税义务发生时间为移送使用的当天

C. 销售的应税消费品，除国家另有规定的外，应当向纳税人核算地主管税务机关申报纳税

D. 进口的应税消费品，应当向报关地海关申报纳税

3. 消费税的纳税期限分别为（　　）。

A. 1 日、3 日、5 日、10 日、15 日

B. 1 个月

C. 1 个季度

D. 不能按照固定期限纳税的，可以按次纳税

4. 纳税人销售应税消费品的，消费税纳税义务发生时间规定正确的是（　　）。

A. 采取赊销和分期收款结算方式的，为书面合同约定的收款日期的当天

B. 采取预收货款结算方式的，为发出应税消费品的当天

C. 采取托收承付和委托银行收款方式的，为发出应税消费品并办妥托收手续的当天

D. 采取其他结算方式的，为收讫销售款或者取得索取销售款凭据的当天

5．消费税纳税人的总机构与分支机构不在同一县（市）的，（　　）。

A．分别向各自机构所在地的主管税务机关申报纳税

B．经财政部、国家税务总局或者其授权的财政、税务机关批准，可以由总机构汇总向总机构所在地的主管税务机关申报纳税

C．经财政部、国家税务总局或者其授权的财政、税务机关批准，可以选择一处申报纳税

D．以上都可以

6．下列关于消费税纳税义务发生时间的表述正确的是（　　）。

A．采取托收承付和委托银行收款方式的，为发出应税消费品并办妥托收手续的当天

B．纳税人自产自用应税消费品的，为移送使用的当天

C．纳税人委托加工应税消费品的，为纳税人提货的当天

D．纳税人进口应税消费品的，为报关进口的当天

7．纳税人销售的应税消费品，以及自产自用的应税消费品，除国务院财政、税务主管部门另有规定外，应当向纳税人的（　　）主管税务机关申报纳税。

A．机构所在地　　B．登记注册地　　C．居住地　　D．户籍所在地

8．根据消费税纳税义务发生时间的规定，以发出应税消费品当天为纳税义务发生时间的有（　　）。

A．采取托收承付方式销售应税消费品

B．分期收款方式销售应税消费品

C．采取赊销结算方式销售应税消费品

D．采取预收货款方式销售应税消费品

9．下列关于消费税纳税地点的表述中，正确的有（　　）。

A．纳税人销售应税消费品，除国家另有规定外，应当向纳税人核算地主管税务机关申报纳税

B．纳税人总机构和分支机构不在同一县的，应当分别向各自机构所在地的主管税务机关申报纳税

C．纳税人销售应税消费品，除国家另有规定外，应在零售商所在地向主管税务机关申报纳税

D．委托加工应税消费品，由受托方（受托方为个体经营者除外）向其所在地主管税务机关申报缴纳消费税

10．关于消费税纳税义务发生时间，下列表述正确的有（　　）。

A．某酒厂销售葡萄酒 20 箱，直接收取价款 4800 元，其纳税义务发生时间为收款当天

B．某汽车厂自产自用 3 台小汽车，其纳税义务发生时间为使用人实际使用的当天

C．某烟花企业采用托收承付结算方式销售焰火，其纳税义务发生时间为发出焰火并办妥托收手续的当天

D．某化妆品厂采用赊销方式销售化妆品，合同规定收款日期为 6 月 23 日，7 月 20 日收到货款，纳税义务发生时间为 6 月份

三、判断题

1．调整后的消费税将纳税申报期限从 10 日延长至 15 日。（ ）

2．纳税人销售的应税消费品，以及自产自用的应税消费品，除国务院财政、税务主管部门另有规定外，应当向销售地的主管税务机关申报纳税。（ ）

3．纳税人进口应税消费品，应当自海关填发海关进口消费税专用缴款书之日起 10 日内缴纳税款。（ ）

4．应税消费品采取赊销和分期收款结算方式的，为书面合同约定的收款日期的当天，书面合同没有约定收款日期或者无书面合同的，为发出应税消费品的当天。（ ）

5．委托个人加工的应税消费品，由委托方向其机构所在地或者居住地主管税务机关申报纳税。（ ）

6．委托加工收回的应税消费品，由于受托方未代收代缴消费税，委托方应补交委托加工环节应缴的消费税。（ ）

7．纳税人自产自用的应税消费品，除用于连续生产应税消费品外，凡用于其他方面的，于移送使用时纳税。（ ）

8．进口的应税消费品，应当向主管税务机关申报纳税。（ ）

同步强化练习
参考答案及解析

第五章　城市维护建设税及教育费附加

学情分析

城市维护建设税及教育费附加分别是我国为了加强城市的维护建设和回馈地方教育事业的专用资金。从历年学习情况看，本章题型主要有选择题和判断题。本章节的重点内容是计税依据，学生比较容易将违反增值税及消费税有关税法而加收的滞纳金和罚款计入计税依据。

学习本章时，学生应注意更新最新的“营改增”税收政策变化，计税依据取消营业税，掌握城市维护建设税及教育费附加的计算方法。

本章主要内容导图

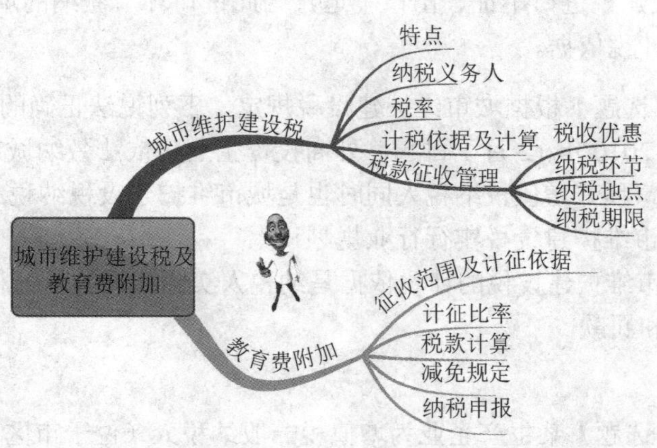

重点、难点讲解及典型例题

城市维护建设税	纳税人	城市维护建设税以缴纳增值税、消费税的单位和个人为纳税人
	税率	① 市区税率为7%；县城、镇的，税率为5%；非市区县城、镇的税率为1%。 ② 由受托方代扣代缴纳增值税、消费税的单位和个人，其代扣代缴、代收代缴的城市维护建设税按受托方所在地适用税率。 ③ 流动经营等无固定纳税地点的单位和个人，在经营地缴纳“两税”的，其城建税的缴纳按经营地适用税率
	计税依据	① 违反增值税、消费税规定被加罚的滞纳金和罚款不能作为计征城建税的计税依据。 ② 违反税法规定被处罚时，同时对其偷漏的城建税进行补税，征税滞纳金或罚款。 ③ 出口产品退还增值税、消费税，不退还已缴纳的城建税
	计算	应纳税额＝（实纳增值税＋实纳消费税）×适用税率

续表

<table>
<tr><td rowspan="2">城市维护建设税</td><td>优惠</td><td>① 城市维护建设税一般不单独减免，主税减免，城市维护建设税才减免。
② 对于因减免税而需进行“两税”退税的，可同时退还已纳的城建税。
③ 进口产品不征，出口产品退还增值税、消费税不退还已缴纳的城建税。
④ 对“两税”实行先征后返、先征后退、即征即退办法的，除另有规定外，对随“两税”附征的城市维护建设税和教育费附加，一律不退（返）还</td></tr>
<tr><td>征收管理</td><td>① 纳税义务时间和纳税期限同“两税”一致。
② 代扣代缴、代收代缴“两税”的单位和个人，同时也是城市维护建设税的代扣代缴、代收代缴义务人，其城建税的纳税地点在代扣代收地。
③ 流动经营等无固定纳税地点的单位和个人，应随同“两税”在经营地按适用税率缴纳</td></tr>
<tr><td colspan="3">教育费附加：应纳教育费附加＝实际缴纳的增值税、消费税×征收比率（3%）
地方教育附加：应纳地方教育附加＝实际缴纳的增值税、消费税×征收比率（2%）</td></tr>
</table>

【例题·单选题】下列属于城建税计税依据的是（　　）。

A．进口环节缴纳的增值税

B．进口环节缴纳的关税

C．进口环节缴纳的消费税

D．国内销售环节实际缴纳的增值税、消费税

【答案】D

【解析】城建税进口不征、出口不退，因此进口环节缴纳的增值税、关税、消费税不是城建税的计税依据。

【例题·单选题】根据城市维护建设税规定，下列说法正确的是（　　）。

A．自 2010 年 12 月 1 日起，外商投资企业应依法缴纳城市维护建设税

B．进口环节增值税纳税人同时也是城市维护建设税纳税人

C．城市维护建设税实行行业规划税率

D．城市维护建设税的计税依据是纳税人实际缴纳的增值税、消费税，以及滞纳金和罚款

【答案】A

【例题·单选题】某生产企业为增值税一般纳税人（位于市区），主要经营内销和出口业务，2017 年 4 月实际缴纳增值税 40 万元，出口货物免抵税额 4 万元。另外，进口货物缴纳增值税 17 万元，缴纳消费税 30 万元。该企业 2017 年 4 月应纳城市维护建设税（　　）万元。

A．2.80　　B．3.08　　C．2.52　　D．5.81

【答案】B

【解析】应纳城市维护建设税＝（40＋4）×7%＝3.08（万元）。

此外，对增值税、消费税“两税”实行先征后返、先征后退、即征即退办法的，除另有规定外，对随“两税”附征的城市维护建设税和教育费附加，一律不予退（返）还。

【相关链接】城市维护建设税与教育费附加的税收优惠政策可以合并记忆，因为二者的征免规定一般情况下是一致的。

【例题·单选题】位于市区的某生产企业为增值税一般纳税人，自营出口自产货物。

2016 年 8 月应纳增值税-320 万元，出口货物“免抵退”税额 380 万元；本月税务检查时发现，2015 年的一笔内销货物少计消费税，被查补消费税 5 万元并加收滞纳金。2016 年 8 月该企业应纳城市维护建设税（　　）万元。

A. 4　　B. 4.55　　C. 22.40　　D. 26.95

【答案】B

【解析】该企业出口应退税额 320 万元，免抵税额＝380－320＝60（万元）。
该企业应纳城建税＝（60＋5）×7%＝4.55（万元）。

【例题·单选题】根据城市维护建设税法的规定，代扣代缴“两税”的扣缴义务人未代扣代缴城市维护建设税的，城市维护建设税的纳税地点是（　　）。

A. 纳税人应税行为发生地　　B. 扣缴义务人所在地
C. 扣缴义务人应税行为发生地　　D. 纳税人所在地

【答案】D

【例题·多选题】关于教育费附加的说法正确的有（　　）。

A. 教育费附加实行地区差额征收率
B. 出口产品退还的增值税、消费税，同时退还教育费附加
C. 教育费附加以纳税人实际缴纳的增值税、消费税税额为计算基数
D. 对进口产品征收的增值税、消费税，不征收教育费附加

【答案】CD

同步强化练习

第一节　城市维护建设税

一、单选题

1. 下列单位或个人不属于城市维护建设税纳税人的是（　　）。
   A. 位于农村的化工企业
   B. 位于境外并在境外为境内单位提供加工劳务的外国企业
   C. 转让土地使用权的个人
   D. 只缴纳个人所得税的公司职员
2. 目前我国城建税的税率实行的是（　　）的方法。
   A. 纳税人所属行业差别比例税率
   B. 纳税人所在地差别比例税率
   C. 纳税人所属行业累进税率
   D. 纳税人所在地统一累进税率
3. 下列项目中，不作为城建税计税依据的是（　　）。
   A. 纳税人被认定为偷税少缴的增值税款
   B. 纳税人被认定为抗税少缴的消费税款

C．纳税人欠缴的消费税

D．对欠缴增值税加收的滞纳金

4．城建税是根据城市维护建设资金的不同层次的需要而设计的，实行分区域的差别比例税率，纳税人所在地在市区的，税率为（　　）。

A．5%　　B．10%　　C．7%　　D．1%

5．下列项目中，不是城市维护建设税特点的是（　　）。

A．税款专款专用　　B．属于一种附加税

C．根据城建规模设计税率　　D．征收范围较窄

6．城市维护建设税的纳税人是在征税范围内从事工商经营，缴纳（　　）的单位和个人。

A．消费税、增值税　　B．关税、增值税

C．增值税、企业所得税　　D．消费税、印花税

7．城市维护建设税的计税依据是（　　）。

A．免征或者减征的增值税及消费税

B．实际缴纳的增值税及消费税税额

C．违反增值税及消费税有关税法而加收的滞纳金和罚款

D．以上都不是

8．城市维护建设税的税率为（　　）。

A．定额税率　　B．比例税率　　C．累进税率　　D．超额累进税率

9．实行免抵退的生产企业的城建税计算公式应为（　　）。

A．应纳税额＝（增值税应纳税额＋当期免抵税额＋消费税）×适用税率

B．应纳税额＝（实际缴纳增值税＋消费税）×适用税率

C．应纳税额＝（增值税＋消费税）×适用税率

D．以上都不是

10．代扣代缴、代收代缴增值税及消费税的单位和个人，同时也是城市维护建设税的代扣代缴、代收代缴义务人，其城市维护建设税的纳税地点在（　　）。

A．代扣代收地　　B．纳税人所在地

C．纳税发生地　　D．税务登记所在地

二、多选题

1．负有缴纳增值税和消费税义务的下列单位和个人，属于城市维护建设税纳税人的有（　　）。

A．外籍个人　　B．国有企业

C．外商投资企业　　D．个体工商户

2．城市维护建设税纳税期限是（　　）。

A．分别与消费税、增值税纳税期限一致

B．分别为 1 日、3 日、5 日、10 日、15 日或者 1 个月

C．由主管税务机关根据纳税人应纳税额大小分别核定

D．不能按照固定期限纳税的，也可以按次纳税

3．下列有关城市维护建设税适用税率的表述中，正确的是（　　）。

A．纳税人所在地为市区的，税率为7%

B．纳税人所在地为县城、镇的，税率为5%

C．纳税人所在地为农村的，税率为3%

D．纳税人所在地不在市区、县城或者镇的，税率为1%

4．下列项目属于城市维护建设税计税依据的是（　　）。

A．中外合资企业在华机构缴纳的增值税

B．个体工商户拖欠消费税加收的滞纳金

C．合伙企业偷税被处的增值税罚款

D．合伙企业偷逃的增值税金

5．由受托方代扣代缴、代收代缴增值税和消费税的单位和个人，有关其代扣代缴、代收代缴城建税的表述正确的有（　　）。

A．其代扣代缴、代收代缴的城建税按受托方所在地适用税率执行

B．其代扣代缴、代收代缴的城建税从高适用税率执行

C．城建税的纳税地点在代扣代收地

D．城建税的纳税地点在委托方所在地

6．城市维护建设税的计税基础有（　　）。

A．实际缴纳的增值税　　　　B．实际缴纳的消费税

C．实际缴纳的企业所得税　　D．实际缴纳的土地增值税

7．位于市区的卷烟厂于2016年11月，委托在县城的乙加工厂（增值税一般纳税人）加工20箱甲类卷烟，委托方提供不含税原材料60000元，支付加工费5000元（不含增值税），该卷烟厂将加工好的全部卷烟收回后直接销售，取得不含税销售额800000元。在对委托方进行税务检查中发现，受托方没有代收代缴税款，委托就销售部分缴纳了增值税（不考虑滞纳金和罚款），针对上述业务委托方要补缴的税费为（　　）。

A．城建税及教育费附加29100元　　B．消费税291000元

C．消费税451000元　　D．城建税及教育费附加45100元

8．下列各项中，不符合城市维护建设税的纳税地点的有（　　）。

A．取得输油收入的管道局，为管道局所在地

B．流动经营无固定地点的单位，为单位注册地

C．流动经营无固定地点的个人，为居住所在地

D．代征代扣增值税、消费税的单位和个人，为代征代扣地

9．某位于市区的缝纫企业（增值税一般纳税人），于2016年5月份提供加工劳务取得的收入为70000元，销售缝纫制品，取得的收入为4000元，上述业务均开具增值税专用发票。该缝纫企业在2016年5月缴纳的税费下列说法正确的是（　　）。

A．应当缴纳增值税12580元　　B．应当缴纳消费税3500元

C．应当缴纳城建税880.6元　　D．应当缴纳教育费附加377.4元

10．设在县城的甲企业代收代缴市区乙企业的消费税，对乙企业城建税的处理办法

不正确的有（　　）。

A．由乙企业在市区按 7%交城建税

B．由乙企业将 7%的城建税交甲企业代征

C．由乙企业按 7%的税率自行选择纳税地点

D．由甲企业按 5%的税率代收乙企业的城建税

三、判断题

1．除了减免税等特殊情况以外，任何从事生产经营活动的企业单位和个人都要缴纳城市维护建设税。（　　）

2．城市维护建设税的纳税人是在征税范围内从事工商经营，缴纳增值税、消费税的单位和个人。（　　）

3．纳税人在外地发生缴纳增值税、消费税的，按纳税人所在地的适用税率计征城建税。（　　）

4．增值税纳税人有未抵扣完的进项税，本期就不缴纳城建税了。（　　）

5．除另有规定外，对出口商品退还增值税、消费税的，不再退还已缴纳的城建税。（　　）

6．城建税的纳税义务发生时间与纳税期限和增值税、消费税一致。（　　）

7．城建税的适用税率一律由纳税人按所在地规定执行。（　　）

8．城市维护建设税按减免后实际缴纳的增值税、消费税额计征，即随增值税及消费税的减免而减免。（　　）

9．城建税的纳税环节，实际就是纳税人缴纳增值税、消费税的环节。（　　）

10．纳税人只要发生增值税、消费税的纳税义务，就要在同样的环节，分别计算缴纳城建税。（　　）

四、计算题

1．某市区一家企业 2017 年 3 月实际缴纳增值税 300000 元，缴纳消费税 400000 元。计算该企业应纳的城建税税额。

2．丙企业地处市区，2016 年 5 月纳增值税 34 万元，当月委托位于县城的丁企业加工应税消费品，丁企业代收消费税 12 万元。计算丙企业 5 月份应缴纳城市维护建设税税额。

第二节　教育费附加和地方教育附加的有关规定

一、单选题

1．下列有关教育费附加的表述，不正确的有（　　）。

A．纳税人所在地在农村的，教育费附加征收比率为 1%

B．教育费附加属于《税收征收管理法》的适用范围

C．自 2010 年 12 月 1 日起，对外商投资企业、外国企业及外籍个人征收教育费附加

D．对出口产品退还增值税、消费税的，不退还已征的教育费附加

2．某卷烟厂 2016 年 11 月向税务机关缴纳增值税 200 万元，消费税 800 万元，该企业当月应缴纳教育费附加（　　）万元。

A．30　　B．34.50　　C．18.75　　D．37.5

3．下列单位不需要缴纳城市维护建设税和教育费附加的是（　　）。

A．只从事出口业务，且出口货物享受免并退的政策

B．既从事出口又从事内销业务的单位

C．进口货物自用的单位

D．软件开发企业

4．下列有关教育费附加和地方教育附加计征比率说法正确的是（　　）。

A．教育费附加征收比率为 2%

B．地方教育附加征收率统一为 2%

C．教育费附加和地方教育附加征收比率都为 3%

D．教育费附加和地方教育附加征收比率都为 2%

5．教育费附加和地方教育附加是对缴纳（　　）的单位和个人征收。

A．消费税、增值税　　B．关税、增值税

C．增值税、企业所得税　　D．消费税、印花税

二、多选题

1．下列有关教育费附加的减免规定，说法正确的是（　　）。

A．对海关进口的产品征收的增值税、消费税，不征收教育费附加

B．对由于减免增值税、消费税而发生退税的，可同时退还已征收的教育费附加

C．对出口产品退还增值税、消费税的，不退还已征的教育费附加

D．对国家重大水利工程建设基金免征教育费附加。

2．广州市一家企业 2015 年 3 月实际缴纳增值税 400000 元，缴纳消费税 200000 元。该企业应缴纳（　　）。

A．教育费附加 18000 元　　B．地方教育附加 12000 元

C．教育费附加 6000 元　　D．地方教育附加 4000 元

3．关于免征教育费附加、地方教育附加、水利建设基金的范围，下列说法正确的是（　　）。

A．按月纳税的月销售额或营业额超过 10 万元的缴纳义务人

B．按季度纳税的季度销售额或营业额超过 30 万元的缴纳义务人

C．扩大到按月纳税的月销售额或营业额不超过 10 万元缴纳义务人

D．按季度纳税的季度销售额或营业额不超过 30 万元的缴纳义务人

4．下列单位属于教育费附加和地方教育附加的征收范围的是（　　）。

A．企业单位　　B．事业单位　　C．国家机关　　D．外资企业

5．下列教育费附加和地方教育附加的计算公式不正确的是（　　）。

A．应纳教育费附加＝（实际缴纳增值税额＋实际缴纳消费税额）×3%

B．应纳地方教育附加＝（实际缴纳增值税额＋实际缴纳消费税额）×2%

C．应纳教育费附加＝（实际缴纳增值税额＋实际缴纳关税税额）×3%

D．应纳地方教育附加＝（实际缴纳增值税额＋实际缴纳关税税额）×2%

三、判断题

1．教育费附加和地方教育附加是对缴纳增值税、消费税的单位和个人，就其实际缴纳的税额为计算依据征收的一种附加费。（　　）

2．教育费附加是为回馈地方教育事业，扩大地方教育经费的资金而征收的一项专用基金。（　　）

3．对由于减免增值税、消费税而发生退税的，不可以退还已征收的教育费附加。（　　）

4．教育费附加的纳税环节，实际就是纳税人缴纳增值税、消费税的环节。（　　）

5．外资企业和个人城市维护建设税和教育费附加统一按增值税、消费税实际缴纳税额的3%减半征收。（　　）

四、计算题

1．某企业地处市区，2015 年 10 月被税务机关查补增值税 45000 元、消费税 25000 元、所得税 30000 元；还被加收滞纳金 20000 元、被处罚款 50000 元。计算该企业应补缴的城市维护建设税和教育费附加。

2．位于市区的某企业 2016 年 3 月按规定缴纳增值税 20 万元、消费税 5 万元、土地增值税 30 万元，同时补缴以前月份的增值税 4 万元、消费税 1 万元，被加收滞纳金 0.3 万元，被处罚款 0.8 万元。计算该企业当月应缴纳城市维护建设税、教育费附加和地方教育附加。

同步强化练习
参考答案及解析

第六章　关　　税

学情分析

本章主要介绍了关税的概念、分类、内容、计算、征收和关税优惠等内容。对于本章的主要知识点，主要以理解为主，多做练习。其中，对于关税应纳税额的计算，应注意其计算原理；对于关税的征收管理和税收优惠，作为了解内容。

学习本章时，学生可以将相关知识与典型例题结合起来理解掌握，主要要掌握关税的应纳税额计算，各种计税方法要清楚。

本章主要内容导图

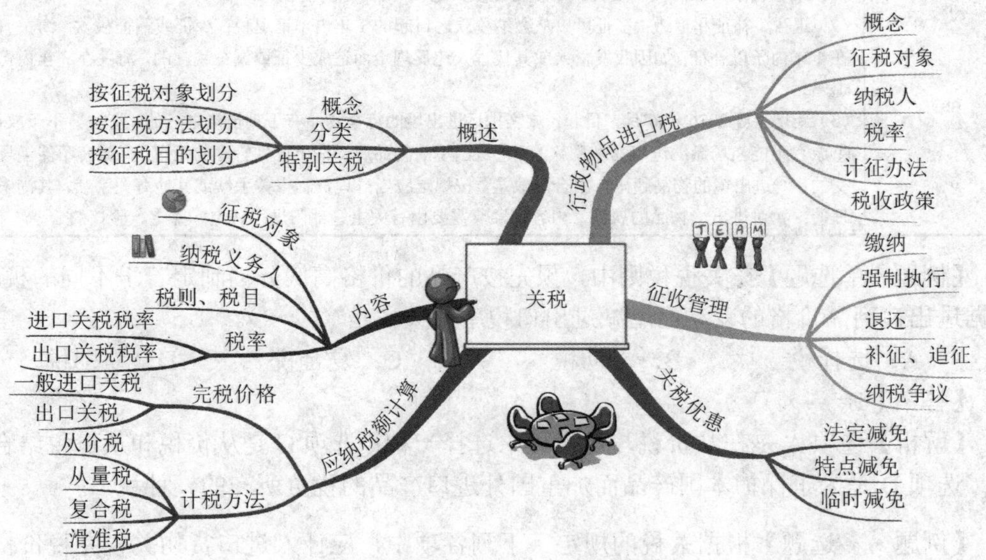

重点、难点讲解及典型例题

概念	关税是对进出国境或关境的货物、物品征收的一种税	
纳税人	（1）贸易性商品的纳税人是经营进出口货物的收、发货人。 （2）物品的纳税人包括：①入境旅客随身携带的行李、物品的持有人；②各种运输工具上服务人员入境时携带自用物品的持有人；③馈赠物品，以及其他方式入境个人物品的所有人；④个人邮递物品的收件人	
税率	进口税率分为普通税率、最惠国税率、协定税率、特惠税率、关税配额和暂定税率	
计税依据	进口完税价格（到岸价）	（1）货价＋起卸前的运费、保费、包装费＋相关的特许权使用费。不包括：买方佣金、回扣。

续表

计税依据	进口完税价格（到岸价）	（2）卖方违反合同规定延期交货的罚款，卖方在货价中冲减时，罚款则不能从成交价格中扣除。 （3）特殊货物完税价格
	出口完税价格（离岸价格）	出口货物完税价格＝离岸价格÷（1＋出口税率）
计算	从价税、从量税、复合税和滑准税	
优惠	（1）分为法定性减免税、政策性减免税和临时性减免税。 （2）法定减免：①一票货物税额在人民币 50 元以下的；②无商业价值的广告品及货样；③国际组织、外国政府无偿赠送的物资；④进出境运输工具装载的途中必需的燃料、物料和饮食用品；⑤因故退还的中国出口货物，可以免征进口关税，但已征收的出口关税，不予退还；⑥因故退还的境外进口货物，可以免征出口关税，但已征收的进口关税不予退还。 （3）海关可以酌情减免税：①在境外运输途中或者在起卸时，遭受到损坏或者损失的；②起卸后海关放行前，因不可抗力遭受损坏或者损失的；③海关查验时已经破漏、损坏或者腐烂，经证明不是保管不慎造成的	
征管	（1）纳税期限：在海关签发税款缴款凭证次日起 15 日内缴纳税款。 （2）退税、补征和追缴：多征可以从缴纳税款之日起的 1 年内申请退税；少征或漏征税款，海关有权在 1 年内予以补征；如因收发货人或其代理人违反规定而造成少征或漏征税款的，海关在 3 年内可以追缴。 （3）新增"自 2016 年 6 月 1 日起，旅客携运进出境的行李物品有下列情形之一的，海关暂不予放行：①旅客不能当场缴纳进境物品税款的；②进出境的物品属于许可证件管理的范围，但旅客不能当场提交的；③进出境的物品超出自用合理数量，按规定应当办理货物报关手续或其他海关手续，其尚未办理的；④对进出境物品的属性、内容存疑，需要由有关主管部门进行认定、鉴定、验核的	

【例题·单选题】在关税税则中，预先按产品的价格高低分档制定若干不同的税率，根据进出口商品价格的变动而增减进出口税率的关税是（　　）。

A．选择税　　B．滑动税　　C．复合税　　D．差别税

【答案】B

【解析】选项 A 是在从价税与从量税中选择一种；选项 C 是从价税和从量税结合使用；选项 D 是为了保护本国产品而加重国外进口产品的税负所产的一种税。

【例题·多选题】根据关税的规定，下列各项中，应计入进口货物关税完税价格的有（　　）。

A．货物运抵我国关境内输入地点起卸前的运费、保险费

B．货物运抵我国关境内输入地点起卸后的运费、保险费

C．支付给卖方的佣金

D．向境外采购代理人支付的买方佣金

【答案】AC

【解析】在货物成交过程中，进口人在成交价格外另支付给卖方的佣金，应计入成交价格，而向境外采购代理人支付的买方佣金则不能列入，如已包括在成交价格中应予以扣除；货物运抵我国关境内输入地点起卸前的包装费、运费、保险费，计入进口货物关税完税价格；进口货物运抵境内输入地点起卸之"后"的运输及其相关费用、保险费，不应计入进口货物关税完税价格。因此选项 B、D 错误。

【例题・单选题】下列项目中，属于进口关税完税价格组成部分的是（　　）。

A．进口人向自己的境外采购代理人支付的购货佣金

B．进口人负担的向中介机构支付的经纪费

C．进口设备报关后的安装调试费用

D．货物运抵境内输入地点起卸之后的运输费用

【答案】B

【解析】选项 A，购货佣金不计入完税价格；选项 C，报关后发生的安装调试费不计入完税价格；选项 D，起卸之后的运输费用不计入完税价格。

【例题・单选题】下列关于关税完税价格的说法，正确的是（　　）。

A．进口货物应当以成交价格为完税价格

B．完税价格不包括进口环节缴纳的各项税金

C．如果买卖双方有特殊关系，只能以成交价格确定完税价格

D．完税价格包括进口货物在境内运输途中发生的运费和保险费

【答案】B

【解析】选项 A，进口货物的完税价格由海关以货物的成交价格为基础审查确定，并应当包括该货物运抵境内输入地点起卸前的运费及其相关费用、保险费；选项 C，如果买卖双方有特殊关系，海关可依次采用相同货物的成交价格估价方法、类似货物的成交价格估价方法、倒扣价格估价方法和合理估价方法估定货物的完税价格；选项 D，进口货物在境内运输途中发生的运费和保险费不计入货物完税价格中。

【例题・多选题】下列关于关税完税价格的说法，正确的有（　　）。

A．出口货物关税的完税价格不包含出口关税

B．进口货物的保险费无法确定时，海关应按照货价的 5%计算保险费

C．进口货物的关税完税价格不包括进口关税

D．经海关批准的暂时进境货物，应当按照一般进口货物估价办法的规定，估定进口货物完税价格

【答案】ACD

【解析】进口货物的保险费无法确定时，应当按照“货价加运费”两者总额的千分之三计算保险费。

【例题・单选题】某卷烟厂进口一批烟丝，境外成交价格 150 万元，运至我国境内输入地点起卸前运费 20 万元，无法确知保险费用；将烟丝从海关监管区运往仓库，发生运费 12 万元，取得合法货运发票。则该卷烟厂当月进口环节应缴纳税金（　　）万元。（关税税率 10%、消费税税率 30%。）

A．79.90　　B．85.54　　C．125.93　　D．142.98

【答案】D

【解析】关税完税价格＝（150＋20）×（1＋0.003）＝170.51（万元）

关税＝170.51×10%＝17.05（万元）

进口增值税＝（170.51＋17.05）÷（1－30%）×17%＝45.55（万元）

进口消费税＝（170.51＋17.05）÷（1－30%）×30%＝80.38（万元）

当月进口环节缴纳税金合计：17.05＋45.55＋80.38＝142.98（万元）

【例题·单选题】下列关于关税税务处理的说法，正确的是（　　）。

A. 外国企业无偿赠送进口的物资免征关税

B. 进料加工料件，无论是否出口，按照实际进口数量免征进口关税，加工的成品出口，免征出口关税

C. 出口加工区区内企业和行政管理机构进口的自用合理数量的办公用品，予以免除进口关税

D. 已征进口关税的货物，因品质或规格原因，原状退货复运出境的，纳税人自缴纳税款之日起 3 年内可以申请退还关税

【答案】C

【解析】选项 A，外国政府、国际组织无偿赠送的物资免征关税；选项 B，进料加工料件，对专为加工出口商品而进口的料件，海关按实际加工复出口的数量，免征进口关税；选项 D，已征进口关税的货物，因品质或规格原因，原状退货复运出境的，纳税人自缴纳税款之日起 1 年内，可以申请退还关税。

同步强化练习

第一节　关税概述

一、单选题

1. 关税税率随进口商品价格由高到低而由低到高设置，这种计征关税的方法称为（　　）。

A. 从量税　　B. 复合税　　C. 特惠税　　D. 滑准税

2.（　　）是指对同一种进口货物，由于输出国或生产国不同，或输入情况不同而使用不同税率征收的关税。

A. 反倾销税　　B. 歧视关税　　C. 报复关税　　D. 优惠关税

3.（　　）是指对某种货物在税则中预先按照该商品的价格规定几档税率，价格高的该物品适用较低税率，价格低的该货物适用较高税率。目的是使该物品的价格在国内市场上保持稳定。

A. 反倾销税　　B. 复合关税　　C. 滑动关税　　D. 歧视关税

4.（　　）是指缔约国一方承诺现在或将来给予第三方的一切优惠.特权或豁免等待遇，缔约国另一方可以享受同样待遇。

A. 互惠关税　　B. 特惠关税

C. 最惠国待遇关税　　D. 普遍优惠制关税

5. 任何国家或者地区对其进口的原产于我国的货物征收歧视性关税或者给予其他

歧视性待遇的，我国对原产于该国家或者地区的进口货物征收（ ）。

A．保障性关税 B．报复性关税 C．反倾销税 D．反补贴税

二、多选题

1．我国关税税则设有（ ）。

A．最惠国税率 B．协定税率

C．普通税率 D．特惠税率

2．按照关税的计征方式，可以将关税分为（ ）。

A．从量关税 B．从价关税

C．复合关税 D．选择性关税

3．下列各项中，（ ）属于优惠关税。

A．互惠关税 B．特惠关税

C．最惠国待遇关税 D．普遍优惠制关税

4．关税政策可以分为（ ）。

A．财政关税 B．特惠关税 C．保护关税 D．普遍关税

5．（ ）是我国关税制度的两个最基本的法规。

A.《进出口关税条例》 B.《进出口关税管理办法》

C.《进出口关税暂行规定》 D.《进出口关税税则》

第二节 关税的内容

一、单选题

1．下列各项中，（ ）不属于关税的纳税义务人。

A．进口货物的收货人 B．出口货物的发货人

C．进境物品的所有人 D．进口货物的发货人

2．以下关于关税税率运用的表述中，正确的是（ ）。

A．查获的走私进口货物需补税时，按查获日期实施的税率征税

B．对经批准缓税进口的货物以后交税时，按缓税批准当日实施的税率征税

C．对由于税则归类的改变而需补税的，按税则归类改变当日实施的税率征税

D．暂时进口货物转为正式进口需予补税时，按其申报暂时进口之日实施的税率征税

3．下列选项中，关于我国关税税率及运用的表述，正确的是（ ）。

A．目前我国对棉花实行滑准税

B．我国出口税则为二栏税率

C．进口货物到达前，经海关核准先行申报的，应当按照先行申报之日实施的税率征税

D．查获的走私进口货物需补税时，应按原走私日期实施的税率征税

二、多选题

1. 下列各项中，属于关税纳税义务人的有（   ）。

A. 进口货物的发货人　　B. 进口货物的收货人

C. 出口货物的发货人　　D. 出口货物的收货人

2. 下列关于进口关税税率的表述中，正确的有（   ）。

A. 我国进口商品绝大部分采用从价定率的征税方法

B. 采用滑准税计征关税的，进口商品价格越高，其进口关税税率越高

C. 暂定税率优先适用于优惠税率或最惠国税率

D. 按普通税率征税的进口货物可以适用最惠国税率和暂定税率

三、判断题

1. 中华人民共和国准许进出口的货物.进境物品，除法律、行政法规另有规定外，由海关依照规定征收进出口关税。（   ）

2. 适用出口税率的出口货物有暂定税率的，应当适用暂定税率。（   ）

3. 进出口货物，应当适用海关接受该货物申报进口或者出口之日实施的税率。（   ）

4. 进口货物适用何种关税税率是以进口货物原产地为标准的。（   ）

第三节　完税价格与应纳税额的计算

一、单选题

1. 下列能够与货物实付价格区分且未包含在进口货物价格中的项目，应计入关税完税价格的是（   ）。

A. 进口人向自己的境外采购代理人支付的购货佣金

B. 进口人为进口货物向中介机构支付的经纪费

C. 进口设备报关后的安装调试费用

D. 货物运抵境内输入地点起卸后的运输费用

2. 某企业从境外进口一批生产材料，材料价款折合人民币 20 万元，支付包装费 1 万元，向自己的采购代理人支付佣金 0.5 万元，该货物运抵我国境内输入地点起卸前发生运费 3 万元、保险费 1 万元；从海关运往企业所在地发生运费 0.2 万元。已知关税税率为 10%。则该批材料进口时应缴纳关税（   ）万元。

A. 2　　B. 2.5　　C. 2.52　　D. 2.57

3. 某企业 2012 年进口一台设备，成交价格折合人民币 58 万元，发生境外运费和保险费 4 万元，2015 年 8 月因出现故障运往英国修理，出境时已向海关报明，2015 年 9 月，在海关规定的期限内复运进境，进境时同类设备的进口成交价格为 42 万元。经海关审定该设备的境外修理费和料件费共 8 万元，发生境外运费和保险费 2 万元。已知

进口关税税率为10%。则该设备复运进境应缴纳的关税为（ ）万元。

A．0.8　　B．1　　C．4.2　　D．6.2

4．2013 年 10 月 1 日，某公司经批准进口一台符合国家特定免征关税的科研设备用于研发项目，设备进口时经海关审定的完税价格折合人民币 900 万元，海关规定的监管期为 5 年；2015 年 9 月 30 日，公司研发项目完成以后，将已提折旧 200 万元的免税设备出售给另一家企业。已知关税税率为 20%，则该公司应补缴关税（ ）万元。

A．56　　B．108　　C．140　　D．180

5．下列计入关税完税价格的是（ ）。

A．购货佣金

B．由买方负担的与该货物视为一体的容器费用

C．境外考察费用

D．进口关税

6．某市外贸公司为增值税一般纳税人，5 月份从国外进口一批打印设备共 20 台，每台货价 10 万美元；起卸前的包装、运输、保险等其他费用共计 5 万元；另外进口后另外支付安装费用 2 万元，技术服务费用 3 万元。假设该类设备进口关税税率为 30%，进口时的汇率为 1∶6.2；境内运费已经取得合法的货物运输企业的发票。该公司应缴纳的关税为（ ）元。

A．3750000　　B．615000　　C．1850000　　D．3735000

7．某企业进口设备一台，应付价格为 200 万元，其中包含进口后的技术服务费 10 万元。另外支付购货佣金 5 万元、经纪费 8 万元、买方负担的包装费 4 万元、货物运抵境内输入地点之后的运输费 13 万元，则该企业进口设备应缴纳的关税为（ ）万元。（关税税率为 20%）

A．40.40　　B．40.60　　C．44　　D．46

8．下列未包含在进口货物价格中的项目，应计入关税完税价格的是（ ）。

A．由买方负担的购货佣金

B．进口关税及其他国内税

C．货物运抵境内输入地点之后的运输费用

D．卖方直接或间接从买方对该货物进口后转售、处置或使用所得中获得的收益

9．我国某公司 2014 年 3 月从国内甲港口出口一批锌锭到国外，货物成交价格 170 万元（不含出口关税），其中包括货物运抵甲港口装载前的运输费 10 万元，单独列明支付给境外的佣金 12 万元。甲港口到国外目的地港口之间的运输保险费 20 万元（锌锭出口关税税率为 20%）。该公司出口锌锭应缴纳的出口关税为（ ）万元。

A．25.6　　B．29.6　　C．31.6　　D．34

10．下列关于关税税率运用的表述中，正确的是（ ）。

A．暂时进口货物转为正式进口需予补税时，按照其暂时进口之日实施的税率征收关税

B．加工贸易进口料、件等属于保税性质的进口货物，如未经批准擅自转为内销的，应按实际内销之日实施的税率征税

C．对由于税则归类的改变，完税价格的审定或其他工作差错而需补税的，应按原征税日期实施的税率征收关税

D．按照特定减免税办法批准予以减免税的进口货物，后因情况改变经海关批准转让或出售或移作他用需予补税的，应当按照该进口货物原申报进口之日实施的税率征收关税

11．海关估价时，如果有多个相同或者类似货物的成交价格，应当以（　　）为基础，估定进口货物的完税价格。

A．最低的成交价格　　B．最高的成交价格

C．平均的成交价格　　D．加权平均价格

12．某企业从境外进口一批货物，货物价款折合人民币 200000 元，另支付进口货物在境内的复制权费 20000 元。货物运抵我国境内输入地点起卸前发生运费 30000 元、保险费 10000 元；企业向自己的采购代理人支付购货佣金 5000 元。已知该货物进口关税税率为 10%。则该企业进口该批货物时应缴纳关税（　　）元。

A．20000　　B．24000　　C．26000　　D．26500

13．某企业海运进口一批货物，海关审定货价折合人民币 2000000 元，货物运抵我国境内输入地点起卸前的运输费 50000 元，保险费无法确定。已知货物的进口关税税率为 10%，则该企业应缴纳进口关税（　　）元。

A．200000　　B．202000　　C．205000　　D．205615

二、多选题

1．下列项目中，应计入进口货物完税价格的有（　　）。

A．进口关税

B．由买方负担的与该货物视为一体的容器费用

C．由买方负担的包装材料费用

D．卖方直接或间接从买方对该货物进口后转售、处置或使用所得中获得的收益

2．根据关税的有关规定，下列各项中，应当计入出口货物的关税完税价格中的有（　　）。

A．货物运至我国境内输出地点装载前的保险费

B．出口关税税额

C．出口货物的成交价格

D．单独列明的支付给境外的佣金

3．进口货物的（　　）应当计入完税价格。

A．由买方负担的购货佣金

B．由买方负担的在审查确定完税价格时与该货物视为一体的容器的费用

C．由买方负担的包装材料费用和包装劳务费用

D．作为该货物向中华人民共和国境内销售的条件，买方必须支付的与该货物有关的特许权使用费

4．进口时在货物的价款中列明的下列（　　）税收、费用，不计入该货物的完税价格。

A．机械、设备进口后进行安装、装配、维修和技术服务的费用

B．进口货物运抵境内输入地点起卸后的运输及其相关费用、保险费

C．由买方负担的购货佣金以外的佣金和经纪费

D．进口关税及国内税收

5．进口货物的成交价格不符合《进出口关税条例》有关规定的，或者成交价格不能确定的，可以使用（　　）方法估定该货物的完税价格。

A．相同或类似货物成交价格法　　B．倒扣价格法

C．计算价格法　　D．比较价格法

三、判断题

1．进口货物时，与该货物的生产和向中华人民共和国境内销售有关的，由买方以免费或者以低于成本的方式提供并可以按适当比例分摊的料件、工具、模具、消耗材料及类似货物的价款，以及在境外开发、设计等相关服务的费用不计入完税价格。（　　）

2．以租赁方式进口的货物，以海关审查确定的该货物的租金作为完税价格。（　　）

3．出口货物的成交价格，是指该货物出口时卖方为出口该货物应当向买方直接收取和间接收取的价款总额。出口关税应计入完税价格。（　　）

4．关税应纳税额的计算方法有从价税计算方法、从量税计算方法、复合税计算方法和滑准税计算方法。（　　）

四、计算题

1．上海某进出口公司从美国进口货物一批，货物以离岸价格成交，成交价格折合人民币 1410 万元，其中包括单独计价并已经海关审查属实的向境外采购代理人支付的买方佣金 10 万元，但不包括适用该货物而向境外支付的软件费 50 万元，向卖方支付的佣金 15 万元。另支付货物运抵我国上海港的运费、保险费等 35 万元。假设该货物适用的关税税率为 20%，增值税税率 17%，消费税税率 10%。

要求：分别计算该公司应纳关税、消费税和增值税税额。

2．某位于市区的外贸公司 2015 年进口一批货物，到岸价 120000 欧元，另支付包装费 4050 欧元，港口到厂区公路运费 2000 元人民币，取得国际货物运输发票。当期欧元与人民币汇率 1∶8，关税税率 28%。

要求：计算进口环节应纳关税税额。

第四节　税收优惠

一、单选题

1．根据我国关税法规，减免进出口关税的权限属于（　　）。

A．中央　　B．地方　　C．省　　D．市

2．根据税法规定，一张票据上应税货物的关税税额在人民币（　　）元以下的，可以免征关税。

A．10　　B．30　　C．50　　D．100

二、多选题

1．下列进口货物，免征进口关税的有（　　）。

A．无商业价值的广告品

B．外国企业无偿赠送的设备

C．国际组织无偿赠送的物资

D．关税税额在人民币 500 元以下的一票货物

2．下列（　　）进出口货物，免征关税。

A．无商业价值的广告品和货样

B．外国政府、国际组织无偿赠送的物资

C．在海关放行前损失的货物

D．进出境运输工具装载的途中必需的燃料、物料和饮食用品

三、判断题

外国政府、国际组织无偿赠送的物资免征关税。（　　）

第五节　征收管理

一、单选题

1．根据关税的有关规定，进口货物自运输工具申报进境之日起（　　）内，由进口货物的纳税义务人向货物进境地海关申报关税。

A．24 小时以前　　B．14 日　　C．15 日　　D．1 个月

2．纳税义务人自海关填发缴款书之日起（　　）仍未缴纳关税税款的，经海关关长批准，海关可以采取强制扣缴、变价抵缴等强制措施。

A．30 日　　B．3 个月　　C．6 个月　　D．1 年

3．纳税义务人应当自海关填发税款缴款书之日起（　　）内向指定银行缴纳税款。纳税义务人未按期缴纳税款的，从滞纳税款之日起，按日加收滞纳税款（　　）的滞纳金。

A．7 日　　B．万分之三　　C．15 日　　D．万分之五

二、多选题

1．下列关于关税征收管理的表述中，正确的有（　　）。

A．纳税人自海关填发缴款书之日起 3 个月仍未缴纳税款的，经海关关长批准，海关可以采取强制扣缴、变价抵缴等强制措施

B．关税纳税人因不可抗力或者在国家税收政策调整的情形下，不能按期缴纳税款的，经海关总署批准，可以延期缴纳税款，但最长不得超过 6 个月

C．纳税人对海关征收关税的行为表示异议的，自海关填发税款缴款书之日起 30 日内，向原征税海关书面申请复议

D．纳税人对海关征收关税的行为提起复议后，对海关复议决定仍然不服的，可以自收到复议决定书之日起 30 日内，向人民法院提起诉讼

2．根据关税的有关规定，下列表述正确的有（　　）。

A．为制造外销产品而进口的原材料，海关按照实际加工出口的成品数量免征进口关税

B．进口货物在征税放行后，发现货物有残损但未退运国外的，其进口的无代价抵偿物可以免征关税

C．如关税缴纳期限的最后一日是周末或者法定节假日，则关税缴纳期限顺延至周末或者法定节假日过后的第一个工作日

D．因故退还的境外进口货物，经海关审查属实，可予免征出口关税，同时退还已征收的进口关税

三、判断题

1．进口货物的纳税义务人应当自运输工具申报进境之日起 14 日内，出口货物的纳税义务人除海关特准的外，应当在货物运抵海关监管区后、装货的 24 小时以前，向货物的进出境地海关申报。（　　）

2．纳税义务人因不可抗力或者在国家税收政策调整的情形下，不能按期缴纳税款的，经海关总署批准，可以延期缴纳税款，但是最长不得超过 6 个月。（　　）

3．海关发现海关监管货物因纳税义务人违反规定造成少征或者漏征税款的，应当自纳税义务人应缴纳税款之日起 3 年内追征税款，并从应缴纳税款之日起按日加收少征或者漏征税款万分之三的滞纳金。（　　）

第六节　行邮物品进口税

一、单选题

1．海关对入境旅客 2016 年 8 月携带的烟、酒等应税个人自用物品，征收（　　）的行邮税。

A．10%　　B．30%　　C．50%　　D．60%

2．下列各项中，（　　）不属于行邮税的纳税义务人。

A．携带应税个人自用物品的入境旅客

B．进口邮件的收件人

C．携带应税行李物品的运输工具服务人员

D．进口邮件的发件人

3．行邮物品进口税实行（　　）。

A．从价计征　　B．从量计征　　C．复合计征　　D．滑动计征

二、多选题

1．行李和邮递物品进口税简称行邮税，其中，包含了在进口环节征收的（　　）。

A．增值税　　B．消费税　　C．城建税　　D．教育费附加

2．下列各项中，应该按照有关规定缴纳行李和邮递物品进口税的有（　　）。

A．入境旅客携带的教育专用电影片

B．入境旅客携带的国外公司馈赠的银质饰品

C．运输工具服务人员携带的进口烟酒

D．运输工具服务人员携带的自用进口摩托车

同步强化练习
参考答案及解析

第七章　资源税制

学情分析

本章分别介绍了关于资源税类的三个税种：资源税、城镇土地使用税、土地增值税。学习本章时，学生应注意归纳总结各税种的纳税人、征税范围、税率、计税依据、应纳税额的计算、征收管理和税收优惠等内容；还应关注资源税的最新改革内容，即自2016年7月1日起实施从价计征改革及水资源税改革试点。

本章主要内容导图

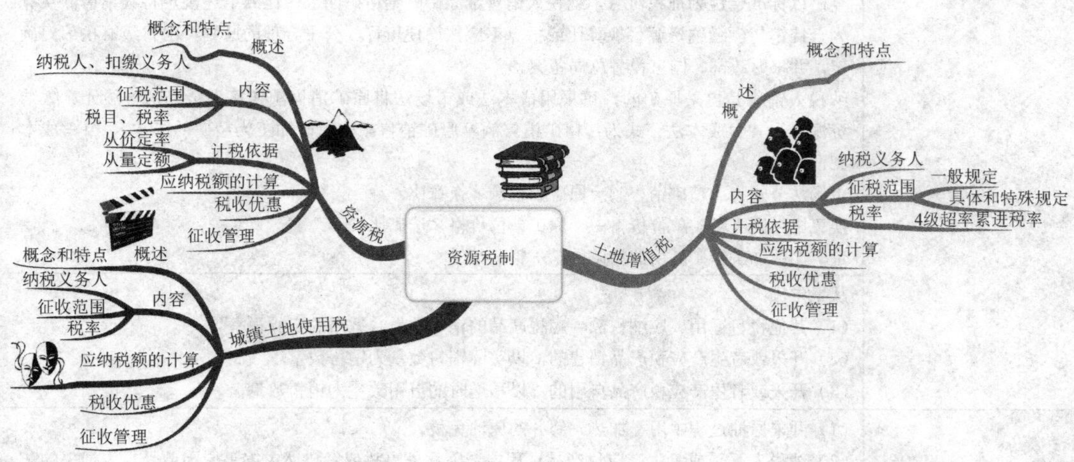

重点、难点讲解及典型例题

一、资源税

纳税人	(1) 在中国领域及管辖海域开采矿产品或者生产盐的单位和个人。 (2) 收购未税矿产品的单位为资源税的扣缴义务人
征税范围（有变化）	(1) 原油。开采的天然原油征税；人造石油不征税。 (2) 天然气。开采的天然气和与原油同时开采的天然气征税。 (3) 煤炭。包括原煤和以未税原煤加工的洗选煤。 (4) 其他非金属矿、金属矿。 (5) 海盐。 (6) 纳税人开采或者生产应税产品，自用于连续生产应税产品的，不缴纳资源税。自用于其他方面的，视同销售，缴纳资源税。 (7) 新增：河北开展水资源试点

续表

税额计算	从价定率： （1）原油、天然气、煤炭，以及有色金属矿中的稀土、钨、钼适用。 （2）应纳税额＝应税产品的销售额×比例税率。 （3）销售额指销售应税矿产品向购买方收取的全部价款和价外费用，但不包括收取的增值税销项税额和运杂费用。运杂费用是指应税产品从坑口或洗选（加工）地到车站、码头或购买方指定地点的运输费用、建设基金，以及随运销产生的装卸、仓储、港杂费用。运杂费用应与销售额分别核算，凡未取得相应凭证或不能与销售额分别核算的，应当一并计征资源税 （4）煤炭：①原煤应纳税额＝原煤销售额×适用税率（销售额不含从坑口到车站、码头等的运输费用）；②洗选煤应纳税额＝洗选煤销售额×折算率×适用税率（洗选煤销售额包括洗选副产品的销售额，不包括洗选煤从洗选煤厂到车站、码头等的运输费用）；③纳税人将其开采的原煤加工为洗选煤自用的，视同销售洗选煤，计算缴纳资源税。 （5）新增：征税对象为精矿的，纳税人销售原矿时，应将原矿销售额换算为精矿销售额缴纳资源税；征税对象为原矿的，纳税人销售自采原矿加工的精矿，应将精矿销售额折算为原矿销售额缴纳资源税。换算比或折算率原则上应通过原矿售价、精矿售价和选矿比计算，也可以通过原矿销售额、加工环节平均成本和利润计算。 金矿以标准金锭为征税对象，纳税人销售金原矿、金精矿的，应比照上述规定将其销售额换算为金锭销售额缴纳资源税换算比或折算率应按简便可行、公平合理的原则，由省级财税部门确定，并报财政部、国家税务总局备案。 纳税人销售其自采原矿的，可采用成本法或市场法将原矿销售额换算为精矿销售额计算缴纳资源税。其中成本法公式为：精矿销售额＝原矿销售额＋原矿加工为精矿的成本×（1＋成本利润率）。 市场法公式为：精矿销售额＝原矿销售额×换算比。 换算比＝同类精矿单位价格÷（原矿单位价格×选矿比） 选矿比＝加工精矿耗用的精矿数量÷精矿数量
	从量定额： （1）其他税目适用。应纳税额＝应税产品的销售数量×适用的定额税率。 （2）开采或者生产应税产品销售的，以实际销售数量为销售数量。 （3）开采或者生产应税产品自用的，以移送时的自用数量为销售数量
优惠	（1）开采原油过程中用于加热、修井的原油免税。 （2）纳税人开采或者生产应税产品过程中，因意外事故或者自然灾害等原因遭受重大损失的，由省、自治区、直辖市人民政府酌情决定减税或者免税。 （3）对已经缴纳资源税的岩金矿原矿经选矿形成的尾矿进行再利用的，只要纳税人能够在统计、核算上清楚地反映，并在堆放等具体操作上能够同应税原矿明确区隔开，不再计征资源税。尾矿与原矿如不能划分清楚的，应按原矿计征资源税。 （4）我国油气田稠油、高凝油和高含硫天然气资源税减征 40%；三次采油资源税减征 30%；低丰度油气田资源税暂减征 30%；油田范围内运输稠油过程中用于加热的原油天然气免征资源税。纳税人开采的原油、天然气同时符合上述两项及两项以上减税规定的，只能选择其中一项执行，不能叠加适用。 （5）对依法在建筑物下、铁路下、水体下通过充填开采方式采出的矿产资源，资源税减征 50%。充填开采是指随着回采工作面的推进；向采空区或离层带等空间充填废石、尾矿、废渣、建筑废料，以及专用充填合格材料等采出矿产品的开采方法。 （6）对实际开采年限在 15 年以上的衰竭期矿山开采的矿产资源，资源税减征 30%。 衰竭期矿山是指剩余可采储量下降到原设计可采储量的 20%（含）以下或剩余服务年限不超过 5 年的矿山，以开采企业下属的单个矿山为单位确定。 （7）纳税人开采销售共伴生矿，共伴生矿与主矿产品销售额分开核算的，对共伴生矿暂不计征资源税；没有分开核算的，共伴生矿按主矿产品的税目和适用税率计征资源税

续表

征收管理	时间	（1）分期收款结算：销售合同规定的收款日期的当天。 （2）预收货款结算：发出应税产品的当天。 （3）其他结算方式：收讫销售款或者取得索取销售款凭据的当天。 （4）自产自用：移送使用应税产品的当天。 （5）扣缴义务人代扣代缴税款：支付首笔货款或者开具应支付货款凭据的当天
	地点	（1）应当向应税产品的开采或者生产所在地缴纳。 （2）扣缴义务人代扣代缴的资源税向收购地缴纳
	期限	1个月为一期纳税的，自期满之日起10日内申报纳税；以1日、3日、5日、10日或者15日为一期纳税的，5日内预缴，于次月1日起10日内结清

【例题·单选题】应同时征收增值税和资源税的是（　　）。

A．生产销售人造石油

B．销售煤矿生产过程中生产的天然气

C．自产液体盐连续生产固体盐

D．开采的天然气用于职工食堂

【答案】D

【解析】选项A人造石油不征收资源税；选项B煤矿生产的天然气暂不征收资源税；选项C不征收增值税。

【例题·单选题】某矿业公司开采销售应税矿产品，资源税实行从量计征，则该公司计征资源税的课税数量是（　　）。

A．实际产量　　B．发货数量　　C．计划产量　　D．销售数量

【答案】D

【解析】纳税人开采或者生产应税产品销售的，以实际销售数量为销售数量。

【例题·计算题】某铜矿2016年8月份销售当月产铜矿石原矿取得销售收入600万元，销售精矿取得收入1200万元。已知该矿山铜矿精矿换算比为20%，适用的资源税税率为6%，计算该铜矿8月份应纳资源税税额。

【答案】因为铜矿计税依据为精矿，因此应将原矿销售额换算为精矿销售额。

该铜矿当月应税产品销售额＝600×20%＋1200＝1320（万元）

该铜矿8月份应纳资源税税额＝1320×6%＝79.2（万元）

二、城镇土地使用税

纳税人	（1）拥有土地使用权的单位和个人。 （2）拥有土地使用权而不在土地所在地的，代管人或实际使用人为纳税人。 （3）土地使用权未确定或权属纠纷未解决的，实际使用人为纳税人。 （4）土地使用权共有的，由共有各方分别纳税
征税范围	（1）城市、县城、建制镇、工矿区内的国家所有和集体所有的土地。 （2）不包括镇政府所在地所管辖的行政村。 （3）公园、名胜古迹内索道公司经营用地，按规定缴纳
税率	定额税率。经济落后地区可适当降低，但降低额不得超过规定最低税额的30%。经济发达地区的适用税额标准可以适当提高，但须报财政部批准
计税依据	测定面积、证书面积、申报面积

续表

<table>
<tr><td colspan="2">税额计算</td><td>应纳税额＝实际占用土地面积（平方米）×适用税额</td></tr>
<tr><td rowspan="2">税收优惠</td><td>一般规定</td><td>（1）国家机关、人民团体、军队自用的土地。
（2）由国家财政部门拨付事业经费的单位自用的土地。
（3）宗教寺庙、公园、名胜古迹自用的土地。
（4）市政街道、广场、绿化地带等公共用地。
（5）直接用于农、林、牧、渔业的生产用地。
（6）经批准开山填海整治的土地和改造的废弃土地，从使用的月份起免缴土地使用税 5 年至 10 年</td></tr>
<tr><td>特殊规定</td><td>（1）免税单位与纳税单位之间无偿使用的土地。
（2）对 2014 年以前已按规定免征城镇土地使用税的企业范围内荒山、林地、湖泊等占地，自 2014 年 1 月 1 日至 2015 年 12 月 31 日，按应纳税额减半征收城镇土地使用税；自 2016 年 1 月 1 日起，全额征收城镇土地使用税。
（3）其他</td></tr>
<tr><td rowspan="3">征收管理</td><td>时间</td><td>（1）纳税人购置新建商品房，自房屋交付使用次月起纳税。
（2）纳税人购置存量房地产，自房产证签发次月起纳税。
（3）纳税人出租、出借房产，自交付出租、出借房产次月起纳税。
（4）以出让或转让方式有偿取得土地使用权的，应由受让方从合同约定交付土地时间的次月起缴纳，合同未约定交付时间的，由受让方从合同签订的次月起缴纳。
（5）纳税人新征用的耕地，自批准征用之日起满一年时开始纳税。
（6）纳税人新征用的非耕地，自批准征用次月起纳税</td></tr>
<tr><td>地点</td><td>土地所在地</td></tr>
<tr><td>期限</td><td>按年计算、分期缴纳</td></tr>
</table>

【例题·多选题】根据城镇土地使用税法律制度的规定，下列关于城镇土地使用税纳税义务发生时间的说法中，正确的有（　　）。

A．纳税人购置新建商品房，自房屋交付使用之次月起缴纳城镇土地使用税

B．纳税人以出让方式有偿取得土地使用权，应从合同约定交付土地时间的次月起缴纳城镇土地使用税

C．纳税人新征用的耕地，自批准征用之日起满 1 年时开始缴纳城镇土地使用税

D．纳税人新征用的非耕地，自批准征用次月起缴纳城镇土地使用税

【答案】ABCD

【例题·单选题】根据城镇土地使用税法律制度的规定，下列城市土地中，应缴纳城镇土地使用税的是（　　）。

A．企业生活区用地　　B．国家机关自用的土地

C．名胜古迹自用的土地　　D．市政街道公共用地

【答案】A

【解析】选项 BCD 属于免征城镇土地使用税的范围。

【例题·单选题】2014 年甲盐场占地面积为 300000 平方米，其中办公用地 35000 平方米，生活区用地 15000 平方米，盐滩用地 250000 平方米。已知当地规定的城镇土地使用税每平方米年税额为 0.8 元。甲盐场当年应缴纳城镇土地使用税税额的下列计算中，正确的是（　　）。

A．（35000＋250000）×0.8＝228000（元）

B．300000×0.8＝240000（元）

C．（35000＋15000）×0.8＝40000（元）

D．（15000＋250000）×0.8＝212000（元）

【答案】C

【解析】（35000＋15000）×0.8＝40000（元）。盐滩用地暂免征收城镇土地使用税。

【例题·多选题】根据城镇土地使用税法律制度的规定，以下属于城镇土地使用税的纳税人的有（　　）。

A．出租土地使用权的单位　　B．拥有土地使用权的个人

C．土地使用权共有方　　D．承租土地使用权的单位

【答案】ABC

【解析】城镇土地使用税的纳税人为拥有土地使用权的单位和个人。拥有土地使用权而不在土地所在地的，代管人或实际使用人为纳税人。土地使用权未确定或权属纠纷未解决的，实际使用人为纳税人。土地使用权共有的，由共有各方分别纳税。

【例题·多选题】关于确定城镇土地使用税纳税人的下列表述中，符合法律制度规定的有（　　）。

A．拥有土地使用权的单位或个人为纳税人

B．拥有土地使用权的单位或个人不在土地所在地的，以代管人或实际使用人为纳税人

C．土地使用权未确定或权属纠纷未解决的，以实际使用人为纳税人

D．土地使用权共有的，以共有各方为纳税人

【答案】ABCD

【解析】城镇土地使用税的纳税人为拥有土地使用权的单位和个人。拥有土地使用权而不在土地所在地的，代管人或实际使用人为纳税人。土地使用权未确定或权属纠纷未解决的，实际使用人为纳税人。土地使用权共有的，由共有各方分别纳税。

【例题·单选题】某火电厂总共占地面积 80 万平方米，其中围墙内占地 40 万平方米，围墙外灰场占地面积 3 万平方米，厂区及办公楼占地面积 37 万平方米，已知该火电厂所在地适用的城镇土地使用税为每平方米年税额 1.5 元。该火电厂 2009 年应缴纳的城镇土地使用税为（　　）万元。

A．55.5　　B．60　　C．115.5　　D．120

【答案】C

【解析】应缴纳的城镇土地使用税＝（80－3）×1.5＝115.5（万元）。

【例题·多选题】关于城镇土地使用税纳税义务发生时间的下列表述中，正确的有（　　）。

A．纳税人新征用的耕地，自批准征用之日起缴纳

B．纳税人新征用的非耕地，自批准征用次月缴纳

C．纳税人以出让方式有偿取得土地使用权，合同约定交付土地时间的，自合同约定交付土地时间的次月起缴纳

D．纳税人以出让方式有偿获取土地使用权，合同未约定交付土地时间的，自合同签订的次月起缴纳

【答案】BCD

【解析】纳税人新征用的耕地，自批准征用之日起满 1 年时开始缴纳土地使用税。

三、土地增值税

（一）征税范围

一般规定	（1）转让国有土地使用权征税，转让非国有土地和出让国有土地不征税。 （2）对转让土地使用权征税，也对转让地上建筑物和其他附着物的产权征税
房地产继承赠与	不征（赠与行为特指直系亲属或承担直接赡养义务人和公益性赠与）
出租	不征
房地产抵押	（1）抵押期不征。 （2）抵押期满，不能偿还债务，房地产抵债，征税
房地产交换	征税（个人之间互换自住房可以免征）
企业改制重组	（1）非公司制企业整体改建为有限责任公司或者股份有限公司，有限责任公司（股份有限公司）整体改建为股份有限公司（有限责任公司）。对改建前的企业将国有土地、房屋权属转移、变更到改建后的企业，暂不征土地增值税。其中，整体改建是指不改变原企业的投资主体，并承继原企业权利、义务的行为。 （2）按照法律规定或者合同约定，两个或两个以上企业合并为一个企业，且原企业投资主体存续的，对原企业将国有土地、房屋权属转移、变更到合并后的企业，暂不征土地增值税。 （3）按照法律规定或者合同约定，企业分设为两个或两个以上与原企业投资主体相同的企业，对原企业将国有土地、房屋权属转移、变更到分立后的企业，暂不征土地增值税。 （4）单位、个人在改制重组时以国有土地、房屋进行投资，对其将国有土地、房屋权属转移、变更到被投资的企业，暂不征土地增值税。 （5）上述改制重组有关土地增值税政策不适用于房地产开发企业
合作建房	（1）建成后自用，暂免。 （2）建成后转让，征税
代建房	不征
房地产评估	不征
处置土地	征税

【例题·单选题】根据土地增值税法律制度的规定，下列各项中，属于土地增值税纳税人的是（　　）。

A．承租商铺的张某　　B．出让国有土地使用权的某市政府

C．接受房屋捐赠的某学校　　D．转让厂房的某企业

【答案】D

【解析】选项 A 不涉及产权转移，不征收土地增值税；选项 B 中，土地增值税只对转让国有土地使用权的行为征税，对出让国有土地的行为不征税；选项 C 中应针对转让方征收土地增值税，不是接受方。

【例题·单选题】根据土地增值税法律制度的规定，下列各项中，属于土地增值税征税范围的是（　　）。

A．房地产的出租　　B．企业间房地产的交换

C．房地产的代建　　D．房地产的抵押

【答案】B

【解析】房地产的出租、抵押、代建均不属于土地增值税征税范围；企业间房地产的交换属于土地增值税征税范围。

【例题·单选题】根据土地增值税法律制度的规定，下列行为中，应缴纳土地增值税的是（　　）。

A．甲企业将自有厂房出租给乙企业

B．丙企业转让国有土地使用权给戊企业

C．某市政府出让国有土地使用权给丁房地产开发商

D．戊软件开发公司将闲置房屋通过民政局捐赠给养老院

【答案】B

【解析】选项 A，房地产的出租，不属于土地增值税的征税范围；选项 C，土地增值税只对转让国有土地使用权的行为征税，对出让国有土地使用权的行为不征税；选项 D，房产所有人、土地使用权所有人通过中国境内非营利的社会团体、国家机关将房屋产权、土地使用权赠与教育、民政和其他社会福利、公益事业的行为，不征收土地增值税。

（二）土地增值税的税率：四级超率累进税率

级数	增值额与扣除项目金额的比率（增值率）	税率/%	速算扣除系数/%
1	不超过 50%的部分	30	0
2	超过 50%至 100%的部分	40	5
3	超过 100%至 200%的部分	50	15
4	超过 200%的部分	60	35

（三）土地增值税应纳税额的计算

（1）增值额的确定：增值额＝应税收入－扣除项目。纳税人有下列情形之一的，则按照房地产评估价格计算征收：①隐瞒虚报房地产成交价格的；②提供扣除项目金额不实的；③转让房地产的成交价格低于房地产评估价格，又无正当理由的。

（2）计算步骤：①计算转让房地产取得的收入；②计算扣除项目金额；③计算增值额；④计算增值额占扣除项目金额的比例，确定适用税率；⑤计算应纳税额。

（3）计算公式：应纳税额＝增值额×适用税率－扣除项目金额×扣除系数。

【例题·计算题】假定某房地产开发公司转让商品房一栋，取得收入总额为 1000 万元，应扣除的购买土地的金额、开发成本的金额、开发费用的金额、相关税金的金额、其他扣除金额合计为 400 万元。请计算该房地产开发公司应缴纳的土地增值税。

【答案】增值额＝1000－400＝600（万元）

增值额与扣除项目金额的比率＝600÷400＝150%

应缴纳土地增值税＝600×50%－400×15%＝240（万元）

（4）应税收入的确定：收入从形式看，包括：①货币收入；②实物收入；③其他收入。

（5）扣除项目的确定。

<table>
<tr><td rowspan="5">新建房地产的扣除项目</td><td rowspan="4">取得土地使用权所支付的金额</td><td rowspan="3">土地使用权支付的地价款</td><td>出让方式为土地出让金</td></tr>
<tr><td>行政划拨方式为补交的土地出让金</td></tr>
<tr><td>转让方式为实际支付的地价款</td></tr>
<tr><td colspan="2">交纳的有关税费，如契税、登记、过户手续费</td></tr>
<tr><td>房地产开发成本</td><td colspan="2">土地征用及拆迁补偿费（含耕地占用税）、前期工程费、建筑安装工程费、基础设施费、公共配套设施费、开发间接费用</td></tr>
<tr><td rowspan="6">新建房地产的扣除项目</td><td rowspan="3">房地产开发费用</td><td>能分摊利息支出，并提供证明的</td><td>利息＋（1＋2）×5%以内</td></tr>
<tr><td>不能分摊利息支出或不能提供证明</td><td>（1＋2）×10%以内</td></tr>
<tr><td colspan="2">注意：①超过上浮幅度的部分不允许扣除；②超过贷款期限的利息部分和加罚的利息不允许扣除</td></tr>
<tr><td rowspan="2">税金</td><td>房地产开发企业</td><td>营业税＋城建税＋教育费附加</td></tr>
<tr><td>其他企业</td><td>营业税＋印花税＋城建税＋教育费附加</td></tr>
<tr><td>加扣</td><td>房地产开发</td><td>（1＋2）×20%</td></tr>
<tr><td rowspan="4">旧房及建筑物</td><td rowspan="2">房屋及建筑物的评估价格</td><td>有评估价</td><td>重置成本价×成新度折扣率</td></tr>
<tr><td>无评估有发票</td><td>发票金额×[1＋（售房发票年－购房发票年）×5%]</td></tr>
<tr><td colspan="3">取得土地使用权所支付的地价款和国家统一规定交纳的有关费用</td></tr>
<tr><td colspan="3">转让环节的税金</td></tr>
</table>

【例题·计算题】2016 年某国有商业企业利用库房空地进行住宅商品房开发，按照国家有关规定补交土地出让金 2840 万元，缴纳相关税费 160 万元；住宅开发成本 2800 万元，其中含装修费用 500 万元；房地产开发费用中的利息支出为 300 万元（不能提供金融机构证明）；当年住宅全部销售完毕，取得销售收入共计 9000 万元；缴纳营业税、城市维护建设税和教育费附加 495 万元；缴纳印花税 4.5 万元。已知：该会司所在省人民政府规定的房地产开发费用的计算扣除比例为 10%。计算该企业销售住宅应缴纳的土地增值税税额。

【答案】

（1）住宅销售收入为 9000 万元。

（2）确定转让房地产的扣除项目金额包括：

① 取得土地使用权所支付的金额＝2840＋160＝3000（万元）。

② 住宅开发成本为 2800 万元。

③ 房地产开发费用＝（3000＋2800）×10%＝580（万元）。

④ 与转让房地产有关的税金＝495＋4.5＝499.5（万元）。

⑤ 转让房地产的扣除项目金额＝3000＋2800＋580＋499.5＝6879.5（万元）。

（3）转让房地产的增值额＝9000－6879.5＝2120.5（万元）。

（4）增值额与扣除项目金额的比率＝2120.5÷6879.5≈31%。

（5）应纳土地增值税税额＝2120.5×30%＝636.15（万元）。

（四）税收优惠

建造普通标准住宅出售，增值额未超过20%的，免税。超过20%的全部计税。因国家建设需要而被政府征用、收回的房地产，免税。转让旧房作为廉租房、经济适用房房源且增值额未超过扣除项目金额20%的免征土地增值税。居民个人转让住房一律免征土地增值税。

【例题·多选题】根据土地增值税法律制度的规定，下列各项中，可以免征土地增值税的有（　　）。

A．国家机关转让自用房产

B．工业企业在改制重组时以不动产作价入股投资非房地产企业

C．房地产公司以不动产作价入股进行投资

D．某商场因城市实施规划、国家建设的需要而自行转让原房产

【答案】BD

【解析】对于以土地（房地产）作价入股进行投资或联营的，凡所投资、联营的企业从事房地产开发的，或者房地产开发企业以其建造的商品房进行投资和联营的，不免征土地增值税；工业企业以不动产作价入股进行投资和某商场因城市实施规划国家建设的需要而自行转让原房产属于免征土地增值税的情形；国家机关转让自用房产属于土地增值税的征税范围。

（五）征收管理

清算单位	土地增值税以国家有关部门审批的房地产开发项目为单位进行清算，对于分期开发的项目，以分期项目为单位清算。开发项目中同时包含普通住宅和非普通住宅的，应分别计算增值额
清算情形	①全部竣工、完成销售；②整体转让未竣工决算房地产开发项目；③直接转让土地使用权
税务机关可以要求清算情形	①已竣工验收项目，已转让建筑面积占整个项目可售建筑面积比例在85%以上，或该比例虽未超过85%，但剩余的可售建筑面积已经出租或自用的；②取得销售（预售）许可证满三年仍未销售完毕的；③纳税人申请注销税务登记但未办理土地增值税清算手续的；④省级税务机关规定的其他情况
清算后再转让的处理（了解）	单位建筑面积成本费用＝清算时的扣除项目总金额÷清算的总建筑面积

【例题·多选题】根据土地增值税法律制度的规定，下列情形中，纳税人应当进行土地增值税清算的有（　　）。

A．直接转让土地使用权的

B．整体转让未竣工决算房地产开发项目的

C．房地产开发项目全部竣工并完成销售的

D．取得房地产销售（预售）许可证满2年尚未销售完毕的

【答案】ABC

【解析】符合下列情形之一的，纳税人应进行土地增值税的清算：①房地产开发项目全部竣工、完成销售的；②整体转让未竣工决算房地产开发项目的；③直接转让土地使用权的。

同步强化练习

第一节 资 源 税

一、单选题

1. 某盐场2014年10月生产液体盐150万吨，销售30万吨；另以自产液体盐100万吨和外购液体盐130万吨共加工成固体盐150万吨，生产的固体盐本月全部销售。该企业液体盐和固体盐资源税税额分别为12元/吨和20元/吨，外购液体盐资源税税额为10元/吨。2014年10月该盐场应纳资源税（　　）万元。

A. 1700　　B. 1440　　C. 1930　　D. 2060

2. 下列表述中，符合资源税课税数量相关规定的是（　　）。

A. 金属和非金属矿产品无法准确掌握移送使用原矿数量的，可按综合回收率折算原矿数量

B. 以自产的液体盐加工固体盐，按固体盐税额征税，以液体盐和固体盐的数量为课税数量

C. 纳税人开采或生产应税产品销售的，以销售数量为课税数量

D. 对于非金属矿原矿自用无法确定移送数量的，应该按照开采数量作为课税数量

3. 下列关于资源税纳税地点的表述，不正确的是（　　）。

A. 资源税纳税人应向开采或生产所在地主管税务机关纳税

B. 跨省开采的，其下属生产单位与核算单位不在同一省、自治区、直辖市的，在开采地纳税

C. 扣缴义务人应向收购地主管税务机关缴纳代扣代缴的资源税

D. 纳税人在本省、自治区、直辖市范围内开采或者生产应税产品，其纳税地点需要调整的，由所在地省、自治区、直辖市税务机关决定

4. 联合企业收购未税矿产品代扣代缴资源税的计税依据是（　　）。

A. 开采数量　　B. 销售数量　　C. 收购数量　　D. 使用数量

5. 某冶金联合企业所在地为甲省，其矿山分布在甲、乙两省。2014年5月份位于甲省的矿山开采铝矿50万吨，本月销售30万吨，该矿的资源税单位税额为8元/吨；位于乙省的铝矿开采25万吨，本月销售24万吨，该铝矿的资源税单位税额为7元/吨。该矿山当月在甲省应缴纳的资源税为（　　）万元。

A. 180　　B. 240　　C. 360　　D. 408

6. 2014年，青海某天然气公司生产天然气12000万立方米，销售其中的10000万

立方米，收到不含增值税价款是 5300 万元，另外 2000 万立方米用于其他方面。资源税税率为 5%，计算该公司 2014 年共应缴纳资源税（　　）万元。

A．265　　B．318　　C．426　　D．515

7．某矿山当月开采铜矿石 50000 吨，没有原矿销售，入选精矿 40000 吨全部销售，选矿比 40%，铜矿单位税额 1.5 元/吨，其当月应纳资源税为（　　）。

A．75000　　B．100000　　C．120000　　D．150000

8．华北某油田 2014 年 3 月开采原油 8000 吨，当月销售 5000 吨，取得不含税销售额 1700 万元，用于开采原油过程中加热的原油 400 吨，用于职工食堂和浴室的原油 20 吨，当月与原油同时开采的天然气 40000 立方米，均已全部销售，取得不含税销售额 8.5 万元，已知该原油与天然气适用的资源税税率都是 6%。该油田当月应纳资源税为（　　）元。

A．1058470　　B．1029180　　C．858650　　D．859650

9．某产盐企业，2015 年 5 月份以外购液体盐 3000 吨加工成固体盐 600 吨，以自产液体盐 5000 吨加工成固体盐 1000 吨，当月销售固体盐 1600 吨，取得销售收入 300 万元，已知液体盐每吨单位税额 5 元，固体盐每吨单位税额 40 元，该产盐企业 5 月份应缴纳资源税（　　）元。

A．20000　　B．35000　　C．49000　　D．60000

10．下列关于从价征收资源税的说法中，错误的是（　　）。

A．原煤销售额不包括从坑口到车站.码头等的运输费用

B．纳税人开采应税产品由其关联单位对外销售的，按其关联单位的销售额征收资源税

C．纳税人将其开采的应税产品直接出口的，不征收资源税

D．纳税人既有对外销售应税产品，又有将应税产品自用于除连续生产应税产品以外的其他方面的，则自用的这部分应税产品，征收资源税

二、多选题

1．下列有关资源税税收优惠的表述中，正确的有（　　）。

A．对衰竭期煤矿开采的煤炭，资源税减征 30%

B．对充填开采置换出来的煤炭，资源税减征 30%

C．对深水油气田资源税减征 30%

D．对油田范围内运输稠油过程中用于加热的原油、天然气免征资源税

2．根据资源税法律制度的规定，下列单位和个人的生产经营行为应缴纳资源税的有（　　）。

A．冶炼企业进口铁矿石　　B．个体经营者开采煤矿

C．军事单位开采石油　　D．中外合作开采天然气

3．下列各项中，属于资源税征税范围的是（　　）。

A．人造石油　　B．未税原煤加工的洗煤、选煤

C．固体盐　　D．煤矿生产的天然气

4．下列各项中，属于资源税征税范围的是（　　）。

A．石油开采企业开采原油过程中用于加热、修井的原油

B．煤炭加工企业使用未税原煤加工洗选煤对外销售

C．盐业公司生产固体盐对外销售

D．煤矿开采企业开采原煤的同时开采的与原煤伴生的天然气对外销售

三、判断题

1．自 2015 年 5 月 1 日起，对冶金矿山铁矿石资源税，按规定税率减征 40%。（　　）

2．甲公司开采稀土原矿加工成精矿对外销售，则甲公司计算缴纳资源税时应将不含增值税的精矿销售额折算成原矿销售额。（　　）

第二节　城镇土地使用税

一、单选题

1．某林场处于城镇土地使用税征收区域内，共占地 2 万平方米，其中办公占地 0.3 万平方米，职工宿舍占地 0.1 万平方米；育林地 1 万平方米，运材道占地 1 万平方米，林中度假村占地 0.6 万平方米，企业所在地城镇使用税单位税额每平方米 1.2 元。该企业全年应缴纳城镇土地使用税（　　）万元。

A．0.72　　B．1.08　　C．1.20　　D．2.40

2．某公司与政府机关共同使用一栋共有土地使用权的建筑物。该建筑物占用土地面积 3000 平方米，建筑物面积 15000 平方米（公司与机关的占用比例为 5∶1），该公司所在市城镇土地使用税单位税额每平方米 6 元。该公司应纳城镇土地使用税（　　）元。

A．0　　B．15000　　C．18000　　D．75000

3. 某供热企业 2009 年结算向居民供热收入 400 万元，向非居民供热收入 100 万元，其供热厂房占地 2000 平方米，当地城镇土地使用税年税额 8 元，则当年该公司应缴纳城镇土地使用税（　　）元。

A．3200　　B．4000　　C．4500　　D．4800

4．依据《城镇土地使用税暂行条例》及其实施细则的规定，经批准开山填海整治的土地和改造的废弃土地，从使用的月份起免缴土地使用税 5～10 年。具体免税期限的确定权在（　　）。

A．省级地方税务局　　B．地市级地方税务局

C．县级地方税务局　　D．当地主管地方税务局

5．2015 年某企业土地使用证标明实际占地 60000 平方米，厂区内厂医院占地 800 平方米，托儿所占地 500 平方米，将 100 平方米无偿提供给公安局派出所使用，厂区内还有 600 平方米绿地，向厂内外开放。该厂所在地区城镇土地使用税年税额为 2 元/平方

米，该厂应缴（ ）元城镇土地使用税。

A．119800 B．116000 C．120000 D．117200

6．城镇土地使用税的缴纳期限规定为（ ）。

A．按年计算，分期缴纳 B．按年征收，分期缴纳

C．按年计算，分季缴纳 D．按年征收，分季缴纳

7．在城镇土地使用税征收范围内经营采摘.观光农业的单位和个人，其直接用于采摘、观光的种植、养殖、饲养的土地，其城镇土地使用税（ ）。

A．免征 B．减半征收

C．照章征收 D．由主管税务机关决定其征免

8．下列情况中应缴纳城镇土地使用税的有（ ）。

A．某县城军事仓库用地 B．某工矿基地工厂仓库用地

C．某村农产品收获物用地 D．某镇标志性广场用地

9．纳税人使用土地不属于同一市（县）管辖范围内，其纳税地点是（ ）。

A．在纳税人注册地纳税

B．分别在土地所在地纳税

C．纳税人选择纳税地点

D．由省、自治区、直辖市地方税务局确定

10．甲企业与乙企业按3∶1的占用比例共用一块土地，该土地面积3000平方米，该土地所属地区城镇土地使用税每平方米年税额3元，该地区规定城镇土地使用税每年5月、10月两次缴纳，甲公司上半年缴纳的城镇土地使用税（ ）元。

A．1125 B．2250 C．6750 D．3375

11．纳税人实际占用的土地面积尚未核发土地使用证书的，应由（ ）城镇土地使用税。

A．免征

B．纳税人申报土地面积，并以此为计税依据征收

C．税务机关估定

D．房地产管理部门估定

二、多选题

1．下列关于城镇土地使用税的规定正确的有（ ）。

A．土地使用权未确定的土地暂时不缴土地使用税，待权属确定时补缴

B．城镇土地使用税的开征区域不包括市郊和农村

C．纳税人使用的土地不属于同一省、自治区、直辖市管辖的，由纳税人分别向土地所在地的税务机关缴纳土地使用税

D．各省、自治区、直辖市地方税务局可据具体情况自行确定对集贸市场用地征收或者免征城镇土地使用税

2．下列关于城镇土地使用税的纳税义务发生时间正确的有（ ）。

A．纳税人购置新建商品房，自房屋交付使用之次月起

B．纳税人购置存量房，自房屋交付使用之次月起

C．以出让或转让方式有偿取得土地使用权的，应由受让方从合同约定交付土地时间的次月起缴纳城镇土地使用税

D．纳税人新征用的非耕地，自批准征用次月起

3．下列关于城镇土地使用税的规定正确的有（　　）。

A．在城镇土地使用税征收范围内经营采摘、观光农业的单位和个人，其直接用于采摘、观光的种植、养殖、饲养的土地，免征城镇土地使用税

B．纳税人新征用的耕地，自批准征用之日起满一年时开始缴纳土地使用税

C．在同一省、自治区、直辖市管辖范围内，纳税人跨地区使用的土地，由纳税人分别向土地所在地的税务机关缴纳土地使用税

D．经批准开山填海整治的土地和改造的废弃土地，从使用的次月起免缴土地使用税 5 年至 10 年

4．下列税收优惠规定中税法条例明确规定的减免的优惠政策有（　　）。

A．公园办公用土地

B．市政街道公共用地

C．纳税单位无偿使用免税单位的土地

D．个人所有的经营性房屋和院落用地

5．纳税人实际占用的土地面积是城镇土地使用税的计税依据，其具体内容可以是（　　）。

A．省人民政府确定单位组织测定的面积

B．政府部门核发土地使用证上确认的面积

C．纳税人不同意土地使用证列明的面积而自测的土地面积

D．纳税人未取得土地使用证而自测的土地面积

6．下列可以成为城镇土地使用税的纳税人的有（　　）。

A．拥有城市郊区土地使用权的单位

B．土地的实际使用人

C．土地的代管人

D．共有土地使用权的各方

7．以下关于军队武警用地的城镇土地使用税规定错误的是（　　）。

A．武警办企业用地免征土地使用税

B．从事武器修理的军需工厂用地免征土地使用税

C．军队办的招待所一律征收土地使用税

D．军队与地方联营办的企业用地应照章征收土地使用税

三、判断题

甲公司购入一栋大楼作为办公用房，已办理完所有权转移手续，但尚未取得房产证和土地使用证，则甲公司可暂不缴纳城镇土地使用税，待核发土地使用权证书后再进行补缴。（　　）

第三节 土地增值税

一、单选题

1．某工业企业 2014 年转让一幢新建办公楼取得收入 5000 万元，该办公楼建造成本和准予扣除的开发费用共计 3700 万元，缴纳与转让办公楼相关的税金 277.5 万元（其中印花税 2.5 万元）。该企业应缴纳土地增值税（　　）万元。

A．96.75　　B．97.50　　C．306.75　　D．307.50

2．2015 年 3 月某房地产开发公司转让 5 年前购入的一块土地，取得转让收入 1800 万元，该土地购进价 1200 万元，取得土地使用权时缴纳相关税费 40 万元，转让该土地时缴纳相关税费 35 万元。该房地产开发公司转让土地应缴纳土地增值税（　　）万元。

A．73.5　　B．150　　C．157.5　　D．300

3．对于应进行土地增值税清算的项目，须在满足清算条件之日起（　　）日内到主管税务机关办理清算手续。

A．30　　B．45　　C．60　　D．90

4．下列关于土地增值税的表述，不正确的是（　　）。

A．土地增值税税率实行四级超率累进税率，每级增值额未超过扣除项目金额的比例均包括本比例数

B．土地增值税实行按次征收，但为了简化征收，一般是按季度征收

C．房地产企业开发产品全部使用自有资金，没有利息支出的，可以按照规定的比例计算扣除开发费用

D．土地增值税清算时，已经计入房地产开发成本的利息支出，应调整至财务费用中计算扣除

5．对竣工验收的房地产开发项目，已转让的房地产建筑面积占整个项目可售建筑面积的比例在（　　）以上的，主管税务机关可要求纳税人进行土地增值税清算。

A．40%　　B．75%　　C．85%　　D．90%

6．下列项目中，免征土地增值税的是（　　）。

A．个人继承的房产　　B．国有土地使用权的出让

C．因国家建设被征用的房地产　　D．合作建房建成后转让的房地产

7．下列情形中，应当计算缴纳土地增值税的是（　　）。

A．工业企业向房地产开发企业转让国有土地使用权

B．房产所有人通过希望工程基金会将房屋产权赠与西部教育事业

C．甲企业出资金、乙企业出土地，双方合作建房，建成后按比例分房自用

D．房地产开发企业代客户进行房地产开发，开发完成后向客户收取代建收入

8．2015 年某房地产开发公司销售其新建写字楼一栋，取得销售收入 11000 万元，已知该公司取得土地使用权所支付的金额为 3000 万元，开发成本为 3500 万元，该公司没有按房地产项目计算分摊银行借款利息，该商品房所在地的省政府规定计征土地增值

税时房地产开发费用扣除比例为9%，销售商品房缴纳有关税费605万元（不含印花税）。该公司销售写字楼应缴纳的土地增值税为（　　）万元。

A．603　　B．993　　C．973.5　　D．2697

9．下列情形中，可以享受免征土地增值税税收优惠政策的是（　　）。

A．企业间互换办公用房

B．企业转让一栋房产给政府机关用于办公

C．房地产开发企业将建造的商品房作价入股某酒店

D．居民因省政府批准的文化园项目建设需要而自行转让房地产

10．某生产企业2015年销售一栋8年前建造的办公楼，取得销售收入1200万元。该办公楼原值700万元，已计提折旧400万元。经房地产评估机构评估，该办公楼的重置成本为1400万元，成新度折扣率为五成，销售时缴纳各种税费共计72万元。该生产企业销售办公楼应缴纳土地增值税（　　）万元。

A．128.4　　B．132.6　　C．146.8　　D．171.2

11．某市房地产开发公司整体出售了其新建的商品房，取得收入是20000万元，与商品房相关的土地使用权支付额和开发成本共计10000万元；该公司没有按房地产项目计算分摊银行借款利息，该项目所在省政府规定计征土地增值税时房地产开发费用扣除比例按国家规定允许的最高比例执行；该项目转让的有关税金为1100万元。该商品房项目缴纳土地增值税是（　　）万元。

A．1500　　B．2000　　C．2500　　D．1770

二、多选题

1．转让旧房产，下列属于计算其土地增值税增值额时准予扣除的项目有（　　）。

A．旧房产的评估价格

B．支付评估机构的费用

C．印花税

D．建造旧房的成本减去累计折旧后的余额

2．计算土地增值税时，下列说法错误的有（　　）。

A．房地产开发企业可以按照取得土地使用权所支付的金额与开发成本之和加扣20%的费用

B．旧房销售按重置成本价扣除费用计算的价格扣除

C．所有与转让有关的税金均可作为税金扣除

D．纳税人转让旧房及建筑物，凡不能取得评估价格，即使能提供购房发票的也实行核定征收

3．下列关于计征土地增值税时确定取得土地使用权所支付金额中地价款的说法，正确的有（　　）。

A．以协议出让方式取得土地使用权的，为支付的土地出让金

B．以行政划拨方式取得土地使用权变更为有偿使用的，为按规定补交的土地出让金

C．以转让方式取得土地使用权的，为实际支付的地价款

D．以拍卖出让方式取得土地使用权的，为土地使用权的账面价值

4．纳税人发生以下情形时，土地增值税以房地产评估价格为依据计算征收的有（　　）。

A．隐瞒、虚报房地产成交价格

B．提供扣除项目金额不实

C．不能按转让房地产项目计算分摊利息支出或不能提供金融机构证明

D．转让房地产成交价格低于评估价格，又无正当理由

5．下列关于房地产企业土地增值税清算中拆迁安置费的说法正确的有（　　）。

A．开发企业采取异地安置，异地安置的房屋属于自行开发建造的，按开发建造的成本，计入本项目的拆迁补偿费

B．异地安置的房屋属于购入的，以实际支付的购房支出计入拆迁补偿费

C．货币安置拆迁的，房地产开发企业凭合法有效凭据计入拆迁补偿费

D．回迁户支付给房地产开发企业的补差价款，不抵减本项目拆迁补偿费

同步强化练习
参考答案及解析

第八章　财 产 税 制

学情分析

本章涉及房产税、车船税、契税三个小税种，具体要求如下：

（1）掌握房产税、车船税、契税的纳税人、征税范围（税目）、计税依据、应纳税额的计算。

（2）熟悉房产税、车船税、契税的税率和税收优惠。

（3）了解房产税、车船税、契税的概念、纳税义务发生时间、地点、期限。

本章主要内容导图

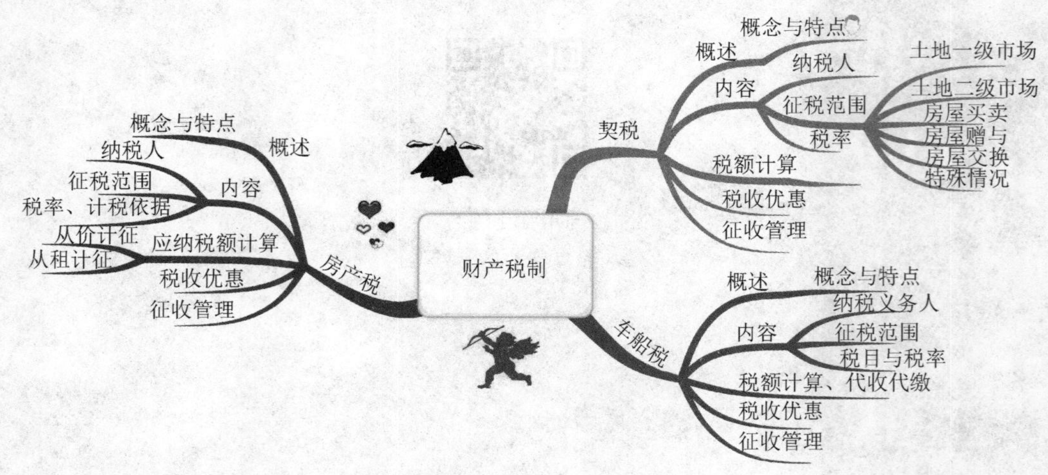

重点、难点讲解及典型例题

一、房产税

（一）房产税的征税范围、纳税人、税额计算

征税范围	（1）房屋是指有屋面和围护结构（有墙或两边有柱），能够遮风避雨，可供人们在其中生产、工作、学习、娱乐、居住或储藏物资的场所。独立于房屋之外的建筑物，如围墙、烟囱、水塔、菜窖、室外游泳池等不属于房产税的征税范围。 （2）不包括农村房屋
纳税人	（1）产权属于国家所有的，其经营管理的单位为纳税人。 （2）产权属于集体和个人的，集体单位和个人为纳税人。 （3）产权出典的，承典人为纳税人。 （4）产权所有人、承典人均不在房产所在地的，房产代管人或者使用人为纳税人。

续表

<table>
<tr><td>纳税人</td><td colspan="2">（5）产权未确定，以及租典纠纷未解决的，房产代管人或者使用人为纳税人。
（6）纳税单位和个人无租使用房产管理部门、免税单位及纳税单位的房产，由使用人代为缴纳房产税。
（7）房地产开发企业建造的商品房，在出售前，不征收房产税，但对出售前房地产开发企业已使用或出租、出借的商品房应按规定征收房产税</td></tr>
<tr><td rowspan="3">税额计算</td><td>从价计征</td><td>（1）应纳税额＝房产原值×（1－扣除比例）×1.2%÷12×应税月份。
（2）原值包括不可分割的附属设备或不单独计价的配套设施。
（3）原有房屋进行改建、扩建的要相应增加原值。对于更换房屋附属设备和配套设施的，在将其价值计入房产原值时，可扣减原来相应设备和设施的价值；对附属设备和配套设施中易损坏、需要经常更换的零配件更新后不再计入原值</td></tr>
<tr><td>从租计征</td><td>应纳税额＝租金收入×12%（4%）
新增：租金收入不含增值税</td></tr>
<tr><td colspan="2">两种方法的适用范围：
（1）自用房屋——从价。
（2）出租房屋——从租。
（3）以房产投资联营，投资者参与投资利润分红共担风险——从价。
（4）以房产投资，收取固定收入，不承担联营风险的——从租。
（5）融资租赁房屋——从价。
新增：“由承租人自融资租赁合同约定开始日的次月起依照房产余值缴纳房产税。合同未约定开始日的，由承租人自合同签订的次月起依照房产余值缴纳房产税。”
（6）居民住宅区内业主共有的经营性房地产自营的，余值计税，出租的，按租金收入计税</td></tr>
</table>

【例题·多选题】下列各项中，符合房产税纳税人规定的有（　　）。

A．房屋出典的由承典人纳税

B．房屋出租的由出租人纳税

C．房屋产权未确定的由代管人或使用人纳税

D．个人无租使用纳税单位的房产，由纳税单位缴纳房产税

【答案】ABC

【例题·单选题】赵某拥有两处房产，一处原值60万元的房产供自己和家人居住，另一处原值20万元的房产于2016年7月1日出租给王某居住，按市场价每月取得租金收入1200元。赵某当年应缴纳的房产税为（　　）元。

A．288　　B．576　　C．840　　D．864

【答案】A

【解析】应纳房产税＝1200×6×4%＝288（元）。

【例题·多选题】根据房产税法律制度的规定，与房屋不可分的下列表述中，应计入房产原值交房产税的有（　　）。

A．给排水管道　　B．电梯　　C．暖气设备　　D．中央空调

【答案】ABCD

【解析】房产原值应包括与房屋不可分割的各种附属设备或一般不单独计算价值的配套设施。凡以房屋为载体，不可随意移动的附属设备和配套设施，如给排水、采暖、消防、中央空调、电气及智能化楼宇设备等，无论在会计核算中是否单独记账与核算，

都应计入房产原值，计征房产税。

【例题·单选题】2016 年甲公司房产原值 1000000 元，已提取折旧 350000 元。已知从价计征房产税税率为 1.2%，当地规定的房产税扣除比例为 30%。甲公司当年应缴纳房产税税额的下列计算中，正确的是（　　）。

A.（1000000－350000）×1.2%＝7800（元）

B.（1000000－350000）×（1－30%）×1.2%＝5460（元）

C. 1000000×（1－30%）×1.2%＝8400（元）

D. 1000000×1.2%＝12000（元）

【答案】C

【解析】1000000×（1－30%）×1.2%＝8400 元。

【例题·单选题】某企业 2017 年度生产经营用房原值 12000 万元；幼儿园用房原值 400 万元；出租房屋原值 600 万元，年租金 80 万元。已知房产原值减除比例为 30%；房产税税率从价计征的为 1.2%，从租计征的为 12%，该企业当年应缴纳房产税税额的下列计算中，正确的是（　　）。

A. 12000×（1－30%）×1.2%＝100.8（万元）

B. 12000×（1－30%）×1.2%＋80×12%＝110.4（万元）

C.（12000＋400）×（1－30%）×1.2%＋80×12%＝113.76（万元）

D.（12000＋400＋600）×（1－30%）×1.2%＝109.2（万元）

【答案】B

【解析】企业办的幼儿园用房免征房产税；企业经营性房产从价计征房产税；出租房产从租计征房产税。

（二）税收优惠和征管

<table>
<tr><td>优惠</td><td colspan="2">（1）国家机关、人民团体、军队自用的房产免征房产税。
（2）由国家财政部门拨付事业经费（全额或差额）的单位（学校、医疗卫生单位、托儿所、幼儿园、敬老院，以及文化、体育、艺术类单位）所有的、本身业务范围内使用的房产免征房产税。
（3）宗教寺庙、公园、名胜古迹自用的房产免征房产税。
（4）个人所有非营业用的房产免征房产税。
（5）经财政部批准免税的其他房产：①毁损不堪居住的房屋和危险房屋，经有关部门鉴定，在停止使用后，可免征房产税。②纳税人因房屋大修导致连续停用半年以上的，在房屋大修期间免征房产税。③在基建工地为基建工地服务的各种工棚、材料棚、休息棚和办公室、食堂、茶炉房、汽车房等临时性房屋，施工期间一律免征房产税。但工程结束后，施工企业将这种临时性房屋交还或估价转让给基建单位的，应从基建单位接收的次月起，照章纳税。④对高校学生公寓免征房产税。⑤对公共租赁住房免征房产税。⑥国家机关、军队、人民团体、财政补助事业单位、居民委员会、村民委员会拥有的体育场馆，用于体育活动的房产，免征房产税</td></tr>
<tr><td rowspan="3">征管</td><td>时间</td><td>（1）纳税人将原有房产用于生产经营，从生产经营之月起，缴纳房产税。
（2）其余为次月，注意起始时间</td></tr>
<tr><td>地点</td><td>房产所在地</td></tr>
<tr><td>期限</td><td>按年计算，分期缴纳</td></tr>
</table>

【例题·单选题】下列各项中，应计算缴纳房产税的有（　　）。

A. 施工期间为基建工地服务的各种工棚、材料棚

B．公安机关对外出租的空余房产

C．市检察院办公大楼

D．居民个人自己居住的房产

【答案】B

二、车船税

<table>
<tr><td colspan="2">纳税人</td><td colspan="2">境内属于税法规定的车辆、船舶的所有人或者管理人</td></tr>
<tr><td colspan="2">征税范围</td><td colspan="2">（1）依法应当在车船登记管理部门登记的机动车辆和船舶。
（2）依法不需要在车船登记管理部门登记的在单位内部场所行驶或者作业的机动车辆和船舶</td></tr>
<tr><td colspan="2">税目</td><td>计税单位</td><td>备注</td></tr>
<tr><td colspan="2">乘用车〔按发动机汽缸容量（排气量）分档〕</td><td>每辆</td><td>核定载客人数9人（含）以下</td></tr>
<tr><td rowspan="2">商用车</td><td>客车</td><td>每辆</td><td>核定载客人数9人以上，包括电车</td></tr>
<tr><td>货车</td><td>整备质量每吨</td><td>包括半挂牵引车、挂车、三轮汽车和低速载货汽车等，挂车按照货车税额的50%计算</td></tr>
<tr><td rowspan="2">其他车辆</td><td>专用作业车</td><td rowspan="2">整备质量每吨</td><td rowspan="2">不包括拖拉机</td></tr>
<tr><td>轮式专用机械车</td></tr>
<tr><td colspan="2">摩托车</td><td>每辆</td><td></td></tr>
<tr><td rowspan="2">船舶</td><td>机动船舶</td><td>净吨位每吨</td><td rowspan="2">拖船、非机动驳船分别按照机动船舶税额的50%计算</td></tr>
<tr><td>游艇</td><td>艇身长度每米</td></tr>
<tr><td colspan="4">注意：拖船按照发动机功率每1千瓦折合净吨位0.67吨计算征收车船税</td></tr>
<tr><td>税额计算</td><td colspan="3">应纳税额＝年应纳税额÷12×应纳税月份数（新购车船当年自当月起计算）</td></tr>
</table>

【例题·多选题】下列纳税主体中，属于车船税纳税人的有（　　）。

A．在中国境内拥有并使用船舶的国有企业

B．在中国境内拥有并使用车辆的外籍个人

C．在中国境内拥有并使用船舶的内地居民

D．在中国境内拥有并使用车辆的外国企业

【答案】ABCD

【解析】以上四个选项均属于车船税纳税人。

【例题·计算题】某运输公司2015年年初拥有载货汽车15辆（货车整备质量均为10吨）；大客车20辆；小客车10辆。计算该公司应缴纳的车船税（注：载货汽车整备质量每吨年税额90元，大客车每辆年税额1200元，小客车每辆年税额800元）。

【答案】

（1）载货汽车应纳车船税税额＝90×15×10＝13500（元）。

（2）大客车应纳车船税税额＝1200×20＝24000（元）。

（3）小客车应纳车船税税额＝800×10＝8000（元）。

税收优惠	①捕捞、养殖渔船。②军队、武装警察部队专用的车船。③警用车船。④依照法律规定应当予以免税的外国驻华使领馆、国际组织驻华代表机构及其有关人员的车船。⑤对使用新能源车船免征车船税。免征车船税的使用新能源汽车是指纯电动商用车、插电式（含增程式）混合动力汽车、燃料电池商用车。纯电动乘用车和燃料电池乘用车不属于车船税征税范围，对其不征车船税。⑥临时入境的外国车船和港、澳、台的车船，不征车船税。⑦按照规定缴纳船舶吨税的机动船舶，自车船税法实施之日起5年内免征车船税。

续表

税收优惠	⑧依法不需要在车船登记管理部门登记的机场、港口、铁路站场内部行驶或者作业的车船，自车船税法实施之日起5年内免征车船税。⑨省、自治区、直辖市人民政府根据当地实际情况，可以对公共交通车船，农村居民拥有并主要在农村地区使用的摩托车、三轮汽车和低速载货汽车定期减征或者免征车船税。⑩对节约能源车船，减半征收车船税
征收管理	时间：取得车船所有权或者管理权的当月
	地点：车船的登记地或者车船税扣缴义务人所在地
	期限：按年申报，分月计算，一次性缴纳

【例题•多选题】下列在用车船中，一定可以免征车船税的有（　　）。

A．公安机关办案专用的车辆

B．军队用于出租的富余小汽车

C．公共交通车辆

D．在渔业船舶管理部门登记的净吨位1.5吨的捕捞渔船

E．邮政快递车

F．企业新购置的运货车

G．节约能源、使用新能源的车辆

【答案】AD

【题目变形1】下列在用车船中，一定需要缴纳车船税的有B、E、F三项。

【题目变形2】在用车船中，必须由省、自治区、直辖市人民政府批准才可以免征或者减征车船税的是C项。

【考点小结】①企业新购置的运货车、邮政快递车都属于车船税的应税车辆，应自取得车辆所有权或者管理权的当月起计算缴纳车船税。②省、自治区、直辖市人民政府根据当地实际情况，可以对公共交通车船、农村居民拥有并主要在农村地区使用的摩托车、三轮汽车和低速载货汽车，定期减征或者免征车船税。③军队专用的车船，依照规定是免征车船税的。但对其出租等非专用的车船，不符合免税条件，应对非专用的车船征收车船税。④对节约能源、使用新能源的车船可以减征或者免征车船税。

【例题・单选题】根据车船税法律制度的规定，下列各项中，免予缴纳车船税的是（　　）。

A．救护车　　B．人民法院警车　　C．市政公务车　　D．出租车

【答案】B

【解析】根据车船税法律制度的规定免予缴纳车船税的是：①捕捞、养殖渔船；②军队、武装警察部队专用的车船；③警用车船；④依照法律规定应当予以免税的外国驻华使领馆、国际组织驻华代表机构及其有关人员的车船等。

三、契税

纳税人	我国境内承受土地、房屋权属转移的单位和个人
征税范围	①国有土地使用权出让；②土地使用权转让（不包括农村集体土地承包经营权的转移）；③房屋买卖；④房屋赠与；⑤房屋交换；⑥其他情形：a．以土地、房屋权属作价投资、入股；b．以土地、房屋权属抵债；c．以获奖方式承受土地、房屋权属；d．以预购方式承受土地、房屋权属；e．土

续表

征税范围	地使用权受让人通过完成土地使用权转让方约定的投资额度或投资特定项目，以此获取低价转让或无偿赠与的土地使用权的；f. 公司增资扩股中，对以土地、房屋权属作价入股或作为出资投入企业的，征收契税；g. 企业破产清算期间，对非债权人承受破产企业土地、房屋权属的，征收契税。 注意：土地、房屋权属的典当、继承、分拆（分割）、出租、抵押，不属于契税的征税范围
税额计算	（1）应纳税额＝计税依据×税率。 （2）计税依据： ① 国有土地使用权出让、土地使用权出售、房屋买卖——成交价格。 ② 土地使用权赠与、房屋赠与——参照市场价格核定。 ③ 土地使用权交换、房屋交换——差价。 ④ 以划拨方式取得的土地使用权，经批准转让房地产时——补交的土地使用权出让费用或者土地收益
优惠	（1）国家机关、事业单位、社会团体、军事单位承受土地、房屋用于办公、教学、医疗、科研和军事设施的，免征契税。 （2）城镇职工按规定第一次购买公有住房的，免征契税。 （3）因不可抗力灭失住房而重新购买住房的，酌情准予减征或者免征契税。 （4）土地、房屋被县级以上人民政府征用、占用后，重新承受土地、房屋权属的，是否减征或者免征契税，由省、自治区、直辖市人民政府确定。 （5）承受荒山、荒沟、荒丘、荒滩土地使用权，用于农、林、牧、渔业生产的，免征契税
征管	（1）时间：签订土地、房屋权属转移合同的当天，或者纳税人取得其他具有土地、房屋权属转移合同性质凭证的当天。 （2）地点：土地、房屋所在地。 （3）期限：当自纳税义务发生之日起10日内，向土地、房屋所在地的税收征收机关办理纳税申报，并在税收征收机关核定的期限内缴纳税款

同步强化练习

第一节 房 产 税

一、单选题

1. 关于房产税纳税人的下列表述中，不符合法律制度规定的是（ ）。

A. 房屋出租的，承租人为纳税人

B. 房屋产权所有人不在房产所在地的，房产代管人为纳税人

C. 房屋产权属于国家的，其经营管理单位为纳税人

D. 房屋产权未确定的，房产代管人为纳税人

2. 某企业2016年度自有生产用房原值5000万元，账面已提折旧1000万元。已知房产税税率为1.2%，当地政府规定计算房产余值的扣除比例为30%。该企业2009年度应缴纳的房产税税额为（ ）万元。

A. 18　　B. 33.6　　C. 42　　D. 48

3. 王某拥有两处房产，一处原值90万元的房产供自己及家人居住，另一处原值40万元的房产与2016年6月30日出租给他人居住，按市场价每月取得租金收入2400元。

王某当年应缴纳房产税（　　）元。

A．288　　B．840　　C．1152　　D．576

4. 甲企业拥有一栋房产，原值1000万元，2016年3月31日将其对外出租，租期1年，每月收取租金1万元。已知当地省政府规定计算房产余值的减除比例为30%。2016年甲企业上述房产应缴纳房产税（　　）万元。

A．0.96　　B．1.44　　C．3.18　　D．8.4

5. 某企业拥有一栋原值为2000万元的房产，2016年2月10日将其中的40%出售，月底办理好产权转移手续。已知当地政府规定房产计税余值的扣除比例为20%，2015年该企业应纳房产税（　　）万元。

A．11.52　　B．12.16　　C．12.60　　D．12.80

6. 甲公司委托某施工企业建造一幢办公楼，工程于2016年12月完工，2017年1月办妥（竣工）验收手续，4月付清全部价款。甲公司此幢办公楼房产税的纳税义务发生时间是（　　）。

A．2016年12月　　B．2017年1月　　C．2017年2月　　D．2017年4月

7. 根据房产税法律制度的规定，下列关于房产税计税依据的表述中，正确的是（　　）。

A．经营租赁的房产，以租金收入为计税依据，由承租方来缴纳房产税

B．经营租赁的房产，以房产余值为计税依据，由出租方来缴纳房产税

C．融资租赁的房产，以租金收入为计税依据，由出租方来缴纳房产税

D．融资租赁的房产，以房产余值为计税依据，由承租方来缴纳房产税

8. 某企业有原值为2500万元的房产，2017年1月1日将其中的30%用于对外投资联营，投资期限为10年，每年收取固定利润分红50万元，不承担投资风险。已知，当地政府规定的房产原值扣除比例为20%。根据房产税法律制度的规定，该企业2017年度应缴纳房产税（　　）万元。

A．24　　B．30　　C．22.8　　D．16.8

9. 根据房产税的有关规定，下列说法错误的是（　　）。

A．纳税人将原有房产用于生产经营，从生产经营之月起，缴纳房产税

B．纳税人购置新建商品房，自房地产权属登记机关签发房屋权属证书之次月起，缴纳房产税

C．纳税人出租出借房产，自交付出租、出借本企业房产之次月起，缴纳房产税

D．纳税人自行新建房屋用于生产经营，从建成之次月起，缴纳房产税

10. 甲企业2016年初拥有厂房原值2000万元，仓库原值500万元。2016年5月20日，将仓库以1000万元的价格转让给乙企业，当地政府规定房产税减除比例为30%。甲企业当年应缴纳房产税（　　）万元。

A．17.65　　B．18.2　　C．18.55　　D．20.3

二、多选题

1. 赵某在市区拥有一栋七层楼房，其中一、二层自用，经营饭店；三、四层出租给

某企业办公，年租金120万；五、六层用于投资联营，不承担联营风险，每年固定收取100万元利润；第七层给朋友张某作为住宅无偿使用，已知该楼房产原值为7000万元，假设每层分摊的房产原值均为1000万元，当地政府规定的扣除率为30%，房产税从价计征的税率为1.2%；从租计征的税率为12%，则下列说法中正确的有（ ）。

A．赵某自用的两层应从价计征房产税，年税额为16.8万元

B．赵某出租的两层应从租计征房产税，年税额为14.4万元

C．赵某用于投资联营的两层应从租计征房产税，年税额为12万元

D．因第七层赵某无偿赠送给朋友张某使用，因此，赵某无须缴纳房产税

2. 下列关于房产税的说法中错误的有（ ）。

A．房产税的征税范围为城市、县城、建制镇、农村和工矿区的房屋

B．给排水管道、电梯、暖气设备、中央空调属于以房屋为载体不可移动的附属设施，应计入房产原值，计征房产税

C．从价计征的房产税，以房产原值为计税依据

D．房产税在房产所在地缴纳

3. 根据房产税法律制度的规定，下列有关房产税计税依据的表述中，正确的有（ ）。

A．纳税人对原有房屋进行改建、扩建的，要相应增加房屋的原值

B．以房屋为载体，不可随意移动的附属设备和配套设施，在会计上单独记账与核算的，不计入房产原值

C．对附属设备和配套设施中易损坏、需要经常更换的零配件，更新后不再计入房产原值

D．对更换房屋附属设备和配套设施的，将其价值计入房产原值时，不得扣减原来相应设备和设施的价值

4. 根据房产税法律制度的规定，下列表述中，正确的有（ ）。

A．公园内开设的照相馆免征房产税

B．毁损不堪居住的房屋和危险房屋，经有关部门鉴定，在停止使用后，可免征房产税

C．纳税人因房屋大修导致连续停用半年以上的，在房屋大修期间免征房产税

D．在基建工地为基建工地服务的各种工棚，在施工期间一律免征房产税

5. 下列房产，可以免征房产税的有（ ）。

A．因大修停止使用半年以上的危险房产

B．出租的名胜古迹空余房产

C．企业办的各类学校自用的房产

D．中国人民保险公司自用的房产

三、判断题

1．张某将个人拥有产权的房屋出典给李某，则李某为该房屋房产税的纳税人。（ ）

2．凡以房屋为载体，不可随意移动的附属设备和配套设施，无论在会计核算中是否单独记账与核算，都应计入房产原值，计征房产税。（ ）

3．独立于房屋之外的建筑物，如围墙、烟囱、水塔、室外游泳池等不属于房产税的征税范围。（ ）

4．纳税人以房产投资联营、投资者参与投资利润分红、共担风险的，暂免征收房产税。（ ）

5．甲拥有一套四合院，原一直用于居住，2016 年 6 月转为经营民俗旅游，则甲应于 2016 年 7 月起缴纳房产税。（ ）

6．房地产开发企业建造的商品房，在出售前未自用出租的，应按规定不征收房产税。（ ）

7．个人出租商业用房，房产税税率为 4%。（ ）

8．对于房产不在同一地方的纳税人，由纳税人自行选择向其中的一处税务机关申报缴纳房产税。（ ）

9．以房产投资收取固定收入、不承担经营风险的，以出租方取得的租金收入为计税依据计缴房产税。（ ）

10．房地产开发企业建造的商品房在出售前已经使用或出租、出借的，不缴纳房产税。（ ）

第二节 车 船 税

一、单选题

1．根据车船税法律制度的规定，下列各项中，属于机动船舶计税依据的是（ ）。

A．净吨位每吨 B．整备质量每吨 C．每米 D．购置价格

2．张某 2016 年 4 月 12 日购买 1 辆发动机气缸容量为 1.6 升的乘用车，已知适用年基准税额 480 元，则张某 2016 年应缴纳车船税税额为（ ）元。

A．180 B．240 C．360 D．480

3．根据车船税法律制度的规定，下列各项中，免予缴纳车船税的是（ ）。

A．救护车 B．人民法院警车 C．市政公务车 D．公共汽车

4．根据车船税法律制度的规定，下列各项中，免予缴纳车船税的是（ ）。

A．载客汽车 B．银行运钞车 C．机关公务车 D．养殖渔船

5．某企业 2016 年初拥有小轿车 2 辆；当年 4 月，1 辆小轿车被盗，已按照规定办理退税。通过公安机关的侦查，9 月份被盗车辆失而复得，并取得公安机关的相关证明。已知当地小轿车车船税年税额为 500 元/辆，该企业 2014 年实际应缴纳的车船税为（ ）元。

A．500 B．625 C．792 D．1000

6．赵某 2016 年 4 月 12 日购买了 1 艘净吨位为 200 吨的拖船，已知机动船舶净吨位每吨的年基准税额为 6 元，则赵某 2016 年应缴纳车船税税额为（ ）元。

A．400 B．450 C．800 D．900

7．根据车船税法律制度的规定，下列各项中，免予缴纳车船税的是（　　）。

A．非机动驳船　B．纯电动商用车　C．政府机关公务用车 D．出租车

二、多选题

1．下列纳税主体中，属于车船税纳税人的有（　　）。

A．在中国境内拥有并使用船舶的国有企业

B．在中国境内拥有并使用车辆的外籍个人

C．在中国境内拥有并使用船舶的内地居民

D．在中国境内拥有并使用车辆的外国企业

2．根据税收法律制度的规定，下列关于车船税的计税依据说法正确的有（　　）。

A．拖拉机的计税依据是整备质量每吨

B．机动船舶和非机动驳船的计税依据都是净吨位每吨

C．游艇的计税依据是艇身长度每米

D．小汽车的计税依据是每辆

3．根据车船税法律制度规定，以下属于车船税征税范围的有（　　）。

A．用于耕地的拖拉机　B．用于接送员工的客车

C．用于休闲娱乐的游艇　D．非机动驳船

4．下列税收法律制度中，采用定额税率计征税额的有（　　）。

A．城镇土地使用税　B．耕地占用税

C．船舶吨税　D．车船税

5．根据车船税法律制度的规定，下列各项中，免征车船税的有（　　）。

A．纯电动商用车

B．节约能源车船

C．外国驻华使领馆的自用商务车

D．纯电动乘用车和燃料电池乘用车

6．根据车船税法律制度的规定，下列关于车船税征收管理的表述正确的有（　　）。

A．车船税的纳税义务发生时间，为车船管理部门核发的车船登记证书或者行驶证书所载日期的次月

B．车船税由车船的登记地或者车船税扣缴义务人所在地的国家税务局缴纳

C．车船税按年申报，分月计算，一次性缴纳

D．已缴纳车船税的车船在同一纳税年度内办理转让过户的，不另纳税，也不退税

7．根据车船税法律制度的规定，下列车船在计算车船税时，按照所属税目税额的50%计算的有（　　）。

A．挂车　B．半挂牵引车　C．拖船　D．非机动驳船

8．根据车船税法律制度的规定，下列各项中，以“整备质量吨位数”为计税依据计征车船税的有（　　）。

A．客车　B．挂车　C．客货两用车　D．半挂牵引车

三、判断题

1．轮式专用机械车，以整备质量吨位数为计税依据。（　）

2．纯电动乘用车和燃料电池乘用车不属于车船税征税范围，对其不征车船税。（　）

3．车船税按年申报，分月计算，分月缴纳。（　）

第三节　契　税

一、单选题

1．根据契税法律制度的规定，下列各项中，不属于契税纳税人的是（　）。

A．出售房屋的个人　B．受赠土地使用权的企业

C．购买房屋的个人　D．受让土地使用权的企业

2．根据契税法律制度的规定，下列各项中，应缴纳契税的是（　）。

A．承包者获得农村集体土地承包经营权

B．企业受让土地使用权

C．企业将厂房抵押给银行

D．个人承租居民住宅

3．周某向谢某借款 80 万元，后因谢某急需资金，周某以一套价值 90 万元的房产抵偿所欠谢某债务。谢某取得该房产产权的同时支付周某差价款 10 万元。已知契税税率为 3%。关于此次房屋交易缴纳契税的下列表述中，正确的是（　）。

A．周某应缴纳契税 3 万元　B．周某应缴纳契税 2.4 万元

C．谢某应缴纳契税 2.7 万元　D．谢某应缴纳契税 0.3 万元

4．纳税人应当自契税纳税义务发生之日起（　）日内，向土地、房屋所在地的税收征收机关办理纳税申报。

A．5　B．7　C．10　D．15

5．老李拥有一套价值 72 万元的住房，老张拥有一套 52 万元的住房，双方交换住房，由老张补差价款 20 万元给老李。已知契税的税率为 3%，下列各项中，正确的是（　）。

A．老李应缴纳契税 2.16 万元　B．老张应缴纳契税 0.6 万元

C．老李应缴纳契税 0.6 万元　D．老张应缴纳契税 2.16 万元

6．根据契税法律制度的规定，下列情形中，不予免征契税的是（　）。

A．医院承受划拨土地用于修建门诊楼

B．农民承受荒沟土地用于林业生产

C．企业接受捐赠房屋用于办公

D．学校承受划拨土地用于建造教学楼

7．根据契税法律制度的规定，下列各项中，属于契税纳税人的是（　）。

A．获得住房奖励的个人　B．转让土地使用权的企业

C．继承父母房产的子女　　　　　　　　D．出售房屋的个体工商户

8．2016年5月甲公司购买一幢办公楼，成交价格9991万元，已知当地规定的契税税率为3%，甲公司购买办公楼应缴纳契税税额的下列计算中，正确的是（　　）。

A．9991×（1＋3%）×3%＝308.7219（万元）

B．9991×3%＝299.73（万元）

C．9991÷（1－3%）×3%＝309（万元）

D．9991÷（1＋3%）×3%＝291（万元）

9．甲公司于2016年9月向乙公司购买一处闲置厂房，合同注明的土地使用权价款2000万元，厂房及地上附着物价款500万元。已知当地规定的契税税率为3%，甲公司应缴纳的契税税额为（　　）万元。

A．15　　　B．45　　　C．60　　　D．75

二、多选题

1．关于契税计税依据的下列表述中，符合法律制度规定的有（　　）。

A．受让国有土地使用权的，以成交价格为计税依据

B．受赠房屋的，由征收机关参照房屋买卖的市场价格规定计税依据

C．购入土地使用权的，以评估价格为计税依据

D．交换土地使用权的，以交换土地使用权的价格差额为计税依据

2．根据税收法律制度的规定，下列免征契税的有（　　）。

A．国家机关承受房屋用于办公

B．纳税人承受荒山土地使用权用于农业生产

C．军事单位承受土地用于军事设施

D．城镇居民购买商品房用于居住

3．根据税收法律制度的规定，下列关于契税的说法中错误的有（　　）。

A．契税的纳税人是在我国境内转让土地、房屋权属的单位和个人

B．国有土地使用权出让应按规定征收契税

C．土地使用权转让应按规定征收契税

D．承包者获得农村集体土地承包经营权应按规定征收契税

4．赵某原有两套相同的住房，2016年8月，将其中一套无偿赠送给战友钱某；将另一套以市场价格60万元与谢某的住房进行了等价置换；又以100万元价格购置了一套新住房，已知契税的税率为3%。根据契税法律制度的规定，下列说法正确的有（　　）。

A．赵某应缴纳契税3万元　　　　　　B．赵某应缴纳契税4.8万元

C．钱某应缴纳契税1.8万元　　　　　D．钱某无须缴纳契税

5．2016年6月，张某以100万元的价格购置了一套两室一厅住房，同时将其原有的一套一室一厅住房出售给李某，成交价格为70万元，已知当地契税的税率为3%。根据契税法律制度的规定，下列说法中，正确的有（　　）。

A．李某不需要缴纳契税　　　　　　　B．李某应缴纳契税2.1万元

C．张某应缴纳契税3万元　　　　　　D．张某应缴纳契税5.1万元

6．2016 年 10 月甲企业用自产的价值 80 万元的原材料换取乙企业的厂房，并因此用现金补给乙企业 40 万元差价；当月甲企业又将一套价值 100 万元的厂房与丙企业的办公楼交换，并用自产的价值 50 万元的商品补给丙企业差价。已知当地契税税率为 3%，则关于甲企业应缴纳契税的下列计算中，正确的有（　　）。

A．甲企业用原材料换取乙企业厂房应纳契税＝40×3%＝1.2（万元）

B．甲企业用原材料换取乙企业厂房应纳契税＝（80＋40）×3%＝3.6（万元）

C．甲企业用厂房换取丙企业办公楼应纳契税＝50×3%＝1.5（万元）

D．甲企业用厂房换取丙企业办公楼应纳契税＝（100＋50）×3%＝4.5（万元）

7．关于契税计税依据的下列表述中，符合法律制度规定的有（　　）。

A．受让国有土地使用权的，以成交价格为计税依据

B．受赠房屋的，由征收机关参照房屋买卖的市场价格规定计税依据

C．购入土地使用权的，以评估价格为计税依据

D．交换土地使用权的，以交换土地使用权的价格差额为计税依据

三、判断题

1．根据契税法律制度的规定，城镇居民第一次购买商品房免征契税。（　　）

2．契税的纳税期限为自纳税义务发生之日起 15 日内。（　　）

3．王某向李某借款 100 万元，到期王某无力偿还，王某以一套价值 100 万元的房产抵偿所欠李某的债务，则李某为契税的纳税人。（　　）

4．以价值 100 万元的房屋交换价值 80 万元的机器，则应以 20 万元作为契税的计税依据。（　　）

同步强化练习
参考答案及解析

第九章　行 为 税 制

学情分析

本章讲述了关于行为类的两个小税种：印花税和车辆购置税。学生应归纳掌握两种税种的纳税人、征税范围、计税依据、税率形式、应纳税额的计算、税收优惠、纳税时间和地点。

本章主要内容导图

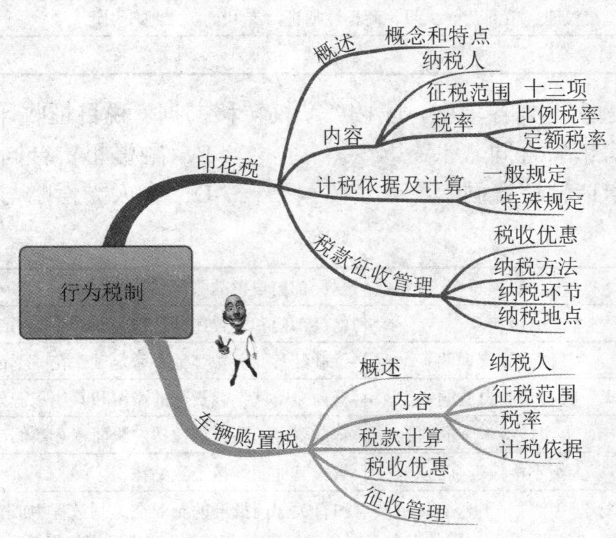

重点、难点讲解及典型例题

一、印花税

（一）纳税人

立合同的当事人在两方或两方以上的各方均为纳税人，但不包括担保人、证人、鉴定人。在国外书立、领受，但在国内使用的应税凭证，其使用人为纳税人各类电子应税凭证的签订人，即以电子形式签订的各类应税凭证的当事人也是印花税纳税人。

【例题·单选题】甲向乙购买一批货物，合同约定丙为鉴定人，丁为担保人。关于该合同印花税纳税人的下列表述中，正确的是（　　）。

A．甲和乙为纳税人　　　　B．甲和丙为纳税人

C．乙和丁为纳税人　　　　D．甲和丁为纳税人

【答案】A

【解析】根据印花税法律制度的规定，签订合同的各方当事人都是印花税的纳税人，但不包括合同的担保人、证人和鉴定人。

（二）印花税的征税范围

购销合同	包括出版单位与发行单位（不包括订阅单位和个人）之间订立的图书、报刊、音像征订凭证。电子形式签订的各类应税凭证。发电厂与电网之间、电网与电网之间签订的购售电合同。电网与用户之间签订的供用电合同不征
财产租赁合同	不包括企业与主管部门签订的租赁承包合同
借款合同	包括银行及其他金融组织和借款人（不包括银行同业拆借）所签订的借款合同
技术合同	技术转让合同包括专利申请转让、非专利技术转让所书立的合同。一般的法律、会计、审计等方面的咨询不属于技术咨询不贴印花
产权转移书据	包括财产所有权、版权、商标专用权、专利权、专有技术使用权、土地使用权出让合同、土地使用权转让合同、商品房销售合同
权利、许可证照	房屋产权证、工商营业执照、商标注册证、专利证、土地使用证等
营业账簿	

【例题·多选题】下列各项中，应按“产权转移书据”税目征收印花税的有（　　）。

A．商品房销售合同　　B．融资租赁合同

C．专利申请转让合同　　D．个人无偿赠与不动产登记表

【答案】AD

核算形式	一级核算	财会部门设置的账簿贴花
	分级核算	财会部门和设置在其他部门和车间的明细分类账均贴
事业单位	差额预算管理的	记载经营业务按其他账簿定额贴花，不记载经营业务不贴花
	经费自收自支的	营业账簿就记载资金的账簿和其他账簿分别按规定贴花
跨地区分支机构	上级核拨资金的	记载资金的账簿按核拨的账面资金数额计税贴花
	上级不核拨资金的	只就其他账簿按定额贴花
增量贴花	实行公司制改造并经县以上政府和有关部门批准的企业在改制过程中成立的新企业（重新办理法人登记的），其新启用的资金账簿记载的资金或因企业建立资本纽带关系而增加的资金	
	以合并或分立方式成立的新企业	
	企业债权转股权新增加的资金	
	企业改制中经评估增加的资金	
	企业其他会计科目记载的资金转为实收资本或资本公积的资金	
其他	车间、门市部、仓库设置的不属于会计核算范围或虽属于但不记载金额的登记簿、统计簿、台账等不贴；单位内的职工食堂、工会组织，以及自办的学校、托儿所、幼儿园设置的经费收支账簿不贴；对会计核算采用单页表式记载资金活动情况，以表代账的，在未形成账簿（账册）前，暂不贴花，待装订成册时，按册贴	

提示：（1）凭证不论以何种形式或名称书立，只要其性质属于列举征税范围内的凭证均应照章征税。
（2）未按期兑现合同亦应贴花。
（3）适用于中国境内，并在中国境内具备法律效力的应税凭证，无论在中国境内或者境外书立，均应依照印花税的规定贴花

【例题·单选题】根据印花税法律制度的规定，下列各项中，应缴纳印花税的是（　　）。

A．报刊发行单位和订阅单位之间书立的凭证

B．建筑安装工程承包合同

C．门市部零星修理业务开具的修理单

D．农林作物保险合同

【答案】B

【解析】选项A、D属于免征印花税的凭证、合同；选项C不属于印花税征税范围。

【例题·单选题】根据印花税法律制度的规定，下列各项中，免征印花税的是（　　）。

A．土地使用证

B．专利权转移书据

C．未按期兑现的加工承揽合同

D．发行单位与订阅单位之间书立的凭证

【答案】D

【解析】选项A属于权利、许可证照，应当缴纳印花税；选项B属于产权转移书据，应当缴纳印花税；选项C，纳税人签订了应税合同，就发生了应税经济行为，必须依法贴花，履行完税手续。所以，不论合同是否兑现或能否兑现，都应当缴纳印花税；选项D属于免征印花税的范围。

（三）税率、计税依据和税额计算

（1）应纳税额＝应税凭证计税金额×比例税率。

（2）应纳税额＝应税凭证件数×定额税率。

（3）营业账簿中：

① 记载资金的账簿，应纳税额＝（实收资本＋资本公积）×0.5‰。

② 其他账簿按件贴花，每件5元。

注意：

（1）合同或具有合同性质的凭证，以凭证所载“金额”、“费用”作为计税依据。应当全额计税，不得作任何扣除。具体包括：

①“费用”作为计税依据：建设工程勘察设计合同中的收取费用、财产租赁合同中的租赁费、货物运输合同中的运输费用、仓储保管费用、保险合同中的保险费。

②“金额”作为计税依据：购销合同中记载的购销金额、加工承揽合同中的加工或承揽收入、建筑安装工程合同中的承包金额、借款合同中的借款金额。

（2）载有两个或两个以上应适用不同税目税率经济事项的同一凭证，分别记载金额的，应分别计算应纳税额，相加后按合计税额贴花；如未分别记载金额的，按税率高的计算贴花。

【例题·单选题】（一合同多事项）河图市甲制衣公司受托加工制作时尚服装，双方签订的加工承揽合同中分别注明加工费50000元，委托方提供价值300000元的主要材料，受托方提供价值1000元的辅助材料。同时甲公司受某学校的委托为其定做一批校服，合同载明原材料价值800000元由甲公司提供，学校另支付加工费400000元。为了生产高档服装，甲公司从南方购进一批高档毛料，委托某物流公司负责运输。双方签订了运输保管合同，合同中约定运输费 30000 元，保管费 10000 元。则甲公司就上述业务应缴纳印花税（　　）元。

A．420　　B．419　　C．442　　D．490.5

【答案】D

【解析】甲公司上述业务应缴纳印花税＝（50000＋1000）×0.5‰＋800000×0.3‰＋400000×0.5‰＋30000×0.5‰＋10000×1‰＝490.5（元）。

【考点小结】①一份运输合同，两个合同事项：既保管，又运输；一份加工合同，两个合同事项：既购销，又加工。这两种合同最容易考计算性的题目。②同一凭证因载有两个或两个以上经济事项而适用不同税目税率的，分别核算的，分别按不同类型合同计税；未分别核算的，从高计税。

【例题·计算题】某电厂与某运输公司签订了两份运输保管合同：第一份合同载明的金额合计 50 万元（运费和保管费并未分别记载）；第二份合同中注明运费 30 万元、保管费 10 万元。已知：运输合同印花税税率 0.5‰；保管合同 1‰。

【答案】第一份合同应缴纳印花税税额＝500000×1‰＝500（元）。

第二份合同应缴纳印花税税额＝300000×0.5‰＋100000×1‰＝250（元）。

（四）税收优惠

【例题·单选题】甲企业在 2016 年 10 月份注册资本由 50 万元增加到 500 万元，同时企业新设了 5 本内部备查账簿和 5 本日记账簿，企业车间启用了进出产品登记簿 5 本。同月，企业还到相关部门申领了房产证、土地使用证、税务登记证、卫生许可证、专利证各 1 本。与乙公司签订货物销售合同，合同约定销售额为 300 万元，合同签订后，从销售额中支付 5 万元给联系业务的中介人，另支付运输公司运输费用 5 万元，其中，包括搬运费 0.3 万元、装卸费 1.7 万元，双方签订运输合同。甲企业 2015 年应缴纳印花税（　　）元。

A．1800　　B．3205　　C．2115　　D．2120

【答案】B

【解析】甲企业 2016 年应纳的印花税＝3000000×0.3‰＋（5000000－500000）×0.5‰＋5×（5＋3）＋（5－0.3－1.7）×10000×0.5‰＝3205（元）。

【考点小结】①哪些按凭证所载金额缴纳，哪些按凭证件数缴纳，哪些应税，哪些非应税，必须界定清楚。内部备查账簿、进出产品登记簿、税务登记证、卫生许可证都不是印花税应税凭证。②运输合同的计税依据是纯运费金额，不含装卸费、保险费等杂费。③权利、许可证照中只有“四证一照”需要缴税，即房产证、土地使用证、专利证、商标注册证、工商营业执照，其他的证照无须贴花。

（五）征收管理

时间	应当在书立或领受时贴花。具体是指在合同签订时、账簿启用时和证照领受时贴花。如果合同是在国外签订，并且不便在国外贴花的，则应在将合同带入境时办理贴花纳税手续
地点	一般实行就地纳税
期限	自行计算，自行购买，自行划销。不得延至凭证生效日期贴花

续表

缴纳方法	(1) 自行贴花（基本方法）购买不等于纳税人履行了纳税义务，已贴用的印花税票不得重用；已贴花的凭证，修改后所载金额有增加的，其增加部分应当补贴足印花。 (2) 汇贴汇缴。一份凭证应纳税额超过 500 元可以缴款书或完税证代替。同一类凭证频繁贴花的，可按期汇总贴花（不超过一个月） (3) 委托代征

【例题·多选题】采用自行贴花方法缴纳印花税的，纳税人应（　　）。

A．自行申报应税行为

B．自行计算应纳税额

C．自行购买印花税票

D．自行一次贴足印花税票注销

【答案】BCD

二、车辆购置税

纳税人	境内购置规定的车辆（以下简称应税车辆）的单位和个人。"购置"，包括购买、进口、自产、受赠、获奖或者以其他方式取得并自用应税车辆的行为
范围	包括汽车、摩托车、电车、挂车、农用运输车
计算	应纳税额＝计税依据×税率（10%） (1) 购买自用——支付的不含增值税的价款。价外费用的解释，其中注意：不包括代办保险而向购买方收取的保险费及向购买方收取的代购买方缴纳的车辆购置税、车辆牌照费。 (2) 进口自用——关税完税价格＋关税＋消费税。 (3) 自产、受赠、获奖或者以其他方式取得并自用的应税车辆，计税价格由主管税务机关参照税总规定的最低计税价格核定。 (4) 购买自用或者进口自用应税车辆，申报的计税价格低于同类型应税车辆的最低计税价格，又无正当理由的——最低计税价格征收
优惠	(1) 外国驻华使馆、领事馆和国际组织驻华机构及其外交人员自用的车辆，免税。 (2) 中国人民解放军和中国人民武装警察部队列入军队武器装备订货计划的车辆，免税。 (3) 设有固定装置的非运输车辆，免税。 (4) 自 2016 年 1 月 1 日起至 2020 年 12 月 31 日止，对城市公交企业购置的公共汽电车免征车辆购置税。 (5) 自 2015 年 10 月 1 日起至 2016 年 12 月 31 日止，对购置 1.6 升及以下排量乘用车减按 5%的税率征收车辆购置税。 (6) 自 2014 年 9 月 1 日止 2017 年 12 月 31 日，对购置的符合条件纯电动汽车、插电式（含增程式）混合动力汽车、燃料电池汽车免征车辆购置税
征管	已缴纳车辆购置税的车辆，发生下列情形之一的，准予纳税人申请退税：①车辆退回生产企业或者经销商的；②符合免税条件的设有固定装置的非运输车辆但已征税的；③其他依据法律法规规定应予退税的情形。车辆退回生产企业或者经销商的，纳税人申请退税时，主管税务机关自纳税人办理纳税申报之日起，按已缴纳税款每满 1 年扣减 10%计算退税额；未满 1 年的，按已缴纳税款全额退税

【例题·单选题】下列关于车辆购置税的说法，正确的是（　　）。

A．外国公民在境内购置汽车，免征车辆购置税

B．纳税人购买四轮农用运输车，免征车辆购置税

C．已税车辆更换变速箱，不需要重新办理车辆购置税纳税申报

D．参加比赛获奖所得的汽车，不需要缴纳车辆购置税

【答案】C

【解析】选项 A，外国公民在境内购置汽车，没有免征车辆购置税的规定；选项 B，

对三轮农用运输车免征车辆购置税；选项 D，以获奖方式取得并自用的汽车，也要缴纳车辆购置税。

【例题·单选题】某 4S 店 2016 年 11 月进口 9 辆商务车，海关核定的关税计税价格为 40 万元/辆，当月销售 4 辆，2 辆作为样车放置在展厅待售，1 辆公司自用。该 4S 店应纳车辆购置税（　　）万元。（商务车关税税率为 25%，消费税税率为 12%）

A．5.48　　B．5.60　　C．5.68　　D．17.04

【答案】C

【解析】进口销售、待售的不缴纳车辆购置税，进口自用的需要征收车辆购置税。

该 4S 店应纳车辆购置税＝40×（1＋25%）÷（1－12%）×10%＝5.68（万元）

【例题·多选题】购买下列车辆，应计算缴纳车辆购置税的有（　　）。

A．出租车　　B．救护车

C．摩托车　　D．国际组织驻华机构自用车辆

【答案】AC

【解析】选项 B，救护车属于设有固定装置的非运输车辆，免税；选项 D，国际组织驻华机构自用车辆，免税。

【例题·单选题】回国服务留学人员赵某于 2015 年 1 月 10 日用现汇购买了一辆个人自用国产小汽车，机动车销售统一发票注明金额为 235800 元。2017 年 1 月，赵某将该车转让给宋某，转让价为 138000 元，并于 1 月 10 日办理了车辆过户手续。国家税务总局最新核定该型车辆的车辆购置税最低计税价格为 180000 元。宋某应纳车辆购置税（　　）元。

A．11794.87　　B．14400.00　　C．18000.00　　D．20153.85

【答案】B

【解析】宋某应纳车辆购置税＝180000×（1－2×10%）×10%＝14400（元）

【例题·多选题】根据车辆购置税规定，已经办理纳税申报的车辆发生下列情形，需要重新办理纳税申报的有（　　）。

A．更换底盘　　B．车辆过户　　C．车辆转籍　　D．免税条件消失

【答案】AD

【解析】已经办理纳税申报的车辆发生下列情形之一的，纳税人应按《车辆购置税征收管理办法》规定重新办理纳税申报：①底盘发生更换的；②免税条件消失的。

同步强化练习

第一节　印　花　税

一、单选题

1．根据印花税法律制度的规定，下列各项中，不征收印花税的是（　　）。

A．工商营业执照　B．房屋产权证　　C．土地使用证　　D．税务登记证

2．某企业本月签订两份合同：①加工承揽合同，合同载明材料金额 30 万元，加工

费 10 万元；②财产保险合同，合同载明被保险财产价值 1000 万元，保险费 1 万元。已知加工合同印花税税率 0.5‰，保险合同印花税税率 1‰。则应缴纳的印花税为（　　）万元。

A．30×0.5‰＋1000×1‰＝1.015　　B．10×0.5‰＋1000×1‰＝1.005

C．30×0.5‰＋1×1‰＝0.016　　D．10×0.5‰＋1×1‰＝0.006

3．某电厂与某运输公司签订了两份运输保管合同：第一份合同载明的金额合计 50 万元（运费和保管费并未分别记载）；第二份合同中注明运费 30 万元、保管费 10 万元。已知：运输合同印花税税率 0.5‰；保管合同 1‰，则该电厂签订两份合同应缴纳的印花税税额为（　　）元。

A．250　　B．500　　C．750　　D．900

4．根据印花税法律制度的规定，下列表述不正确的是（　　）。

A．办理一项业务，既书立合同，又开立单据的，只就合同贴花

B．凡不书立合同，只开立单据，以单据作为合同使用的，其使用的单据应按规定贴花

C．对纳税人以电子形式签订的各类应税凭证按规定征收印花税

D．未按期兑现的合同不需贴花

5．下列各项中，按件贴花的是（　　）。

A．权利、许可证照　　B．加工承揽合同

C．产权转移书据　　D．记载资金的账簿

6．甲向乙购买一批货物，合同约定丙为鉴定人，丁为担保人，关于该合同印花税纳税人的下列表述中，正确的是（　　）。

A．甲和乙为纳税人　　B．甲和丙为纳税人

C．乙和丁为纳税人　　D．甲和丁为纳税人

7. 甲公司于 2016 年 8 月开业后，领受了工商营业执照、税务登记证、土地使用证、房屋产权证各一件。已知权利、许可证照印花税单位税额为每件 5 元，甲公司应缴纳的印花税额为（　　）元。

A．5　　B．10　　C．15　　D．20

二、多选题

1．根据印花税法律制度的规定，下列各项中，属于印花税征税范围的有（　　）。

A．土地使用权出让合同　　B．土地使用权转让合同

C．商品房销售合同　　D．房屋产权证

2．根据印花税法律制度的规定，下列合同中，属于印花税征税范围的有（　　）。

A．人身保险合同　B．财产保险合同　C．购销合同　D．委托代理合同

3．根据印花税法律制度的规定，下列合同中，属于印花税征税范围的有（　　）。

A．会计师事务所与客户之间签订的审计咨询合同

B．电网与用户之间签订的供用电合同

C．软件公司与用户之间签订的技术培训合同

D．研究所与企业之间签订的技术转让合同

4．根据印花税法律制度的有关规定，下列关于印花税计税依据的说法，不正确的有（　　）。

A．财产租赁合同，以所租赁财产的金额作为计税依据

B．货物运输合同，以所运货物金额和运输费用的合计金额为计税依据

C．借款合同，以借款金额和借款利息的合计金额为计税依据

D．财产保险合同，以保险费收入为计税依据

5．张某于 2015 年以每套 800 万元的价格购入两套高档公寓作为投资。2016 年将其中一套公寓以 1000 万元的价格转让给谢某，从中获利 200 万元，根据我国税收法律制度的规定，张某出售公寓的行为应缴纳的税种有（　　）。

A．个人所得税　　B．营业税　　C．契税　　D．土地增值税

6．根据印花税法律制度的规定，下列各项中，属于印花税纳税人的有（　　）。

A．合同的双方当事人、担保人、证人、鉴定人

B．会计账簿的立账簿人

C．产权转移书据的立据人

D．在国外书立、领受，但在国内使用应税凭证的单位

7．根据印花税法律制度的规定，下列各项中，不征收印花税的有（　　）。

A．会计师事务所与客户之间签订的审计咨询合同

B．电网与用户之间签订的供用电合同

C．人身保险合同

D．委托代理合同

8．下列各项中，不应当征收印花税的有（　　）。

A．甲公司与乙公司签订的货物运输合同

B．会计咨询合同

C．企业与主管部门签订的租赁承包合同

D．电网与用户之间签订的供用电合同

9．下列税收法律制度中，采用比例税率和定额税率计征税额的有（　　）。

A．关税　　B．消费税　　C．资源税　　D．印花税

10．甲建筑安装公司与乙企业签订一份建筑安装工程承包合同，合同注明承包金额为 1000 万元；施工期间，甲公司又将其中 400 万元的建筑安装工程分包给丙公司，并签订了分包合同。已知建筑安装工程承包合同印花税税率为 0.3‰，根据印花税法律制度的规定，下列说法中正确的有（　　）。

A．甲公司应缴纳印花税＝1000×0.3‰＝0.3（万元）

B．乙企业应缴纳印花税＝1000×0.3‰＝0.3（万元）

C．丙公司应缴纳印花税＝400×0.3‰＝0.12（万元）

D．甲、乙、丙合计应缴纳印花税＝（1000＋400）×0.3‰×2＝0.84（万元）

三、判断题

1．根据税额大小，应税项目纳税次数多少，以及税源控管的需要，印花税分别采用自行贴花、汇贴汇缴、委托代征三种缴纳方法。（　　）

2．印花税应自凭证生效日贴花。（　）

3．电网与用户之间签订的供用电合同不征印花税。（　）

4．办理一项业务，如果既书立合同，又开立单据，只就合同贴花，凡不书立合同，只开立单据，以单据作为合同适用的，其使用的单据应按规定贴花。（　）

5．税务登记证按每件 5 元计征印花税。（　）

第二节　车辆购置税

一、单选题

1．某汽车贸易公司本月进口 11 辆小轿车，海关审定的关税完税价格为 25 万元/辆，当月销售 8 辆，取得含税销售收入 240 万元；2 辆企业自用，1 辆用于抵偿债务。合同约定的含税价格为 35 万元。已知：小轿车关税税率 28%，消费税税率为 9%，车辆购置税税率为 10%。该公司应纳车辆购置税（　）万元。

A．7.03　　B．5.00　　C．7.50　　D．10.55

2．小王本月从好朋友老赵开的 4S 店中购入小汽车一辆，该车含增值税的销售价格为 35.1 万元，已知国家税务总局核定的同类型车辆最低计税价格为 80 万元，市场平均销售价格为 82 万元，已知：车辆购置税税率为 10%。小王应纳车辆购置税（　）万元。

A．3　　B．3.51　　C．8　　D．8.2

3．甲企业系增值税一般纳税人，2016 年 10 月向乙销售小汽车，收取不含税价款 20 万元，同时向乙收取了 1.17 万元的保管费。乙购买小汽车后自用。已知，该小汽车适用的增值税税率是 17%。则乙应缴纳车辆购置税（　）万元。

A．2　　B．2.1　　C．1.7　　D．1

4．甲公司系增值税一般纳税人，2016 年 6 月经批准从境外进口 1 辆汽车自用，成交价格 580 万元。另外支付运抵我国关境内输入地点起卸前的运输费 20 万元，保险费 11 万元，缴纳了进口环节税金后海关放行，国家税务总局核定的同类型汽车的最低计税价格为 1000 万元/辆。已知，汽车的消费税税率是 12%，关税税率是 40%。则甲公司应缴纳车辆购置税（　）万元。

A．97.2　　B．100　　C．85.54　　D．69.43

5．甲汽车专卖店购入小汽车 12 辆，下列行为中，应当由甲汽车专卖店作为纳税人缴纳车辆购置税的是（　）。

A．将其中 6 辆销售给客户

B．将其中 2 辆作为董事长、总经理的专用轿车

C．将其中 1 辆赠送给乙企业

D．库存 3 辆尚未售出

6．2016 年 10 月，王某从增值税一般纳税人处购买轿车一辆供自己使用，支付含增值税的价款 234000 元，另支付购置工具件和零配件价款 1170 元，车辆装饰费 4680 元；已知车辆购置税适用 10%的税率，增值税税率为 17%。有关王某应当缴纳的车辆购置税，

下列计算正确的是（　　）。

A.（234000＋1170＋4680）×10%

B.（234000＋1170＋4680）÷（1＋17%）×10%

C. [234000÷（1＋17%）＋（1170＋4680）]×10%

D. [234000＋（1170＋4680）÷（1＋17%）]×10%

7. 甲公司 2016 年 10 月接受捐赠进口小汽车 10 辆并自用，无法取得该型号小汽车的市场价格。已知捐赠方取得该小汽车时的成本为 80000 元/辆，小汽车成本利润率为 10%，消费税税率为 9%，国家税务总局规定的同类型应税车辆最低计税价格为 150000 元/辆，则甲公司就上述业务应缴纳车辆购置税的计算正确的是（　　）。

A. 150000×10×10%

B. 150000×10×（1＋10%）÷（1－9%）×10%

C. 80000×10×（1＋10%）×（1＋9%）×10%

D. 80000×10×（1＋10%）÷（1－9%）×10%

8. 下列关于车辆购置税申报与缴纳的说法，正确的是（　　）。

A. 车辆购置税的征税环节是使用环节（最终消费环节）

B. 购买已缴纳车辆购置税的旧机动车自用也要缴纳车辆购置税

C. 车辆购置税的纳税地点是销售应税车辆的 4S 店所在地

D. 免税车辆不需要办理车辆购置税申报手续

二、多选题

1. 根据车辆购置税法律制度的规定，下列各项中，属于车辆购置税纳税人的有（　　）。

A. 购买私家车自用的个人　　B. 进口车辆并对外出售的单位

C. 将自产汽车自用的单位　　D. 获奖取得汽车并自用的个人

2. 根据车辆购置税的有关规定，下列属于车辆购置税免税情形的有（　　）。

A. 外国驻华使馆、领事馆和国际组织驻华机构及其外交人员自用的车辆

B. 中国人民解放军和中国人民武装警察部队列入军队武器装备订货计划的车辆

C. 设有固定装置的非运输车辆

D. 学校购置并自用的车辆

3. 根据车辆购置税的有关规定，下列关于车辆购置税征收管理表述中正确的有（　　）。

A. 车辆购置税实行一次性征收制度，购置已征车辆购置税的车辆，不再征收车辆购置税

B. 退回生产企业或者经销商的已缴纳车辆购置税的车辆，准予纳税人申请退税

C. 自产、受赠、获奖或者以其他方式取得并自用应税车辆的，应当自取得之日起 60 日内申报纳税

D. 不需要办理登记注册的应税车辆，应当向纳税人所在地的地方税务局申报缴纳

4. 根据车辆购置税法律制度的规定，下列行为中，不需计算缴纳车辆购置税

的有（ ）。

A．汽车经销商购进小汽车待售　　B．个体工商户受赠小汽车自用

C．购进设有固定装置的非运输车辆自用　D．李某获奖取得自行车自用

5．下列费用中，属于车辆购置税的价外费用的有（ ）。

A．销售方向购买方收取的集资费

B．销售方向购买方收取的违约金

C．销售方向购买方收取的保管费

D．销售方代购买方缴纳的车辆牌照费

6．我国居民甲 2016 年 1 月在一家 4S 店购买一辆小汽车自用，小汽车的不含税销售价格为 20 万元，我国居民甲按照规定缴纳了车辆购置税，但由于质量原因，2017 年 1 月该小汽车被召回生产厂家并退给我国居民甲相应的购置价款，已知车辆购置税的税率是 10%，下列说法正确的有（ ）。

A．我国居民甲在 2012 年购入该小汽车应缴纳车辆购置税 2 万元

B．我国居民甲可以申请退还车辆购置税

C．我国居民甲不可以申请退还车辆购置税

D．我国居民甲可以取得退还的车辆购置税 1.4 万元

三、判断题

1．老赵 2015 年 4 月 1 日购入一辆小汽车自用，5 月 30 日申报并缴纳车辆购置税 10 万元。由于车辆制动系统存在严重问题，2016 年 4 月 30 日，老赵将该车退回，则老赵可以申请退还的车辆购置税为 9 万元。（ ）

2．纳税人自产、受赠、获奖或者以其他方式取得并自用的应税车辆的计税价格，由主管税务机关参照市场价格核定。（ ）

3．纳税人购买自用或者进口自用应税车辆，申报的计税价格低于同类型应税车辆的最低计税价格，又无正当理由的，计税价格为同类应税车辆的市场均价确定计税价格。（ ）

4．纳税人应当在公安机关车辆管理机构办理车辆登记注册后，缴纳车辆购置税。（ ）

5．车辆购置税的纳税人购买车辆，应在购买之日起 60 日内申报纳税。（ ）

同步强化练习
参考答案及解析

第十章　企业所得税

学情分析

本章重点掌握以下几点：

（1）纳税人：能准确划分居民企业和非居民企业。

（2）征税对象：能准确划分居民企业和非居民企业的征税对象及所得来源的确定。

（3）税率：识记基本税率、低税率及优惠税率。

（4）应纳税额的计算：分别掌握企业应纳税所得额直接法和间接法的两种计算方法，尤其间接法的计算应重点掌握，并能够熟练灵活运用。

（5）征收管理：纳税义务发生时间、纳税期限和纳税地点。

本章主要内容导图

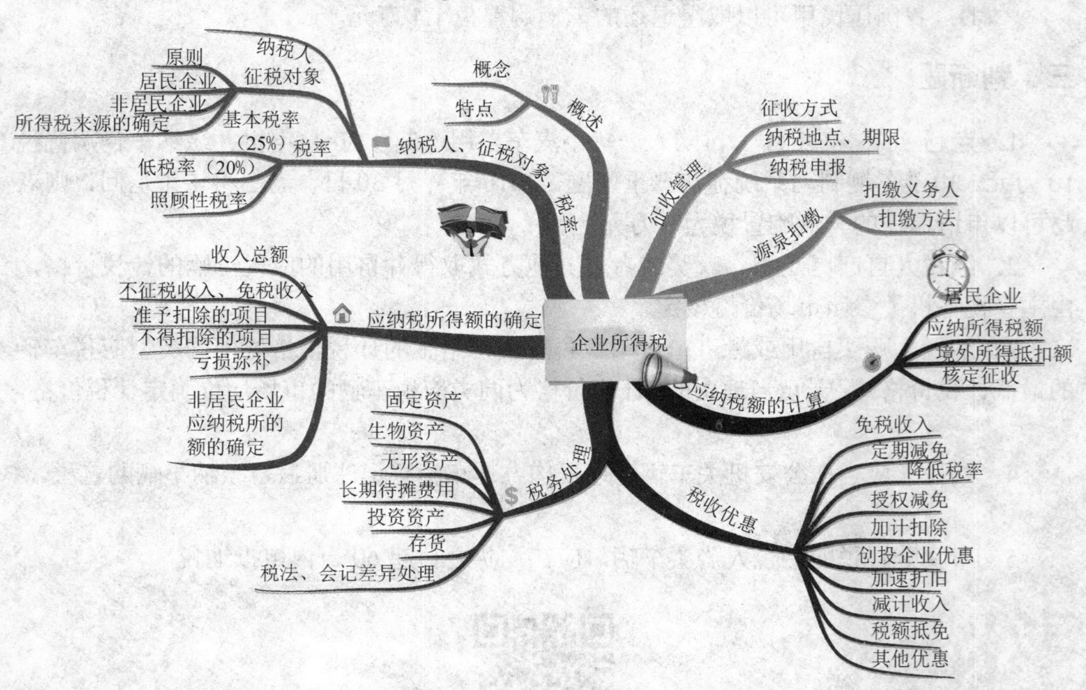

重点、难点讲解及典型例题

一、企业所得税概述

定义	企业所得税是对我国境内的企业和其他取得收入的组织的生产经营所得和其他所得征收的一种税。 注意：个人独资企业、合伙企业不缴纳企业所得税

续表

<table>
<tr><td rowspan="2">分类</td><td>居民企业</td><td colspan="3">依法在中国境内成立，或者依照外国（地区）法律成立但实际管理机构在中国境内的企业。
注意：实际管理机构，是指对企业的生产经营、人员、账务、财产等实施实质性全面管理和控制的机构</td></tr>
<tr><td>非居民企业</td><td colspan="3">依照外国（地区）法律成立且实际管理机构不在中国境内，但在中国境内设立机构、场所的，或者在中国境内未设立机构、场所，但有来源于中国境内所得的企业</td></tr>
<tr><td>征税对象</td><td colspan="4">企业的生产经营所得、其他所得和清算所得。
提示：居民企业——来源于中国境内、境外的所得。
非居民企业——来源于中国境内的所得</td></tr>
<tr><td rowspan="6">所得来源的确定</td><td colspan="2">销售货物所得</td><td colspan="2">交易活动发生地</td></tr>
<tr><td colspan="2">提供劳务所得</td><td colspan="2">劳务发生地</td></tr>
<tr><td colspan="2">转让财产所得</td><td colspan="2">① 不动产转让所得按照不动产所在地确定。
② 动产转让所得按照转让动产的企业或者机构、场所所在地确定。
③ 权益性投资资产转让所得，按照被投资企业所在地确定</td></tr>
<tr><td colspan="2">股息、红利等权益性投资所得</td><td colspan="2">分配所得的企业所在地</td></tr>
<tr><td colspan="2">利息所得、租金所得、特许权使用费所得</td><td colspan="2">负担、支付所得的企业或者机构、场所所在地确定</td></tr>
<tr><td colspan="2">其他所得</td><td colspan="2">国务院财政、税务主管部门确定</td></tr>
<tr><td rowspan="4">税率（比例税率）</td><td>基本税率</td><td>25%</td><td colspan="2">① 居民企业。
② 在中国境内设有机构、场所且所得与机构、场所有关联的非居民企业</td></tr>
<tr><td rowspan="2">照顾性税率</td><td>20%</td><td colspan="2">符合条件的小型微利企业</td></tr>
<tr><td>15%</td><td colspan="2">国家重点扶持的高新技术企业</td></tr>
<tr><td>低税率</td><td>10%</td><td colspan="2">① 在中国境内未设立机构、场所的非居民企业。
② 虽设立机构、场所但取得的所得与其所设机构、场所无实际联系的非居民企业</td></tr>
</table>

【例题·多选题】下列属于企业所得税纳税人的有（　　）。

A．集体企业　　B．国有企业　　C．个体工商户　D．有限责任公司

【答案】ABD

【解析】个体工商户是个人所得税的纳税人。

【例题·单选题】按现行所得税法规定，不是居民企业的是（　　）。

A．在广州市工商局登记注册的企业

B．在香港注册但实际管理机构在南京的企业

C．在日本注册的企业设在成都的办事处

D．在深圳市注册但在香港承包业务的企业

【答案】C

【解析】居民企业是依法在中国境内成立，或者依照外国（地区）法律成立但实际管理机构在中国境内的企业。

【例题·多选题】注册地与实际管理机构所在地均在英国的某银行，取得的下列各项所得中，应按规定缴纳我国企业所得税的有（　　）。

A．转让位于我国的一处厂房取得的财产转让所得

B．在香港证券交易所购入英国某公司股票后取得的分红所得

C．在我国设立的分行为我国某公司提供理财咨询服务取得的服务费收入

D．在我国设立的分行为位于美国的某公司提供流动资金贷款取得的利息收入

【答案】ACD

【解析】该银行是非居民企业，非居民企业仅来源于中国境内的所得交企业所得税。利息所得、租金所得、特许权使用费所得是按负担、支付所得的企业或者机构、场所所在地确定的。

【例题·单选题】根据《企业所得税法》的规定，对符合条件的小型微利企业，给予企业所得税税率优惠。优惠税率为（　　）。

A．10%　　B．15%　　C．20%　　D．25%

【答案】C

【解析】企业所得税的基本税率为 25%，符合条件的小型微利企业为 20%，国家重点扶持的高新技术企业为 15%，代扣代缴税率为 10%。

二、企业所得税应纳税所得额的计算

（一）计算方法

直接法：应纳税所得额＝收入总额－不征税收入－免税收入－各项扣除－允许弥补的以前年度亏损。

间接法：应纳税所得额＝利润总额＋纳税调整增加额－纳税调整减少额。

（二）收入总额

<table>
<tr><td>内容</td><td colspan="2">企业的收入总额包括以货币形式和非货币形式从各种来源取得的收入。
提示：（1）纳税人取得的货币形式收入包括现金、存款、应收账款、应收票据、准备持有至到期的债券投资，以及债务的豁免等。
（2）纳税人以非货币形式取得的收入，应当按照公允价值确定收入额。公允价值是指按照市场价格确定的价值</td></tr>
<tr><td rowspan="9">具体范围</td><td rowspan="9">一般收入</td><td>销售货物收入</td></tr>
<tr><td>劳务收入</td></tr>
<tr><td>转让财产收入</td></tr>
<tr><td>股息、红利等权益性投资收益：按照被投资方做出利润分配决定的日期确认收入的实现</td></tr>
<tr><td>利息收入：按照合同约定的债务人应付利息的日期确认收入的实现</td></tr>
<tr><td>租金收入：按照合同约定的承租人应付租金的日期确认收入的实现</td></tr>
<tr><td>特许权使用费收入：按照合同约定的特许权使用人应付特许权使用费的日期确认收入的实现</td></tr>
<tr><td>接受捐赠收入（包括货币性和非货币性资产）：按照实际收到捐赠资产的日期确认收入的实现
提示：企业接受捐赠的非货币性资产：计入应纳税所得额的内容包括受赠资产价值和由捐赠企业代为支付的增值税，不包括受赠企业另外支付或应付的相关税费</td></tr>
<tr><td>其他收入</td></tr>
</table>

续表

<table>
<tr><td rowspan="20">具体范围</td><td rowspan="8">特殊收入</td><td colspan="2">以分期收款方式销售货物的，按照合同约定的收款日期确认收入的实现</td></tr>
<tr><td colspan="2">企业受托加工制造大型机械设备、船舶、飞机等，以及从事建筑、安装、装配工程业务或者提供劳务等，持续时间超过 12 个月的，按照纳税年度内完工进度或者完成的工作量确认收入的实现</td></tr>
<tr><td colspan="2">采取产品分成方式取得收入的，按照企业分得产品的时间确认收入的实现，其收入额按照产品的公允价值确定</td></tr>
<tr><td colspan="2">企业发生非货币性资产交换，以及将货物、财产、劳务用于捐赠、偿债、赞助、集资、广告、样品、职工福利和进行利润分配等用途，应当视同销售货物、转让财产和提供劳务</td></tr>
<tr><td colspan="2">采用售后回购方式销售商品的，销售的商品按售价确认收入，回购的商品作为购进商品处理</td></tr>
<tr><td colspan="2">销售商品以旧换新的，销售商品应当按照销售商品收入确认条件收入，回收的商品作为购进商品处理</td></tr>
<tr><td colspan="2">企业为促进商品销售而在商品价格上给予的价格优惠属于商业折扣，商品销售涉及商业折扣的，应当按照扣除商业折扣后的金额确定销售商品收入金额。
提示：(1) 现金折扣的，应当按扣除现金折扣前的金额确定销售商品收入金额，现金折扣在实际发生时作为财务费用扣除。
(2) 企业已经确认销售收入的售出商品发生销售折让和销售退回，应当在发生当期冲减当期商品收入</td></tr>
<tr><td colspan="2">企业以买一赠一等方式组合销售本企业商品的，不属于捐赠，应将总的销售金额按各项商品的公允价值的比例来分摊各项的销售收入</td></tr>
<tr><td rowspan="12">处置资产收入</td><td rowspan="6">内部处置资产，不视同销售确认收入</td><td>将资产用于生产、制造、加工另一产品</td></tr>
<tr><td>改变资产形状、结构或性能</td></tr>
<tr><td>改变资产用途</td></tr>
<tr><td>将资产在总机构及其分支机构之间转移</td></tr>
<tr><td>上述两种或两种以上情形的混合</td></tr>
<tr><td>其他不改变资产所有权属的用途</td></tr>
<tr><td rowspan="6">企业将资产移送他人，视同销售确定收入</td><td>用于市场推广或销售</td></tr>
<tr><td>用于交际应酬</td></tr>
<tr><td>用于职工奖励或福利</td></tr>
<tr><td>用于股息分配</td></tr>
<tr><td>用于对外捐赠</td></tr>
<tr><td>其他改变资产所有权属的用途</td></tr>
</table>

【例题·单选题】以下不属于企业所得税货币形式收入的包括（　　）。

A. 应收票据　　B. 准备持有到期的债券投资

C. 债务的豁免　　D. 不准备持有到期的债券投资

【答案】D

【解析】纳税人取得的货币形式收入包括现金、存款、应收账款、应收票据、准备持有至到期的债券投资，以及债务的豁免等。

【例题·多选题】根据《企业所得税法》的规定，下列关于特殊收入的确认说法不正确的是（　　）。

A. 采取产品分成方式取得收入的，按照产品完工的日期确认收入的实现

B．企业从事建筑、安装、装配工程业务，持续时间超过 12 个月的，按照纳税年度内完成的工作量确认收入的实现

C．以分期收款方式销售货物的，按照合同约定的收款日期确认收入的实现

D．采用售后回购方式销售商品的，可以按扣除支付回购商品后的余额确认收入的实现

【答案】AD

【解析】采取产品分成方式取得收入的，按照企业分得产品的时间确认收入的实现；采用售后回购方式销售商品的，销售的商品按售价确认收入，回购的商品作为购进商品处理。

【例题·多选题】根据企业所得税处置资产确认收入的相关规定，下列各项行为中，应视同销售的有（　　）。

A．将生产的产品用于产品展销　　B．将生产的产品用于职工福利

C．将生产的产品加工成另一产品　　D．将生产的产品用于捐赠

【答案】ABCD

【解析】企业将资产用于市场推广或销售、交际应酬、职工奖励或福利、股息分配、对外捐赠或其他改变资产所有权属的用途的视同销售要确认收入。

【例题·计算题】某企业 2016 年 12 月接受捐赠机器设备一台，收到的增值税专用发票上注明价款 20 万元，增值税 3.4 万元，企业另支付不含税运输费用 0.8 万元，取得增值税专用发票，计算该企业受赠资产应交的企业所得税税额。

【答案】固定资产原值＝20＋0.8＝20.8（万元）

可以抵扣的增值税＝3.4＋0.8×11%＝3.488（万元）

应纳税所得额＝20＋3.4＝23.4（万元）

应纳所得税＝23.4×25%＝5.85（万元）

【解析】企业接受捐赠的非货币性资产：计入应纳税所得额的内容包括受赠资产价值和由捐赠企业代为支付的增值税，不包括受赠企业另外支付或应付的相关税费。

（三）不征税收入与免税收入

项目	具体内容
不征税收入	财政拨款
	依法收取并纳入财政管理的行政事业性收费、政府性基金
	国务院规定的其他不征税收入
免税收入	国债利息收入
	符合条件的居民企业之间的股息、红利等权益性收益。 提示：（1）此处收益是指居民企业直接投资于其他居民企业取得的投资收益。 （2）收益不包括连续持有居民企业公开发行并上市流通的股票不足 12 个月取得的投资收益
	在中国境内设立机构、场所的非居民企业从居民企业取得与该机构、场所有实际联系的股息、红利等权益性投资收益。 提示：收益不包括连续持有居民企业公开发行并上市流通的股票不足 12 个月取得的投资收益
	符合条件的非营利性组织的收入

【例题·多选题】下列收入不属于企业所得税免税收入的是（　　）。

A．银行存款利息收入　　B．财政拨款收入

C．国债利息收入　　D．居民企业之间的股息收入

【答案】ABD

【解析】选项A属于应税收入；选项B属于不征税收入；选项D符合条件的居民企业之间的股息、红利等权益性收益才是免税收入。

（四）扣除项目与不得扣除项目

项目	内容	重点（标准）
扣除项目	原则	扣除项目应遵循的五大原则包括权责发生制原则、配比原则、相关性原则、确定性原则及合理性原则
	范围	企业实际发生的与取得收入有关的、合理的支出，包括成本、费用、税金、损失和其他支出准予扣除。 提示：（1）税金中无“增值税”，也不包括所得税。 （2）损失不包括行政性罚款
	具体规定	1．工资、薪金 企业发生的合理的工资薪金支出，准予扣除
		2．职工福利费、工会经费和职工教育经费 （1）企业发生的职工福利费支出，不超过工资薪金总额14%的部分准予扣除。 （2）企业拨缴的工会经费，不超过工资薪金总额2%的部分准予扣除。 （3）除国务院财政、税务主管部门另有规定外，企业发生的职工教育经费支出，不超过工资薪金总额2.5%的部分准予扣除，超过部分准予结转以后纳税年度扣除
		3．社会保险费 （1）按照政府规定的范围和标准缴纳的“五险一金”，即基本养老保险费、基本医疗保险费、失业保险费、工伤保险费、生育保险费等基本社会保险费和住房公积金，准予扣除。 （2）企业为投资者或者职工支付的补充养老保险费、补充医疗保险费，在国务院财政、税务主管部门规定的范围和标准内，准予扣除。 企业依照国家有关规定为特殊工种职工支付的人身安全保险费和符合国务院财政、税务主管部门规定可以扣除的商业保险费准予扣除。 （3）企业参加财产保险，按照规定缴纳的保险费，准予扣除。企业为投资者或者职工支付的商业保险费，不得扣除
		4．利息费用 （1）非金融企业向金融企业借款的利息支出、金融企业的各项存款利息支出和同业拆借利息支出、企业经批准发行债券的利息支出可据实扣除。 （2）非金融企业向非金融企业借款的利息支出，不超过按照金融企业同期同类贷款利率计算的数额的部分可据实扣除，超过部分不许扣除
		5．借款费用 （1）企业在生产经营活动中发生的合理的不需要资本化的借款费用，准予扣除。 （2）企业为购置、建造固定资产、无形资产和经过12个月以上的建造才能达到预定可销售状态的存货发生借款的，在有关资产购置、建造期间发生的合理的借款费用，应当作为资本性支出计入有关资产的成本；有关资产交付使用后发生的借款利息，可以发生当期扣除
		6．汇兑损失 汇率折算形成的汇兑损失，准予扣除

续表

项目	内容	重点（标准）
扣除项目	具体规定	7．业务招待费 企业发生的与生产经营有关的业务招待费支出，按照实际发生额的 60%扣除，但最高不得超过当年销售（营业）收入的 5‰。销售（营业）收入包括销售货物收入、劳务收入、出租财产收入、转让无形资产使用权收入（非所有权）、视同销售收入等，不包括营业外收入
		8．广告费和业务宣传费 企业发生的符合条件的广告费和业务宣传费支出，除国务院财政、税务主管部门另有规定外，不超过当年销售（营业）收入 15%的部分，准予扣除；超过部分，准予结转以后纳税年度扣除。 另有规定：化妆品制造与销售、医药制造和饮料制造（不含酒类制造）限额比率为 30%
		9．环境保护专项资金 企业依照法律、行政法规有关规定提取的用于环境保护、生态恢复等方面的专项资金准予扣除；上述专项资金提取后改变用途的，不得扣除
		10．保险费 企业参加财产保险，按照规定缴纳的保险费，准予扣除
		11．固定资产租赁费 （1）以经营租赁方式租入固定资产发生的租赁费支出，按照租赁期限均匀扣除。 （2）以融资租赁方式租入固定资产发生的租赁费支出，按照规定构成融资租入固定资产价值的部分应当提取折旧费用，分期扣除，租赁费支出不得扣除
		12．劳动保护费 企业发生的合理的劳动保护支出，准予扣除，如符合条件的工作服饰费用
		13．公益性捐赠支出 （1）公益性捐赠含义：企业通过公益性社会团体或者县级以上人民政府及其部门，用于《中华人民共和国公益事业捐赠法》规定的公益事业的捐赠。 （2）公益性捐赠税前扣除标准：企业发生的公益性捐赠支出，不超过年度利润总额 12%的部分，准予扣除。 年度利润总额，是指企业依照国家统一会计制度的规定计算的年度会计利润。 （3）纳税人直接向受赠人的捐赠，所得税前不得扣除，应作纳税调增处理
		14．有关资产的费用 （1）企业转让各类固定资产发生的费用——允许扣除。 （2）企业按规定计算的固定资产折旧费、无形资产和递延资产的摊销费——准予扣除
		15．总机构分摊的费用 非居民企业在中国境内设立的机构、场所，就其中国境外总机构发生的与该机构、场所生产经营有关的费用，能够提供总机构出具的费用汇集范围、定额、分配依据和方法等证明文件，并合理分摊的，准予扣除
		16．资产损失 （1）企业当期发生的固定资产和流动资产盘亏、毁损净损失，由其提供清查盘存资料经主管税务机关审核后，准予扣除。 （2）企业因存货盘亏、毁损、报废等原因不得从销项税金中抵扣的进项税金，应视同企业财产损失，准予与存货损失一起在所得税前按规定扣除
		17．其他项目 如会员费、合理的会议费、差旅费、违约金、诉讼费用等，准予扣除
		18．手续费及佣金支出 （1）企业发生与生产经营有关的手续费及佣金支出，不超过以下规定计算限额以内的部分，准予扣除；超过部分，不得扣除。

续表

项目	内容	重点（标准）
扣除项目	具体规定	① 保险企业：财产保险企业按当年全部保费收入扣除退保金等后余额的 15%（含本数，下同）计算限额；人身保险企业按当年全部保费收入扣除退保金等后余额的 10%计算限额。 ② 其他企业：按与具有合法经营资格中介服务机构或个人（不含交易双方及其雇员、代理人和代表人等）所签订服务协议或合同确认的收入金额的 5%计算限额。 （2）除委托个人代理外，企业以现金等非转账方式支付的手续费及佣金不得在税前扣除。企业为发行权益性证券支付给有关证券承销机构的手续费及佣金不得在税前扣除
不得扣除项目	范围	向投资者支付的股息、红利等权益性投资收益款项
		企业所得税税款
		税收滞纳金，是指纳税人违反税收法规，被税务机关处以的滞纳金
		罚金、罚款和被没收财物的损失，是指纳税人违反国家有关法律、法规规定，被有关部门处以的罚款，以及被司法机关处以的罚金和被没收的财物。 提示：（1）纳税人逾期归还银行贷款，银行按规定加收的罚息，不属于行政性罚款，允许在税前扣除。 （2）纳税人签发空头支票，银行按规定处以罚款，属于行政性罚款，不允许在税前扣除
		超过规定标准的捐赠支出
		赞助支出，是指企业发生的与生产经营活动无关的各种非广告性质支出
		未经核定的准备金支出，是指不符合国务院财政、税务主管部门规定的各项资产减值准备、风险准备等准备金支出
		企业之间支付的管理费、企业内营业机构之间支付的租金和特许权使用费，以及非银行企业内营业机构之间支付的利息，不得扣除
		与取得收入无关的其他支出

【例题·多选题】根据企业所得税法律制度的规定，下列各项中，纳税人在计算企业所得税应纳税所得额时不得扣除的项目有（　　）。

A．企业所得税　B．印花税　C．土地增值税　D．增值税

【答案】AD

【解析】所得税、增值税不得在税前扣除。

【例题·单选题】某企业 2016 年度销售收入为 270000 元，发生业务招待费 5000 元，根据个人所得税法律的规定，该企业当年可以在税前扣除的业务招待费最高为（　　）元。

A．1350　B．3000　C．1650　D．2800

【答案】A

【解析】业务招待费扣除标准＝270000×5‰＝1350（元）。

业务招待费实际发生额的 60%＝5000×60%＝3000 元，超标准 5000－1350＝3650 元。

【例题·单选题】某企业 2016 年度销售收入为 270000 元，发生广告费和业务宣传费 50000 元，根据企业所得税法律的规定，该企业当年可以在税前扣除的广告费和业务宣传费最高为（　　）元。

A．30300　B．38080　C．40500　D．45000

【答案】C

【解析】广告费和业务宣传费扣除标准＝270000×15%＝40500（元）

广告费和业务宣传费实际发生额 50000 元，超标准 500 元（50000－40500），调增

所得额500元。

【例题·单选题】某生产化妆品的企业，2016年计入成本、费用中的合理的实发工资540万元，当年发生的工会经费15万元、职工福利费80万元、职工教育经费11万元，则税前可扣除的职工工会经费、职工福利费、职工教育经费合计为（　　）万元。

A．106　　B．97.4　　C．99.9　　D．108.5

【答案】B

【提示】合理的工资可以全额扣除。

可以扣除的福利费限额＝540×14%＝75.6（万元）；

应调增应纳税所得额＝80－75.6＝4.4（万元）；

可以扣除的工会经费限额＝540×2%＝10.8（万元）；

应调增应纳税所得额＝15－10.8＝4.2（万元）；

可以扣除的教育经费限额＝540×2.5%＝13.5（万元）＞11万元，职工教育经费应可全额扣除；

可扣除的合计＝75.6＋10.8＋11＝97.4（万元）。

【例题·单选题】某企业2016年税前会计利润为250万元，其中包括35万元通过红十字会向某灾区的捐款，直接向某学校捐赠10万元，已知该企业适用的企业所得税税率为25%，则该企业2016年应纳税额为（　　）万元。

A．66.25　　B．62.5　　C．65　　D．63.75

【答案】A

【解析】（1）公益捐赠扣除限额＝250×12%＝30（万元）。

调增应纳税所得额＝35－30＝5（万元）。

（2）直接向某学校捐赠10万元不能税前扣除。

（3）上述业务应调增所得额＝5＋10＝15（万元）。

（4）应纳税额＝（250＋15）×25%＝66.25（万元）。

【例题·多选题】根据《企业所得税法》的规定，下列支出项目中，在计算企业所得税应纳税所得额时，不得扣除的有（　　）。

A．税收滞纳金　　B．银行按规定加收的罚息

C．被没收财物的损失　　D．未经核定的准备金支出

【答案】ACD

【解析】罚金、罚款和被没收财物的损失属于不得在税前扣除的项目。

（五）亏损弥补

项目	内容
亏损定义	亏损，是指企业依照《企业所得税法》及《企业所得税暂行条例》的规定，将每一纳税年度的收入总额减除不征税收入和各项扣除后小于零的数额
具体规定	企业纳税年度发生的亏损，可以用下一纳税年度的所得弥补；下一纳税年度的所得不足弥补的，可以逐年延续弥补，但是延续弥补期最长不得超过5年。 提示：5年内不论是盈利或亏损，都作为实际弥补期限计算。而且，企业在汇总计算缴纳企业所得税时，其境外营业机构的亏损不得抵减境内营业机构的盈利
	企业筹办期间不计算为亏损年度，企业自开始生产经营的年度，为开始计算企业损益的年度

【例题·单选题】某企业 2010 年发生亏损 20 万元，2011 年盈利 12 万元，2012 年亏损 1 万元，2013 年盈利 4 万元，2014 年亏损 5 万元，2015 年盈利 2 万元，2016 年盈利为 38 万元。则该企业 2010～2016 年总计应缴纳的企业所得税税额为（　　）万元。（不考虑所得税税率的变化）

A．9.5　　B．7.5　　C．8　　D．8.25

【答案】C

【解析】2010 年亏损可以以 2011 年至 2015 年所得弥补，2012 年亏损可以以 2013 年至 2017 年所得弥补，2014 年亏损可以以 2015 年至 2016 年所得弥补，所以 2010～2016 年总计应缴纳的企业所得税额＝［38－（1＋5）］×25%＝8（万元）。

三、资产的税务处理

（一）固定资产

项目	税务处理
计税基础	外购的固定资产，以购买价款和支付的相关税费，以及直接归属使该资产达到预定用途发生的其他支出为计税基础
	自行建造的固定资产，以竣工结算前发生的支出为计税基础
	融资租入的固定资产，以租赁合同约定的付款总额和承租人在签订租赁合同过程中发生的相关费用为计税基础，租赁合同未约定付款总额的，以该资产的公允价值和承租人在签订租赁合同过程中发生的相关费用为计税基础
	盘盈的固定资产，以同类固定资产的重置完全价值为计税基础
	通过捐赠、投资、非货币性资产交换、债务重组等方式取得的固定资产，以该资产的公允价值和支付的相关税费为计税基础
	改建的固定资产除已足额提取折旧的固定资产和租入的固定资产以外的其他固定资产，以改建过程中发生的改建支出增加计税基础
折旧	固定资产按照直线法计算的折旧，准予扣除。企业应当自固定资产投入使用月份的次月起计算折旧；停止使用的固定资产，应当自停止使用月份的次月起停止计算折旧。 提示：企业应当根据固定资产的性质和使用情况，合理确定固定资产的预计净残值，一经确定，不得变更
不得计算折旧扣除	① 房屋、建筑物以外未投入使用的固定资产。 ② 以经营租赁方式租入的固定资产。 ③ 以融资租赁方式租出的固定资产。 ④ 已足额提取折旧仍继续使用的固定资产。 ⑤ 与经营活动无关的固定资产。 ⑥ 单独估价作为固定资产入账的土地
最低折旧年限	① 房屋、建筑物：20 年。 ② 飞机、火车、轮船、机器、机械和其他生产设备：10 年。 ③ 与生产经营活动有关的器具、工具、家具等：5 年。 ④ 飞机、火车、轮船以外的运输工具：4 年。 ⑤ 电子设备：3 年

（二）生产性生物资产

项目	税务处理
计税基础	① 外购的生产性生物资产，以购买价款和支付的相关税费为计税基础。 ② 通过捐赠、投资、非货币性资产交换、债务重组等方式取得的生产性生物资产，以该资产的公允价值和支付的相关税费为计税基础
折旧方法	按照直线法计算的折旧，准予扣除。企业应当自生产性生物资产投入使用月份的次月起计算折旧；停止使用的生产性生物资产，应当自停止使用月份的次月起停止计算折旧。 提示：企业应当根据生产性生物资产的性质和使用情况，合理确定生产性生物资产的预计净残值，一经确定，不得变更
最低折旧年限	① 林木类生产性生物资产：10 年。 ② 畜类生产性生物资产：3 年

（三）无形资产（包括专利权、商标权、著作权、土地使用权、非专利技术、商誉等）

项目	税务处理
计税基础	① 外购的无形资产，以购买价款和支付的相关税费，以及直接归属于使该资产达到预定用途发生的其他支出为计税基础。 ② 自行开发的无形资产，以开发过程中该资产符合资本化条件后至达到预定用途前发生的支出为计税基础。 ③ 通过捐赠、投资、非货币性资产交换、债务重组等方式取得的无形资产，以该资产的公允价值和支付的相关税费为计税基础
不得计算摊销费用扣除范围	① 自行开发的支出已在计算应纳税所得额时扣除的无形资产。 ② 自创商誉。 ③ 与经营活动无关的无形资产。 ④ 其他不得计算摊销费用扣除的无形资产
摊销方法	按照直线法计算摊销费用，准予扣除。 提示：外购商誉的支出，在企业整体转让或者清偿时，准予扣除
最低摊销年限	不得低于 10 年

（四）长期待摊费用

项目	税务处理
已足额提取折旧的固定资产的改建支出	按照固定资产预计尚可使用年限分期摊销
租入固定资产的改建支出	按照合同约定的剩余租赁期限分期摊销。 提示：改建的固定资产延长使用年限的，除前述规定外，应当适当延长折旧年限
固定资产的大修理支出	按照固定资产尚可使用年限分期摊销
其他应当作为长期待摊费用的支出	自支出发生月份的次月起，分期摊销，摊销年限不得低于 3 年

（五）投资资产

项目	税务处理
成本的确定	① 通过支付现金方式取得的投资资产，以购买价款为成本。 ② 通过支付现金以外的方式取得的投资资产，以该资产的公允价值和支付的相关税费为成本

续表

项目	税务处理
成本的扣除方法	企业对外投资期间，投资资产的成本在计算应纳税所得额时不得扣除。企业在转让或者处置投资资产时，投资资产的成本，准予扣除

（六）存货

项目	税务处理
计税基础	① 通过支付现金方式取得的存货，以购买价款和支付的相关税费为成本。 ② 通过支付现金以外的方式取得的存货，以该存货的公允价值和支付的相关税费为成本。 ③ 生产性生物资产收获的农产品，以产出或者采收过程中发生的材料费、人工费和分摊的间接费用等必要支出为成本
成本的计算方法	企业使用或者销售的存货的成本计算方法，可以在先进先出法、加权平均法、个别计价法中选用一种。计价方法一经选用，不得随意变更

【例题·多选题】根据《企业所得税法》的有关规定，允许提取折旧扣除的固定资产有（ ）。

A．以经营租赁方式租出的固定资产

B．已提足折旧仍继续使用的固定资产

C．以融资租赁方式租入的固定资产

D．以经营租赁方式租入的固定资产

【答案】AC

【解析】本题考核固定资产计提折旧的规定。不得计提折旧扣除的范围包括：房屋、建筑物以外未投入使用的固定资产；以经营租赁方式租入的固定资产；以融资租赁方式租出的回定资产；已足额提取折旧仍继续使用的固定资产；与经营活动无关的固定资产；单独估价作为固定资产入账的土地。

【例题·单选题】根据《企业所得税法》的规定，下列对长期待摊费用的税务处理不正确的是（ ）。

A．租入固定资产改建支出，按照固定资产尚可使用年限分期摊销

B．其他应当作为长期待摊费用的支出，自支出发生月份的次月起分期摊销。摊销年限不得低于 3 年

C．固定资产大修理支出，按照固定资产尚可使用年限分期摊销

D．已足额提取折旧的固定资产的改建支出，按照固定资产预计尚可使用年限分期摊销

【答案】A

【解析】本题考核固定资产长期待摊费用的摊销方法。租入固定资产改建支出，按照合同约定的剩余租赁期限分期摊销。

四、税收优惠

<table>
<tr><th>优惠方式</th><th>种类</th><th>具体内容</th></tr>
<tr><td rowspan="7">税额式优惠</td><td rowspan="5">免征与减征优惠</td><td>企业从事下列项目所得，免征企业所得税：
①蔬菜、谷物、薯类、油类、豆类、棉花、麻类、糖类、水果、坚果的种植；②农作物新品种的选育；③中药材的种植；④林木的培育和种植；⑤牲畜、家禽的饲养；⑥林产品的采集；⑦灌溉、农产品初加工、兽医、农技推广、农机作业，以及维修等农、林、牧、渔服务业项目；⑧远洋捕捞</td></tr>
<tr><td>企业从事下列项目的所得，减半征收企业所得税：①花卉、茶，以及其他饮料作物和香料作物的种植；②海水养殖、内陆养殖</td></tr>
<tr><td>定期减免：3 免 3 减半（从项目取得第 1 笔生产经营收入起，第 1 年至第 3 年免征企业所得税，第 4 年至第 6 年征收企业所得税）。
（1）从事国家重点扶持的公共基础设施项目投资经营的所得，自取得第一笔生产经营收入所属纳税年度起 3 免 3 减半。
（2）从事符合条件的环境保护、节能节水项目的所得，自取得第一笔生产经营收入所属纳税年度起 3 免 3 减半</td></tr>
<tr><td>符合条件的技术转让所得免税或减税。
居民企业转让技术所有权所得不超过 500 万元的部分，免征企业所得税；超过 500 万元的部分，减半征收企业所得税</td></tr>
<tr><td>民族自治地方的自治机关对本民族自治地方的企业应缴纳的企业所得税中属于地方分享的部分，可以决定减征或者免征</td></tr>
<tr><td>税额抵免</td><td>企业购置并实际使用《优惠目录》规定的环境保护、节能节水、安全生产等专用设备的，该专用设备的投资额的 10%可以从企业当年的应纳税额中抵免；当年不足抵免的，可以在以后 5 个纳税年度结转抵免。
提示：（1）专用设备的投资额不包括允许抵扣的增值税进项税额；无法抵扣的进项税额，计入专用设备投资额（取得普通发票，专用设备投资额为普通发票上价款）。
（2）专用设备正常计提折旧</td></tr>
<tr><td rowspan="7">税基式优惠</td><td rowspan="2">加计扣除</td><td>企业为开发新技术、新产品、新工艺发生的研究开发费用，未形成无形资产计入当期损益的，在按照规定据实扣除的基础上，按照研究开发费用的 50%加计扣除；形成无形资产的，按照无形资产成本的 150%摊销</td></tr>
<tr><td>企业安置残疾人员所支付工资费用，在据实扣除的基础上，按照支付给残疾职工工资的 100%加计扣除</td></tr>
<tr><td rowspan="5">加速折旧</td><td>可采用加速折旧方法的固定资产：①由于技术进步，产品更新换代较快的固定资产；②常年处于强震动、高腐蚀状态的固定资产。
解析：采取缩短折旧年限方法的，最低折旧年限不得低于规定折旧年限的 60%；加速折旧可以采取双倍余额递减法或者年数总和法</td></tr>
<tr><td>对指定 6 个行业的企业 2014 年 1 月 1 日后新购进的固定资产，可缩短折旧年限或采取加速折旧的方法：①生物药品制造业；②专用设备制造业；③铁路、船舶、航空航天和其他运输设备制造业；④计算机、通信和其他电子设备制造业；⑤仪器仪表制造业；⑥信息传输、软件和信息技术服务业等</td></tr>
<tr><td>对轻工、纺织、机械、汽车等四个领域重点行业的企业 2015 年 1 月 1 日后新购进的固定资产，可由企业选择缩短折旧年限或采取加速折旧的方法</td></tr>
<tr><td>对所有行业企业：2014 年 1 月 1 日后新购进的专门用于研发的仪器、设备，单位价值不超过 100 万元的，允许一次性计入当期成本费用在计算应纳税所得额时扣除，不再分年度计算折旧；单位价值超过 100 万元的，可缩短折旧年限或采取加速折旧的方法</td></tr>
<tr><td>对所有行业企业：持有的单位价值不超过 5000 元的固定资产，允许一次性计入当期成本费用在计算应纳税所得额时扣除，不再分年度计算折旧</td></tr>
</table>

续表

优惠方式	种类	具体内容
税基式优惠	减计收入	综合利用资源，生产国家非限制和禁止并符合国家和行业相关标准的产品取得的收入，减按90%计入收入总额
	抵减所得额	创投企业，采取股权投资方式投资于未上市的中小高新技术企业2年以上的，可以按照其投资额的70%在股权持有满2年的当年抵扣该创业投资企业的应纳税所得额；当年不足抵扣的，可以在以后纳税年度结转抵扣
税率式优惠	20%	符合条件的小型微利企业，减按20%的税率征收企业所得税
	15%	国家需要重点扶持的高新技术企业，减按15%的税率征收企业所得税
	10%	非居民企业减免税：在中国境内未设立机构、场所的，或者虽设立机构、场所但取得的所得与其所设机构、场所没有实际联系的，其来源于中国境内的所得，减按10%的税率征收企业所得税

【例题·多选题】根据《企业所得税法》的规定，下列属于减半征收的是（　　）。

A．远洋捕捞　　B．农作物新品种的选育

C．海水养殖　　D．内陆养殖

【答案】CD

【解析】选项A、B属于税法的规定的免征项目。

【例题·多选题】下列减免税说法正确的是（　　）。

A．国家需要重点扶持的高新技术企业，减按15%的税率征收企业所得税

B．企业综合利用资源，生产符合国家产业政策规定的产品所取得的收入，可以在计算应纳税额时减计

C．企业购置用于环境保护、节能节水、安全生产等专用设备的投资额的10%可以从企业当年的应纳税所得额中抵免；当年不足抵免的，可以在以后5个纳税年度结转抵免

D．符合条件的小型微利企业减按20%的税率征收企业所得税

【答案】AD

【解析】企业综合利用资源，生产符合国家产业政策规定的产品所取得的收入，可以在计算应纳税所得额时减计收入。企业购置用于环境保护、节能节水、安全生产等专用设备的投资额的10%可以从企业当年的应纳税额中抵免；当年不足抵免的，可以在以后5个纳税年度结转抵免。

【例题·多选题】下列按10%计算企业所得税额的企业有（　　）。

A．符合条件的小型微利企业

B．在中国境内虽设立机构、场所，但取得所得与其机构、场所没有实际联系的非居民企业

C．在中国境内未设立机构、场所，但有来源于中国境内所得的非居民企业

D．国家重点扶持的高新技术生产企业

【答案】BC

【解析】选项A适用税率为20%；选项D适用税率为15%。

五、居民企业核定征收

<table>
<tr><td>核定征收范围</td><td colspan="2">（1）依照法律、行政法规的规定可以不设置账簿的。
（2）依照法律、行政法规的规定应当设置但未设置账簿的。
（3）擅自销毁账簿或者拒不提供纳税资料的。
（4）虽设置账簿，但账目混乱或者成本资料、收入凭证、费用凭证残缺不全，难以查账的。
（5）发生纳税义务，未按照规定的期限办理纳税申报，经税务机关责令限期申报，逾期仍不申报的。
（6）申报的计税依据明显偏低，又无正当理由的。
提示：特殊行业、特殊类型的纳税人和一定规模以上的纳税人不适用核定征收企业所得税的办法</td></tr>
<tr><td rowspan="3">核定征收的办法</td><td rowspan="2">核定应税所得率</td><td>应纳税所得额＝应税收入额×应税所得率</td></tr>
<tr><td>成本（费用）支出额÷（1－应税所得率）×应税所得率</td></tr>
<tr><td>核定应纳所得税额</td><td>（1）参照当地同类行业或者类似行业中经营规模和收入水平相近的纳税人的税负水平核定。
（2）按照应税收入额或成本费用支出额定率核定。
（3）按照耗用的原材料、燃料、动力等推算或测算核定。
（4）按照其他合理方法核定</td></tr>
</table>

【例题·单选题】某批发兼零售的居民企业，2016 年度自行申报营业收入总额 350 万元，成本费用总额 370 万元，当年亏损 20 万元，经税务机关审核，该企业申报的收入总额正确，成本费用无法确认。假定对该企业采取核定征收企业所得税，应税所得率为 8%，该居民企业 2016 年度应缴纳企业所得税（　　）万元。

A．7.00　　B．7.40　　C．7.61　　D．8.04

【答案】A

【解析】应纳企业所得税＝350×8%×25%＝7（万元）

【例题·单选题】下列纳税人，适用核定征收企业所得税方法的是（　　）。

A．依照法律、法规可以不设置账簿的居民企业

B．特殊行业的纳税人

C．特殊类型的纳税人

D．一定规模以上的纳税人

【答案】A

【解析】根据规定，核定征收的方法适用于居民企业，但是特殊行业、特殊类型的纳税人和一定规模以上的纳税人不适用核定征收企业所得税的办法。

六、源泉扣缴

<table>
<tr><th>内容</th><th>具体规定</th></tr>
<tr><td rowspan="2">扣缴义务人</td><td>对非居民企业在中国境内未设立机构、场所的，或者虽设立机构、场所，但取得的所得与其所设机构、场所没有实际联系的所得应缴纳的所得税，实行源泉扣缴，以支付人为扣缴义务人</td></tr>
<tr><td>对非居民企业在中国境内取得工程作业和劳务所得应缴纳的所得税，税务机关可以指定工程价款或者劳务费的支付人为扣缴义务人</td></tr>
<tr><td>扣缴方法</td><td>扣缴义务人每次代扣的税款，应当自代扣之日起 7 日内缴入国库，并向所在地的税务机关报送扣缴企业所得税报告表</td></tr>
</table>

【例题·单选题】《企业所得税法》规定对非居民企业取得（　　），实行源泉扣缴。

A. 境外生产所得

B. 境外劳务所得

C. 对非居民企业在中国境内设立机构、场所取得的所得与其所设机构、场所有实际联系的所得

D. 对非居民企业在中国境内设立机构、场所取得的所得与其所设机构、场所没有实际联系的所得

【答案】D

【解析】对非居民企业在中国境内未设立机构、场所的，或者虽设立机构、场所，但取得的所得与其所设机构、场所没有实际联系的所得应缴纳的所得税，实行源泉扣缴，以支付人为扣缴义务人。

七、征收管理

内容	具体规定
纳税地点	居民企业： （1）除税收法律、行政法规另有规定外，居民企业以企业登记注册地为纳税地点；但登记注册地在境外的，以实际管理机构所在地为纳税地点。 （2）居民企业在中国境内设立不具有法人资格的营业机构的，应当汇总计算并缴纳企业所得税
	非居民企业： （1）非居民企业在中国境内设立机构、场所的，应当就其所设机构、场所取得的来源于中国境内的所得，以及发生在中国境外但与其所设机构、场所有实际联系的所得，以机构、场所所在地为纳税地点。非居民企业在中国境内设立两个或者两个以上机构、场所的，经税务机关审核批准，可以选择由其主要机构、场所汇总缴纳企业所得税。 （2）非居民企业在中国境内未设立机构、场所的，或者虽设立机构、场所，但取得的所得与其所设机构、场所没有实际联系的所得，以扣缴义务人所在地为纳税地点
纳税期限	企业所得税按年计征，分月或者分季预缴，年终汇算清缴，多退少补
	纳税年度的实际经营期不足 12 个月的，应当以其实际经营期为一个纳税年度
	企业清算时，应将整个清算期作为一个独立的纳税年度计算清算所得
纳税申报	分月或分季预缴。应当自月份或者季度终了之日起 15 日内，向税务机关报送预缴企业所得税纳税申报表，预缴税款
	汇算清缴。企业应当自年度终了后 5 个月内向税务机关报送年度企业所得税纳税申报表，并汇算清缴，结清应缴或应退税款
	企业在报送企业所得税纳税申报表时，应当按照规定附送财务会计报告和其他有关资料

【例题·判断题】企业所得税按年计征，分月预缴，年终汇算清缴，多退少补。（　　）

【答案】×

【解析】企业所得税按年计征，分月或者分季预缴，年终汇算清缴，多退少补。

同步强化练习

第一节　所得税及企业所得税概述

一、单选题

1. 所得税是以纳税人的（　　）为征收对象所征收的一种税。
   A. 生产收入　　B. 经营收入　　C. 总收入　　D. 所得额
2. 企业所得税是以企业取得的（　　）为征税对象所征收的一种税。
   A. 生产经营所得　　B. 其他所得
   C. 生产经营所得和其他所得　　D. 利润总额
3.《企业所得税法》自（　　）起施行。
   A. 2007 年 3 月 16 日　　B. 2007 年 11 月 28 日
   C. 2008 年 1 月 1 日　　D. 2008 年 3 月 1 日

二、多选题

1. 我国所得税税制包括的主要税种有（　　）等。
   A. 综合所得税　　B. 个人所得税　　C. 企业所得税　　D. 分类所得税
2. 下列表述中，符合所得税的特点的有（　　）。
   A. 所得税是对纳税人的所得额征税
   B. 所得税属于直接税，税负一般不能转嫁
   C. 所得税属于间接税，税负一般不能转嫁
   D. 所得税的计算征管比较复杂
3. 下列表述中，符合企业所得税特点的有（　　）。
   A. 企业所得税的征税范围广
   B. 企业所得税以利总额为计税依据
   C. 企业所得税征税时以量能负担为原则
   D. 企业所得税实行按年计征，分期缴纳，年终汇算清缴的征收方法

第二节　纳税义务人、征税对象和税率

一、单选题

1. 下列各项中，不属于企业所得税纳税人的是（　　）。
   A. 在外国成立但实际管理机构在中国境内的企业
   B. 在中国境内成立的外商独资企业

C．在中国境内成立的个人独资企业

D．在中国境内未设立机构场所、但有来源于中国境内所得的企业

2．某外国公司在中国设立分支机构，其来源于中国境内的与分支机构没有联系的所得缴纳企业所得税的税率是（　　）。

A．20%　　B．25%　　C．30%　　D．33%

3．下列符合企业所得税所得来源确定的有（　　）。

A．提供劳务，按照支付所得的企业所在地确定

B．销售货物，按照交易活动发生地确定

C．动产转让所得，按照购买动产的企业或者机构、场所所在地确定

D．权益性投资所得，按照投资企业所在地确定

4．按照《企业所得税法》及其实施条例规定，下列有关企业所得税税率说法不正确的是（　　）。

A．居民企业适用税率为25%

B．非居民企业取得来源于中国境内的所得适用税率均为10%

C．符合条件的小型微利企业适用税率为20%

D．未在中国境内设立机构、场所的非居民企业，取得中国境内的所得适用税率为10%

5．以下属于非居民企业的是（　　）。

A．在百慕大群岛注册，实际管理机构在英国，但收入中有 50%来自于中国的企业

B．在百慕大群岛注册，公司总部设在中国北京的企业

C．通用汽车（中国）公司

D．在我国注册成立的沃尔玛（中国）公司

6. 根据《企业所得税法》的规定，下列各项中，不属于企业所得税纳税人的是（　　）。

A．外商独资企业　B．合伙企业　C．国有企业　D．集体企业

7．根据企业所得税法律制度的规定，下列各项中，不属于企业所得税纳税人的是（　　）。

A．股份有限公司　　B．个体工商户

C．有限责任公司　　D．外商独资企

8．根据《企业所得税法》的规定，下列关于企业所得税纳税人的表述中不正确的是（　　）。

A．居民企业就其来源于我国境内外的全部所得缴税

B．企业设有多个不具有法人资格的营业机构的，实行由法人汇总纳税

C．非居民企业就其来源于我国境内外的全部所得缴税

D．个人独资企业和合伙企业不是企业所得税的纳税人

9．根据《企业所得税法》，国家需重点扶持的高新技术产业，可以按较低的税率征收企业所得税，该税率是（　　）。

A．25%　　B．10%　　C．20%　　D．15%

10．根据《企业所得税法》，符合条件的小型微利企业，可以减按较低的税率征收企业所得税，该税率是（　　）。

A．20%　　B．15%　　C．3%　　D．25%

11．美国微软公司在中国设立分支机构，其来源于中国境内的所得缴纳企业所得税的税率是（　　）。

A．20%　　B．25%　　C．10%　　D．33%

二、多选题

1. 按照《企业所得税法》及其实施条例规定，下列各项中属于居民企业的有（　　）。

A．在美国注册的企业设在苏州的办事机构

B．在日本注册但实际管理机构在南京的日资独资企业

C．在英国注册但在南非开展工程承包的企业

D．在江苏省工商局登记注册的企业

2．非居民企业在中国境内设立从事生产经营活动的机构、场所包括（　　）。

A．从事建筑的场所　　B．农场

C．开采自然资源的场所　　D．办事机构

3．根据《企业所得税法》的规定，企业分为（　　）。

A．本国企业　　B．外国企业　　C．居民企业　　D．非居民企业

4．适用《企业所得税法》的企业有（　　）。

A．个人独资企业　B．股份有限公司　　C．合伙企业　　D．有限责任公司

5．根据《企业所得税法》的规定，企业所得税纳税义务人不包括（　　）。

A．股份制企业　　B．自然人

C．个人独资企业　　D．个体工商户

6．根据《企业所得税法》的规定，下列项目中，属于非居民企业的有（　　）。

A．依照外国（地区）法律成立且实际管理机构不在中国境内，但在中国境内设立机构、场所的企业

B．依照外国（地区）法律成立但实际管理机构在中国境内的企业

C．依照外国（地区）法律成立且实际管理机构不在中国境内，在中国境内未设立机构、场所，但有来源于中国境内所得的企业

D．依法在中国境内成立的企业

7．依据现行企业所得税的规定，下列表述不正确的是（　　）。

A．居民企业来源于中国境外的所得，适用税率为10%

B．非居民企业来源于中国境内的所得，适用税率为25%

C．非居民企业在中国境内设立的机构、场所来源于中国境内的所得，适用税率为25%

D．境外注册的中资控股企业应当认定为居民企业，适用税率为25%

8．企业所得税的征税对象包括（　　）。

A．个人承包所得　　B．其他所得

C．生产经营所得　　D．清算所得

9．下列各项中，关于企业所得税所得来源的确定正确的有（　　）。

A．销售货物所得按照交易活动发生地确定

B．提供劳务所得按照劳务报酬支付地确定

C．不动产转让所得按照不动产转让所得按照不动产所在地确定

D．特许权使用费所得按取得所得的企业所在地确定

10．某企业 2016 年应缴企业所得税的税率有可能是（　　）。

A．25%　　B．20%　　C．15%　　D．10%

三、判断题

1．居民企业是指依法在中国境内成立或者依照外国法律成立但在中国境内实际从事生产经营的企业。（　　）

2．划分居民企业和非居民企业采用的是"注册地标准"。（　　）

3．符合条件的小型微利企业，减按 20%的税率征收企业所得税。国家需要重点扶持的高新技术企业，减按 15%的税率征收企业所得税。（　　）

4．在中国境内设有机构、场所且境外所得与机构、场所有关联的非居民企业适用 20%的企业所得税税率。（　　）

5．我国《企业所得税法》对居民企业的判定标准采取的是登记注册地标准和实际管理控制地标准相结合的原则，依照这一标准在境外登记注册的企业属于非居民企业。（　　）

6．非居民企业偶尔委托个人在中国境内从事生产经营活动的，则该个人不视为非居民企业在中国境内设立的机构、场所。（　　）

7．非居民企业在中国境内设立机构、场所的，应当就其来源于中国境内的所得按 25%的税率缴纳企业所得税。（　　）

8．居民企业承担无限纳税义务，非居民企业承担有限纳税义务。（　　）

第三节　应纳税所得额的计算

一、单选题

1．以下不属于《企业所得税法》所称企业取得收入的货币形式有（　　）。

A．现金、存款　　B．应收账款

C．应收票据　　D．不准备持有至到期的债券投资

2．根据《企业所得税法》的规定，在计算企业所得税应纳税所得额时，不计入收入总额的是（　　）。

A．出租固定资产取得的租金收入　　B．财政拨款

C．固定资产盘盈收入　　D．转让固定资产取得的收入

3．按照《企业所得税法》及其实施条例的规定，下列关于收入确认时点正确的

是（　　）。

A．利息收入，按照合同约定的债务人应付利息的日期确认收入的实现

B．租金收入，按照承租人实际支付租金的日期确认收入的实现

C．接受捐赠收入，按照签订捐赠合同的日期确认收入的实现

D．权益性投资收益，按照被投资方作利润分配账务处理的日期确认收入的实现

4．《企业所得税法》所称企业以非货币形式取得的收入，应当按照（　　）确定收入额。

A．公允价值　　B．重置价值　　C．历史价值　　D．原始价值

5．企业收入总额中的（　　）收入为不征税收入。

A．租金收入

B．国债利息收入

C．接受捐赠收入

D．依法收取并纳入财政管理的行政事业性收费

6．根据《企业所得税法》的规定，下列收入中可以免征企业所得税的是（　　）。

A．符合条件的非营利性组织的收入　　B．接受非货币性资产捐赠收入

C．汇兑收益　　D．股息、利息等投资收益

7．下列税种在计算企业所得税应纳税所得额时，不准从收入额中扣除的是（　　）。

A．消费税　　B．允许抵扣的增值税

C．印花税　　D．土地增值税

8．下列项目中，不允许在应税所得额中扣除的有（　　）。

A．对外投资期间的投资成本　　B．劳动保护支出

C．坏账损失　　D．广告性质的赞助支出

9．下列各项中，在计算企业所得税应纳税所得额时不得扣除的项目是（　　）。

A．已发生的经营亏损　　B．消费税

C．企业所得税税额　　D．销售费用

10．某企业 2016 年有一笔销售锅炉业务，合同约定：锅炉全部价款 600 万元，生产过程中购货方预付价款 300 万元，余款在锅炉运行 3 个月后的 10 日内一次性支付；锅炉由供货方生产、安装，购货方和供货方共同检验。关于该笔业务的收入实现时间和金额，下列表述正确的是（　　）。

A．在购货方接受锅炉并安装、检验完毕时确认收入 600 万元

B．在购货方接受锅炉并安装、检验完毕时确认收入 300 万元

C．在供货方发出锅炉时确认收入 600 万元

D．在供货方发出锅炉时确认收入 300 万元

11．根据《企业所得税法》及其实施条例的规定，纳税人的下列支出中，在计算企业所得税应纳税所得额时准予扣除的是（　　）。

A．税收滞纳金　　B．罚金

C．银行罚息　　D．违法经营的罚款

12．根据《企业所得税法》的规定，企业的下列各项支出，在计算应纳税所得额时，

准予从收入总额中直接扣除的是（　　）。

A．公益性捐赠支出

B．转让固定资产发生的费用

C．生产经营中因违反税收法规，被税务机关处以的滞纳金

D．向投资者支付的股息、红利等权益性投资收益款项

13．按照《企业所得税法》及其实施条例规定，下列表述中不正确的是（　　）。

A．发生的与生产经营活动有关的业务招待费，不超过销售（营业）收入5‰的部分准予扣除

B．发生的职工福利费支出，不超过工资薪金总额14%的部分准予税前扣除

C．为投资者或者职工支付的补充养老保险费、补充医疗保险费在规定标准内准予扣除

D．为投资者或者职工支付的商业保险费，不得扣除

14．某居民企业，2016年计入成本、费用的实发工资总额为300万元，拨缴职工工会经费5万元，支出职工福利费45万元、职工教育经费15万元，该企业2016年计算应纳税所得额时准予在税前扣除的工资和三项经费合计为（　　）万元。

A．310　　B．349.84　　C．394.84　　D．354.5

15．某食品工业企业2015年营业收入3000万元，广告费支出800万元，业务宣传费支出20万元。2016年营业收入4000万元，广告费支出200万元，业务宣传费支出15万元。则2016年准予税前扣除的广告费和业务宣传费合计为（　　）万元。

A．297.5　　B．585　　C．600　　D．215

16．某企业2016年度销售收入为272000元，发生业务招待费5000元，发生广告费30000元，业务宣传费10000元，2015年结转广告费10000元，根据企业所得税法律的规定，该企业当年可以在税前扣除的业务招待费、广告费和业务宣传费合计为（　　）元。

A．43800　　B．38080　　C．42160　　D．55000

17．企业发生的公益性捐赠支出，在年度利润总额（　　）以内的部分，准予在计算应纳税所得额时扣除。

A．3%　　B．10%　　C．12%　　D．20%

18．企业发生的公益性捐赠支出，不超过年度（　　）12%的部分，准予扣除。

A．收入总额　　B．应纳税所得额　　C．利润总额　　D．应纳税额

19．某国有企业2010年度发生亏损，根据《企业所得税法》的规定，该亏损额可以用以后纳税年度的所得逐年弥补，但延续弥补的期限最长不得超过（　　）年。

A．2013　　B．2014　　C．2015　　D．2016

20．企业应纳税所得额的计算，应当以（　　）为原则。

A．永续盘存制　　B．权责发生制　　C．实地盘存制　　D．收付实现制

21．宏发公司在日常的生产经营活动中发生了以下费用，在计算企业所得税应纳所得额时不允许扣除的项目是（　　）。

A．企业的计税工资薪金支出8万元

B．企业直接对我国甘肃地区“希望工程”的 5 万元公益性捐款

C．企业在规定比例之内发生的 1 万元业务招待费

D．企业购买国债的利息收入 2 万元

22．企业为职工缴纳的下列保险费，不得在税前扣除的是（　　）。

A．五险一金　　B．补充医疗保险费

C．家庭财产保险费　　D．特殊工种职工人身安全保险费

23．如果“7·23”动车事故的动车原值为 1000 万元，会计上已提折旧 200 万元、计提减值准备 100 万元，按税法规定应提折旧为 220 万元；保险公司理赔财产险 500 万元。则按税法规定应确认资产损失为（　　）万元。

A．200　　B．280　　C．700　　D．780

24．甲公司 2016 年度通过某乡政府，向该乡的一所小学捐赠 50 万元，通过某县民政局向当地贫困人口捐赠 100 万元。请问 2016 年度允许扣除的捐赠为（　　）万元。当年会计利润为 1000 万元（不含公益性捐赠）。

A．50　　B．150　　C．132　　D．100

二、多选题

1．根据《企业所得税法》的规定，下列收入属于征税收入的是（　　）。

A．企业销售商品收入　　B．企业提供中介代理收入

C．企业转让固定资产收入　　D．企业提供非专利技术收入

2．在计算应纳税所得额时，下列支出不得扣除的有（　　）。

A．税收滞纳金

B．被没收财物的损失

C．法定比例范围内的公益性捐赠支出

D．向投资者支付的股息

3．根据《企业所得税法》的规定，下列关于企业特殊收入的确认说法正确的是（　　）。

A．以分期收款方式销售货物的，以货物发出的当天确认收入的实现

B．企业接受委托加工制造大型机器设备，持续时间超过 12 个月的，按照纳税年度内完工进度确认收入的实现

C．采取产品分成方式取得收入的，按照产品生成日期确认收入的实现

D．企业将存货对外捐赠，应视同销售确认销售收入

4．下列项目，在计算企业所得税应纳税所得时准予扣除的是（　　）。

A．企业发生的诉讼费用　　B．消费税

C．消费税滞纳金　　D．企业发生的劳动保护支出

5．在计算企业所得税应纳税所得额时，不准从收入总额中扣除的项目有（　　）。

A．违法经营的罚款和被没收财物的损失　　B．为促销商品发生的广告性支出

C．遭受自然灾害有赔偿的部分　　D．未经核定的准备金支出

6．企业发生（　　）应当视同销售货物。

A．将自产货物用于非货币性资产交换　　B．将自产货物用于捐赠

C．将自产货物用于抵债　　D．将自产货物用于集体福利

7．企业的下列（　　）收入为不征税收入。

A．财政拨款

B．依法收取并纳入财政管理的政府性基金

C．国务院规定的不征税收入

D．国债利息收入

E．符合条件的非营利组织的收入

8．按照《企业所得税法》及其实施条例规定，下面说法正确的有（　　）。

A．企业销售存货，按规定计算的存货成本可以在税前扣除

B．企业纳税年度发生亏损，准予向后年度结转，直到弥补完为止

C．企业境外营业机构的亏损可以抵减境内营业机构的盈利进行汇总缴纳企业所得税

D．外购商誉的支出，在企业整体转让或者清算时，准予扣除

9．特许权使用费收入是指企业提供（　　）取得的收入。

A．专利权　　B．非专利技术　　C．商标权　　D．土地使用权

10．按照《企业所得税法》及其实施条例规定，下列收入应作为其他收入的有（　　）。

A．资产溢余收入

B．逾期未退包装物押金收入

C．债务重组收入

D．已作坏账损失处理后又收回的应收款项

11．下列项目中在会计利润的基础上应调增应纳税所得额的项目有（　　）。

A．合理的工资费用支出

B．业务招待费超标准

C．公益、救济性支出超标准

D．税收的滞纳金

E．国库券利息收入

12．按照《企业所得税法》及其实施条例的规定，企业所得税应纳税所得额为企业每一纳税年度的收入总额，减除（　　）后的余额。

A．不征税收入　　B．免税收入

C．各项扣除　　D．允许弥补的以前年度亏损

13．企业的下列（　　）收入为免税收入。

A．依法收取并纳入财政管理的政府性基金

B．国债利息收入

C．符合条件的居民企业之间的股息、红利等权益性收益

D．国务院规定的不征税收入

14．根据企业所得税法律制度的规定，下列各项中，纳税人在计算企业所得税应纳税所得额时，不得扣除的有（　　）。

A．增值税　　B．购建固定资产支出

C．税收滞纳金　　　　　　　　　　　D．职工基本养老保险费

15．下列各项中应当征收企业所得税的收入有（　　）。

A．国库券的转让收入

B．因债权人原因确实无法支付的应付款项

C．纳税人接收捐赠的实物资产

D．企业在建工程发生的试运行收入

16．下列扣除标准符合《企业所得税法》规定的有（　　）。

A．发生的符合条件的广告费和业务宣传费支出，不超过当年销售（营业）收入15%的部分，准予扣除

B．发生的与其生产、经营业务有关的业务招待费支出，按照发生额的60%扣除，但最高不得超过当年销售（营业）收入的5‰

C．发生的符合条件的广告费和业务宣传费支出可以据实扣除

D．金融企业的各项存款利息支出和同业拆借利息支出可以据实扣除

17．下列项目中，可以从应纳税所得额中扣除的有（　　）。

A．逾期归还银行贷款而支付的罚息

B．无形资产开发支出未形成资产的部分

C．融资租入固定资产的租金支出

D．企业之间支付的管理费

三、判断题

1．企业为职工参加财产保险，按照规定缴纳的保险费，准予扣除。（　　）

2．企业发生的职工福利费支出，不超过工资薪金总额 14%的部分，准予在计算应纳税所得额时扣除。超过部分，准予在以后纳税年度结转扣除。（　　）

3．亏损是指企业依照《企业所得税法》和实施条例的规定将每一纳税年度的收入总额减除不征税收入、免税收入和各项扣除后小于零的数额。（　　）

4．根据《企业所得税法》及其实施条例的规定，财政补贴为不征税收入。（　　）

5．企业在汇总计算缴纳企业所得税时，其境外营业机构的亏损可以抵减境内营业机构的盈利。（　　）

6．企业发生的与生产经营活动有关的业务招待费支出，在计算所得额时，按照发生额的 50%扣除，但最高不得超过当年销售（营业）收入的 5‰。（　　）

7．外购商誉的支出，在企业支付当期时，准予在计算所得额时扣除。（　　）

8．企业发生的合理的工资薪金支出，在计税工资标准限额内准予扣除。（　　）

9．企业根据生产经营活动的需要租入固定资产支付的租赁费，按租赁期均匀扣除。（　　）

10．企业发生非货币性资产交换，以及将货物、财产、劳务用于捐赠、偿债、赞助、集资、广告、样品、职工福利或者利润分配等用途的，应当全部视同销售货物、转让财产或者提供劳务，确认收入。（　　）

11．居民企业每一纳税年度的收入总额减除不征税收入、免税收入、各项扣除，以

及允许弥补的以前年度亏损后的余额为应纳税所得额。（ ）

12．企业实际发生的与取得收入有关的、合理的支出，准予在计算应纳所得额时扣除。（ ）

13．在计算应纳税所得额时，违反税法规定被处的罚款不得扣除，但税收滞纳金可以扣除。（ ）

14．居民企业转让资产，该项资产的损失净额，准予在计算应纳税所得额时扣除。（ ）

15．企业发生的职工教育经费支出，不超过工资薪金总额 2.5%的部分准予扣除；超过部分准予在以后纳税年度结转扣除。（ ）

16．企业纳税年度发生的亏损，准予向以后年度结转，用以后年度的所得弥补，但结转年限最长不得超过五年。（ ）

17．企业在生产经营期间的借款利息支出，可按实际发生数从收入总额中扣除。（ ）

18. 企业发生亏损，可在今后五年内弥补亏损，是指以五个盈利年度的利润弥补亏损。（ ）

19．企业已经作为损失处理的资产，在以后纳税年度又全部收回或者部分收回时，应当计入损失发生年度的收入。（ ）

20．企业销售货物涉及现金折扣的，应当按照扣除现金折扣后的金额确定销售货物收入金额。（ ）

第四节 资产的税务处理

一、单选题

1．按照《企业所得税法》和实施条例规定，企业使用或者销售的存货的成本计算方法，不可以选用的有（ ）。

A．先进先出法 B．加权平均法 C．后进先出法 D．个别计价法

2．《企业所得税法》规定无形资产的摊销年限不得低于（ ）年。

A．3 B．5 C．8 D．10

3．对固定资产提取折旧，下面说法不正确的是（ ）。

A．未投入使用的房屋、建筑物不能提取折旧

B．未使用的机器不能提取折旧

C．以经营租赁方式租入固定资产不能提取折旧

D．价值合并在房屋中作为固定资产入账的土地可以提取折旧

4．按照《企业所得税法》和实施条例规定，下列固定资产可以提取折旧的是（ ）。

A．经营租赁方式租入的固定资产

B．以融资租赁方式租入的固定资产

C．未使用的机器设备

D．单独估价作为固定资产入账的土地

5．按照《企业所得税法》和实施条例规定，飞机、火车、轮船以外的运输工具计算折旧的最低年限是（　　）。

A．3 年　　B．4 年　　C．5 年　　D．10 年

二、多选题

1．《企业所得税法》所称固定资产的大修理支出，是指同时符合下列条件的支出（　　）。

A．修理支出达到取得固定资产时的计税基础 30%以上

B．修理支出达到取得固定资产时的计税基础 50%以上

C．修理后固定资产的使用年限延长 2 年以上

D．被修理的固定资产必须属于房屋、建筑物

2．在计算应纳税所得额时，企业发生的下列支出作为长期待摊费用，按照规定摊销的，准予扣除的有（　　）。

A．经核定的准备金支出　　B．租入固定资产的改建支出

C．固定资产的大修理支出　　D．赞助支出

3．企业的固定资产由于技术进步等原因，确需加速折旧的，可以采用的方法有（　　）。

A．缩短折旧年限　　B．双倍余额递减法

C．年数总和法　　D．不提取折旧，直接扣除

4．企业的固定资产由于技术进步等原因，确需加速折旧的，可以缩短折旧年限或者采取加速折旧的方法，这种固定资产是指（　　）。

A．由于技术进步，产品更新换代较快的固定资产

B．常年处于强震动、高腐蚀状态的固定资产

C．电子产品

D．小汽车

三、判断题

1．企业使用或者销售的存货的成本计算方法，可以在先进先出法、后进先出法、加权平均法、个别计价法中选用一种，计价方法一经选用，不得随意变更。（　　）

2．企业应当根据固定资产的性质和使用情况，合理确定固定资产的预计净残值。固定资产的预计净残值一经确定，不得变更。（　　）

3．对于由于技术进步，产品更新换代较快的固定资产，以及常年处于强震动、高腐蚀状态的固定资产，可以采取缩短折旧年限或者采取加速折旧方法。（　　）

4．企业应当自固定资产投入使用月份的当月起计算折旧；停止使用的固定资产，应当自停止使用月份的当月起停止计算折旧。（　　）

5．外购的无形资产，以购买价款和支付的相关税费，以及直接归属于使该资产达

到预定用途发生的其他支出为计税基础。（　）

6．通过捐赠、投资、非货币性资产交换、债务重组等方式取得的无形资产，以该资产的原值和支付的相关税费为计税基础。（　）

四、计算题

某企业（增值税一般纳税人）2016 年 2 月购入一台不需要安装的生产设备，取得增值税发票上注明价款 100 万元，增值税税额 17 万元，购入设备发生运费 3 万元（不含税），当月投入使用，假定该企业生产设备采用 10 年折旧年限，预计净残值率 5%，则该企业在企业所得税前扣除的该设备的月折旧额是多少万元？当年在企业所得税前扣除的该设备的折旧额是多少万元？

第五节　税 收 优 惠

一、单选题

1．企业从事下列项目的所得，减半征收企业所得税（　）。

A．林产品的采集

B．中药材的种植

C．花卉、茶，以及其他饮料作物和香料作物的种植

D．油料的种植

2．某工业企业 2016 年年度应纳税所得额 50 万元，从业人数 80 人，资产总额 2000 万元；2016 年度缴纳企业所得税时应按（　）税率缴纳。

A．25%　　B．20%　　C．18%　　D．15%

3．下列项目中，需计入应税所得额缴纳企业所得税的项目有（　）。

A．依法收取并纳入财政管理的行政事业性收费、政府性基金

B．远洋捕捞所得

C．企业获得的保险公司保险赔偿款收入

D．将自产货物用于职工福利

4．下列项目中，不属于企业所得税优惠政策的有（　）。

A．企业综合利用资源，生产符合国家产业政策规定的产品所取得的收入，减按 90%计入应纳税所得额

B．国家需要重点扶持的高新技术企业，减按 15%的税率征收企业所得税

C．企业从事国家重点扶持的公共基础设施项目的投资经营的所得，免征企业所得税

D. 民族自治地方的自治机关对本民族自治地方的企业应缴纳的企业所得税中属于地方分享的部分，可以决定减征或者免征

5．居民企业取得下列各项收入中，按照《企业所得税法》和实施细则规定应并入

应纳税所得额征收所得税的是（　　）。

A．国债利息收入

B．财政拨款

C．居民企业持有其他居民企业公开发行并上市流通的股票 10 个月取得的投资收益

D．300 万元的技术转让所得

6．创业投资企业采取股权投资方式，投资于未上市的中小高新技术企业 2 年以上的，可按其投资额的一定比例抵扣该创业投资企业的企业所得税应纳税所得额，这一比例是（　　）。

A．50%　　B．60%　　C．70%　　D．80%

7．某企业 2016 年利润总额为 200 万元，当年开发新产品研发费用实际支出为 20 万元。则该企业 2016 年计算应纳税所得额时可以扣除的研发费用为（　　）万元。

A．10　　B．20　　C．30　　D．40

8．企业购买符合条件的技术设备，按规定可以抵免企业所得税税款的数额为设备价款的（　　）。

A．10%　　B．20%　　C．30%　　D．40%

9．小型微利商业企业应符合的条件是（　　）。

A．年应纳税所得额不超过 30 万元，从业人数不超过 80 人，资产总额不超过 3000 万元

B．年应纳税所得额不超过 30 万元，从业人数不超过 80 人，资产总额不超过 1000 万元

C．年应纳税所得额不超过 30 万元，从业人数不超过 100 人，资产总额不超过 3000 万元

D．年应纳税所得额不超过 30 万元，从业人数不超过 100 人，资产总额不超过 1000 万元

10．企业综合利用资源，生产符合国家产业政策规定的产品所取得的收入可以在计算应纳税所得额时（　　）收入。

A．加倍　　B．加成　　C．加计　　D．减计

11．抵扣应纳税所得额，是指创业投资企业采取股权投资方式投资于未上市的中小高新技术企业（　　）年以上的，可以按照其投资额的（　　）%在股权持有满（　　）年的当年抵扣该创业投资企业的应纳税所得额；当年不足抵扣的，可以在以后纳税年度结转抵扣。

A．1 年、50%、1 年　　B．1 年、70%、1 年

C．2 年、70%、2 年　　D．2 年、50%、2 年

12．减计收入，是指企业以《资源综合利用企业所得税优惠目录》规定的资源作为主要原材料，生产国家非限制和禁止并符合国家和行业相关标准的产品取得的收入，减按（　　）计入收入总额。

A．60%　　B．70%　　C．80%　　D．90%

二、多选题

1．根据《企业所得税法》的规定，下列企业属于小型微利企业的有（　　）。

A．工业企业，年度应纳税所得额不超过 30 万元，从业人数不超过 80 人，资产总额不超过 3000 万元

B．工业企业，年度应纳税所得额不超过 30 万元，从业人数不超过 100 人，资产总额不超过 3000 万元

C．其他企业，年度应纳税所得额不超过 30 万元，从业人数不超过 80 人，资产总额不超过 1000 万元

D．其他企业，年度应纳税所得额不超过 30 万元，从业人数不超过 100 人，资产总额不超过 3000 万元

2．对于《企业所得税法》规定的税收优惠政策，下面说法正确的有（　　）。

A．采取缩短折旧年限方法加速折旧的，最低折旧年限不得低于实施条例规定折旧年限的 60%

B. 安置残疾人员的企业，支付给残疾职工的工资在计算应纳税所得额时按 100%加计扣除

C．创业投资企业从事国家鼓励的创业投资，可按投资额的 70%在股权持有满 2 年的当年抵免应纳税额

D．符合条件的非营利组织从事营利性活动取得的收入，可作为免税收入，不并入应纳税所得额征税

3．按照《企业所得税法》和实施条例规定，工业企业要享受《企业所得税法》中小型微利企业的优惠税率，必须同时符合的有（　　）。

A．从事国家非限制和禁止行业　　B. 年度应纳税所得额不超过 30 万元

C．从业人数不超过 100 人　　D．资产总额不超过 3000 万元

4．企业的下列所得，可以免征、减征企业所得税的有（　　）。

A．从事农、林、牧、渔业项目的所得

B．从事国家重点扶持的公共基础设施项目投资经营的所得

C．从事符合条件的环境保护、节能节水项目的所得

D．符合条件的技术转让所得

5．企业的下列研究开发费用支出，可以在计算应纳税所得额时加计扣除（　　）。

A．开发新技术　B．开发新产品　C．开发新工艺　D．受让新技术

6．企业的下列所得，可以免征、减征企业所得税的有（　　）。

A．从事内陆养殖的所得

B．在中国境内设立机构、场所的居民企业从非居民企业取得与该机构、场所有实际联系的股息、红利等权益性投资收益

C．从事牲畜、家禽的饲养所得

D．符合条件的技术转让所得

三、判断题

1．企业综合利用资源，生产符合国家产业政策规定的产品所取得的收入，可以在计算应纳税所得额时减按70%计入收入总额。（　　）

2．企业从事符合条件的环境保护、节能节水项目的所得，自项目取得第一笔生产经营收入所属纳税年度起，第一年至第三年免征企业所得税，第四年至第六年减半征收企业所得税。（　　）

3．企业开发新技术、新产品、新工艺发生的研究开发费用，以及企业安置残疾人员及国家鼓励安置的其他就业人员所支付的工资，可以在计算企业应纳税所得额时加以扣除。（　　）

4．企业从事蔬菜种植的所得，免征企业所得税。（　　）

5．居民企业取得800万元的技术转让所得免征企业所得税。（　　）

6．《企业所得税法》规定对民族自治地方内的企业，可以减征或者免征企业所得税。（　　）

7．企业购置并实际使用符合规定的环境保护专用设备的，该专用设备的投资额的10%可以从企业当年的应纳税额中抵免；当年不足抵免的，可以在以后年度结转抵免。（　　）

第六节　应纳税额的计算

一、单选题

1．某居民企业，2016年会计利润800万元，计入成本、费用的实发工资总额为400万元，拨缴职工工会经费8万元，支出职工福利费68万元、职工教育经费15万元，该企业2016年度应纳所得税额是（　　）万元。

A．200　　B．200.13　　C．203　　D．204.25

2．某符合条件的小型微利企业经主管税务机关核定，2015年度亏损25万元，2016年度盈利30万元。该企业2016年度应缴纳的企业所得税为（　　）万元。

A．1　　B．1.25　　C．7　　D．8.75

3．甲公司2016年度实现的利润总额为100万元，无其他的纳税调整事项，该公司2015年度亏损额为120万元，该公司企业所得税税率为25%，则该公司2016年度应缴纳企业所得税税额为（　　）万元。

A．25　　B．75　　C．−5　　D．0

4．某企业2016年税前会计利润为150万元，当年8月某地发生地震，该企业以自己的名义直接向灾区捐款30万元已在税前会计利润中据实扣除，已知该企业适用的企业所得税税率为25%，假设无其他纳税调整事项。则该企业2016年所得税应纳税额为（　　）万元。

A．30　　B．37.5　　C．40.5　　D．45

5．某国家重点扶持的高新技术企业，2014 年亏损 65 万元，2015 年度亏损 15 万元，2016 年度盈利 200 万元，2016 年该企业应纳的企业所得税税额为（　）万元。

A．18　　B．24　　C．30　　D．40

二、计算题

1．某电冰箱生产的居民企业为增值税一般纳税人，2016 年度销售电冰箱取得不含税收入 4300 万元，与电冰箱配比的销售成本 2830 万元；出租设备取得租金收入 100 万元；实现的会计利润 422.38 万元。与销售有关的费用支出如下：

（1）销售费用 825 万元，其中广告费 700 万元；

（2）管理费用 425 万元，其中业务招待费 45 万元；

（3）财务费用 40 万元，其中含向非金融企业借款 250 万元所支付的年利息 20 万元（当年金融企业贷款的年利率为 5.8%）；

（4）计入成本、费用中的实发工资 270 万元，发生的工会经费 7.5 万元、职工福利费 41 万元、职工教育经费 9 万元；

（5）营业外支出 150 万元，其中包括通过公益性社会团体向贫困山区的捐款 75 万元。

计算：该企业 2016 年度的广告费用，业务招待费，财务费用，职工工会经费、职工福利费、职工教育经费，公益性捐赠等应调整的应纳税所得额。（单位：万元，保留两位小数）

2．某市一设备生产企业为增值税一般纳税人，2016 年度企业全年实现收入总额 9000 万元，扣除的成本、费用、税金和损失总额 8930 万元，会计利润总额 70 万元，已缴纳企业所得税 14.6 万元。为降低税收风险，在 2016 年度汇算清缴前，企业聘请某会计师事务所进行审计，发现有关问题如下：

（1）已在成本费用中列支的实发工资总额为 1000 万元，并按实际发生数列支了福利费 210 万元，上缴工会经费 20 万元并取得《工会经费专用拨缴款收据》，职工教育经费支出 40 万元。

（2）企业年初结转的坏账准备金贷方余额 1.6 万元，当年未发生坏账损失，企业根据年末的应收账款余额 200 万元，又提取了坏账准备金 2 万元。

（3）收入总额 9000 万元中含国债利息收入 5 万元，向居民企业投资收益 10 万元（被投资方税率 25%）。

（4）当年 1 月向银行借款 200 万元购建固定资产，借款期限 2 年。购建的固定资产于当年 8 月 31 日完工并交付使用（不考虑该项固定资产折旧），企业支付给银行的年利息费用共计 12 万元，全部计入了财务费用。

（5）企业全年发生的业务招待费用 65 万元，业务宣传费 80 万元，技术开发费 100 万元，全都据实作了扣除。

（6）12 月份通过当地政府机关向贫困山区捐赠自产产品一批，成本价 35 万元，市场销售价格 45 万元，企业核算时按成本价值直接冲减了库存商品，按市场销售价格计算的增值税销项税额 7.65 万元与成本价合计 42.65 万元计入（营业外支出）账户。

（7）“营业外支出”账户中还列支工商年检滞纳金 3 万元，合同违约金 6 万元，环境保护支出 8 万元，关联企业赞助支出 10 万元，全都如实作了扣除。

要求：（1）计算职工会经费、职工福利费和职工教育经费应调整的应纳税所得额；

（2）计算提取的坏账准备金应调整的应纳税所得额；

（3）计算国债利息、税后股息应调整的应纳税所得额；

（4）计算财务费用应调整的应纳税所得额；

（5）计算业务招待费用、业务宣传费及技术开发费应调整的应纳税所得额；

（6）计算公益性捐赠应调整的应纳税所得额；

（7）计算除公益性捐赠以外的其他营业外支出的项目应调整的应纳税所得额；

（8）计算该企业 2016 年应纳税所得额；

（9）计算审计后该企业 2016 年度应补交的企业所得税。（单位：万元，保留小数点两位）

3．红星制造企业为增值税一般纳税人，注册资本 5000 万元。职工人数 12500 人。2016 年度相关生产经营业务如下：

（1）当年销售产品共计 15000 万元（不含税价格）；另外，本厂生产的自产产品 200 万元（按同类不含税价格计算）用于职工福利，与之对应的成本核算已在销售产品成本中。

（2）全年应扣除的销售产品成本 7500 万元，发生销售费用 3000 万元，发生财务费用 300 万元，发生管理费用 900 万元。

（3）全年计入成本、费用中的实发工资总额为 1400 万元，并按照实发工资总额的 2%、14%、2.5%分别计算提取了职工工会经费、职工福利费和职工教育经费，取得了缴纳工会会费的相关票据，实际发生的职工工会经费 26 万元、职工福利费 200 万元、职工教育经费 40 万元。

（4）5 月份，企业接受其关联企业赠与的机器设备一台并于当月投入适用，发票所列价税合计为 585 万元，企业自己负担的运输费、保险费和安装调试费 50 万元；全年计入成本、费用的固定资产折旧为 55 万元，企业采用直线折旧法，期限为 10 年，残值率为 5%。

（5）所发生的财务费用中包括支付银行贷款的利息 180 万元和向非金融企业支付借款 1500 万元的本年利息 120 万元（同期银行贷款年利率为 6%）。

（6）所发生的销售费用中含有实际支出的广告费 2100 万元。

（7）所发生的管理费用中包含业务招待费 124 万元、业务宣传费 200 万元。

要求：根据上述资料，计算该企业应纳企业所得税。（单位：万元，保留小数点两位）

4．某生产电视机的公司（居民企业）于 2010 年 1 月注册成立进行生产经营，是增值税一般纳税人。2015 年应纳税所得额为-50 万元。2016 年度生产经营情况如下：销售电视机取得不含税收入 10000 万元。2016 年利润表反映的内容如下：

（1）①主营业务成本 5000 万元。②营业税金及附加 250 万元。③销售费用 2000 万元（其中广告费 200 万元）；财务费用 200 万元。④“投资收益”50 万元（投资非上市公司的股权投资按权益法确认的投资收益 40 万元，国债持有期间的利息收入 10 万元)。⑤管理费用 1200 万元（其中业务招待费 85 万元；新产品研究开发费 30 万元)。⑥营业外支出 800 万元（其中通过省教育厅捐赠给某高校 100 万元，非广告性赞助支出 50 万元，报批的存货盘亏损失 50 万元)。

(2）全年提取并实际支付工资 1000 万元，列支职工福利性支出 120 万元，职工教育费支出 35 万元，拨缴工会经费 20 万元。

(3）2016 年已纳企业所得税 100 万元。

(4）假设除以上资料所给内容外，无其他纳税调整事项。

要求：计算该公司 2016 年应补（退）的企业所得税。

三、案例分析题

1．某企业 2016 年实现收入总额 3000 万元，发生各项成本费用共计 1200 万元，其中，合理的工资薪金总额 400 万元，职工福利费 80 万元，职工教育经费 2 万元，工会经费 30 万元，滞纳金 20 万元，公益性捐赠 50 万元，2015 年亏损 200 万元。

根据以上材料，回答下列问题：

(1）关于该企业职工福利费扣除限额的说法正确的有（　　)。

A．职工福利费不超过工资薪金总额 14%的全部准予扣除

B．职工福利费超过法定扣除标准的准予在以后纳税年度结转扣除

C．准予扣除的职工福利费是 56 万元

D．准予扣除的职工福利费是 80 万元

(2）关于该企业职工教育经费扣除限额的说法正确有（　　)。

A．职工教育经费不超过工资薪金总额 2.5%的部分准予扣除

B．职工教育经费超过法定扣除标准的准予在以后年度结转扣除

C．准予扣除的职工教育经费是 10 万元

D．准予扣除的职工教育经费是 2 万元

(3）关于该企业职工工会经费扣除限额的说法正确的有（　　)。

A．职工教育经费不超过工资薪金总额 2%的部分准予扣除

B．职工工会经费超过法定扣除的准予在以后年度结转扣除

C．准予扣除的职工工会经费是 8 万元

D．准予扣除的职工工会经费是 30 万元

(4）关于 2015 年亏损的最迟弥补期年的说法中正确的有（　　）年。

A．2018　　B．2019　　C．2020　　D．2021

(5）关于公益性捐赠的说法正确的是（　　)。

A．公益性捐赠支出，不超过年度利润总额 12%的部分，准予扣除

B．公益性捐赠支出，不超过销售收入额 12%的部分，准予扣除

C．公益性捐赠支出超过法定扣除标准的准予在以后纳税年度结转扣除

D．非公益性的捐赠一律不得扣除

2．某单位符合小型微利企业，企业收入总额是 600 万元，其中包括国债利息是 100 万元；成本费用 200 万元，其中包括企业公益性捐款 50 万元。

（1）国债利息收入属于（　　）。

A．属于免税收入　　B．属于应税收入

C．属于不征税收入　　D．属于征税收入

（2）该企业所税税率为（　　）。

A．25%　　B．20%　　C．15%　　D．10%

（3）该企业可以从应纳税额扣除公益性捐赠的是（　　）万元。

A．60　　B．50　　C．36　　D．48

（4）该企业的应纳税所得额为（　　）万元。

A．600　　B．300　　C．400　　D．302

（5）该企业应纳税额为（　　）万元。

A．60.4　　B．75.5　　C．60　　D．80

3．天虹工厂 2011 年实现净利润为-500 万元，2012 年实现净利润 100 万元，2013 年实现净利润 280 万元，2014 年实现净利润-50 万元，2015 年实现净利润 100 万元。

2016 年度该企业有关经营情况如下：全年实现产品销售收入 5000 万元，固定资产盘盈收入 20 万元，其他业务收入 30 万元，国债利息收入 20 万元；应结转产品销售成本 3000 万元；应缴纳增值税 90 万元，消费税 110 万元，城市维护建设税 14 万元，教育费附加 6 万元；发生产品销售费用 250 万元；发生财务费用 12 万元（其中因逾期归还银行贷款，支付银行罚息 2 万元）；发生管理费用 802 万元（其中新产品研究开发费用 90 万元）；发生营业外支出 70 万元（其中因排污不当被环保部门罚款 15 万元）。

提示：研究开发费除按照规定可在税前据实列支外，还可按照研究开发费用的 50%加计扣除。要求：根据以上材料，回答下列问题。

（1）该工厂 2016 年取得的各项收入在计算企业所得税时属于免税收入的是（　　）。

A．产品销售收入　　B．固定资产盘盈收入

C．其他业务收入　　D．国债利息收入

（2）该工厂 2016 年发生的各项支出准予在计算应纳税所得额时扣除的有（　　）。

A．增值税 90 万元　　B．销售费用 250 万元

C．消费税 110 万元　　D．环保部门罚款 15 万元

（3）根据《企业所得税法》的有关规定，该企业 2011 年发生的亏损可以用下一年度的所得弥补，下一年度的所得不足以弥补的，可以逐年延续弥补，但最长不得超过（　　）年。

A．3　　B．5　　C．10　　D．6

（4）该工厂 2016 年准予在计算应纳税所得额时扣除的项目金额合计为（　　）万元。

A．4312　　B．4294　　C．4249　　D．4364

（5）该工厂 2016 年应缴纳的企业所得税为（　　）万元。

A．189　　B．200.25　　C．171.5　　D．194

4．某企业根据《企业所得税法》的有关规定，可以享受“三免三减半”税收优惠政策，即自项目取得第一笔生产经营收入的纳税年度起，第 1 年至第 3 年免征企业所得税，第 4 年至第 6 年减半征收企业所得税的优惠政策。该企业 2010 年 9 月份开始生产

经营，从2010年度至2015年度，每年应纳税所得额分别为5万元、20万元、50万元、80万元、100万元、120万元。2016年度该企业会计报表上的销售收入总额1000万元，利润总额为100万元，已累计预缴企业所得税15万元。

2016年其他有关情况如下：①购买国债的利息收入10万元，国债转让收益5万元，股票转让收益5万元，接受捐赠5万元；②管理费用200万元，销售费用150万元；③支付在建办公楼工程款40万元，已列入当期费用；④支付诉讼费2万元，已列入当期费用；⑤营业外支出100万元，其中包括违法经营罚款10万元。

要求：根据上述材料，回答下列问题。

（1）关于该企业应缴纳企业所得税的说法正确的有（　　）。

A．该企业从2010年度开始生产经营，应当计算享受税收优惠的期限。该公司2011、2012年度可以享受免税优惠，不需要缴纳企业所得税

B．该企业2010年度经营未满一年，减免征税优惠可以从2011年开始算起

C．该企业2014年至2015年需要缴纳企业所得税27.5万元［（100＋120）×25%×50%］

D．从2016年底开始，该企业不再享受税收减免优惠

（2）该企业2016年取得的营业外收入中免税收入的是（　　）。

A．国债利息收入10万元　　B．国债转让收益5万元

C．股票转让收益5万元　　D．接受捐赠收入5万元

（3）下列费用，准予在计算应纳税所得额时扣除的是（　　）。

A．管理费用200万元

B．支付在建办公楼工程款40万元

C．支付诉讼费2万元

D．营业外支出100万元

（4）该企业2016年汇算清缴应补缴的企业所得税税额为（　　）万元。

A．35　　B．20　　C．15　　D．17.5

（5）该企业2010年至2016年应缴纳的企业所得税税额合计为（　　）万元。

A．62.5　　B．72.5　　C．73　　D．63

第七节　源泉扣缴

一、单选题

1．依据企业所得税相关规定，下列表述正确的是（　　）。

A．境外营业机构的盈利可以弥补境内营业机构的亏损

B．扣缴义务人每次代扣的税款，应当自代扣之日起10日内缴入国库

C．扣缴义务人对非居民企业未依法扣缴税款的，由扣缴义务人缴纳税款

D．居民企业在中国境内设立不具有法人资格的营业机构，可在设立地缴纳企业所得税

2．根据《企业所得税法》的规定，非居民企业所得税适用源泉扣缴，扣缴义务人与非居民企业首次签订业务合同或协议的，扣缴义务人应当自合同（　　）日内，向主管税务机关申报办理扣缴税款登记。

A．15　　B．30　　C．45　　D．60

二、多选题

1．根据企业所得税法律制度的规定，下列关于非居民企业所得税扣缴义务人表述中，正确的是（　　）。

A．非居民企业在中国境内取得工程作业所得，未按照规定期限办理企业所得税申报或者预缴申报的，可由税务机关指定扣缴义务人

B．非居民企业在中国境内取得劳务所得，提供劳务期限不足一个纳税年度，且有证据表明不履行纳税义务的，可由税务机关指定扣缴义务人

C．非居民企业在中国境内设立机构，场所的，取得与所设机构，场所有实际联系的境内所得，以支付人为扣缴义务人

D．非居民企业在中国境内取得工程作业所得，没有办理税务登记且未委托中国境内的代理人履行纳税义务的，可由税务机关指定扣缴义务人

2．对于扣缴义务人未依法或者无法履行扣缴义务的，由纳税人在所得发生地缴纳。纳税人未依法缴纳的，下列说法中不正确的有（　　）。

A．企业未依法缴纳的，税务机关可以从该企业在中国境内其他收入项目的支付人应付的款项中，追缴该企业的应纳税款

B．企业未依法缴纳的，税务机关可以从该企业在中国境外其他收入项目的支付人应付的款项中，追缴该企业的应纳税款

C．企业未依法缴纳的，税务机关可以从该企业在中国境内、外其他收入项目的支付人应付的款项中，追缴该企业的应纳税款

D．企业未依法缴纳的，税务机关可以从该企业在香港其他收入项目的支付人应付的款项中，追缴该企业的应纳税款

第八节　征 收 管 理

一、单选题

1．企业所得税的年终汇算清缴时间是（　　）。

A．年终后2个月内进行　　B．年终后3个月内进行

C．年终后4个月内进行　　D．年终后5个月内进行

2．根据《企业所得税法》的规定，下列对企业所得税征收管理的说法不正确的是（　　）。

A．居民企业以企业登记注册地或实际管理机构所在地为纳税地点

B．企业在纳税年度内亏损，年度终了后可以不向税务机关报送年度企业所得税纳税申报表

C．企业在年度中间终止经营活动的，应当自实际经营终止之日起 60 日内，向税务机关办理当期企业所得税汇算清缴

D．企业在一个纳税年度中间开业，实际经营期不足十二个月的，应当以其实际经营期为一个纳税年度

3．企业应当自月份或季度终了之日起（　　）日内，向税务机关报送预缴企业所得税申报表，预缴税款。

A．10　　B．15　　C．7　　D．5

4．某企业于 2016 年 7 月 5 日开业，该企业第一年的纳税年度时间为（　　）。

A．2016 年 1 月 1 日至 2016 年 12 月 31 日

B．2016 年 7 月 5 日至 2017 年 7 月 4 日

C．2016 年 7 月 5 日至 2016 年 12 月 31 日

D．以上三种由纳税人选择

二、多选题

1．根据《企业所得税法》的规定，下列对说法不正确的是（　　）。

A．企业自年度终了之日起 4 个月内，向税务机关报送年度企业所得税纳税申报表，并汇算清缴，结清应缴应退税款

B．企业在年度中间终止经营活动的，应当自实际经营终止之日起 30 日内，向税务机关办理当期企业所得税汇算清缴

C．企业依法清算时，应当以清算期间作为一个纳税年度

D．企业所得税按年计征，分月预缴，年终汇算清缴，多退少补

2．按照《企业所得税法》及其实施条例规定，下列关于企业所得税预缴的表述正确的有（　　）。

A．企业所得税分月或者分季预缴，由企业自行选择，报税务机关备案

B．可以按照月度或者季度的实际利润额预缴

C．按照实际利润额预缴有困难的，可以按照上一纳税年度应纳税所得额的月度或者季度平均额预缴

D．预缴方法一经确定，该纳税年度内不得随意变更

3．某企业 2015 年 7 月 1 日开业，因故在 2016 年 6 月 30 日终止经营，7 月 15 日注销工商登记，有关该企业的企业所得税管理，下列做法符合规定的是（　　）。

A．该企业的第一个纳税年度是 2015 年 7 月 1 日至 2015 年 12 月 31 日

B．该企业 2016 年 5 月 31 日前，报送 2015 年度企业所得税纳税申报表，办理汇算清缴

C．该企业应该在 2016 年 8 月 29 日之前办理 2016 年度的企业所得税汇算清缴

D．该企业应该在 7 月 15 日前缴清清算所得税款

三、判断题

1．居民企业一律以企业登记注册地为纳税地点。　　（　　）

2．非居民企业在中国境内设立机构、场所的，应当就其所设机构、场所取得的来源于中国境内的所得，以及发生在中国境外但与其所设机构、场所有实际联系的所得，以机构、场所所在地为纳税地点。（ ）

3．非居民企业在中国境内未设立机构、场所的，或虽设立机构、场所，但取得的所得与其所设机构、场所没有实际联系的所得，其企业所得税以扣缴义务人所在地为纳税地点。（ ）

4．一般情况下，企业之间不得合并缴纳企业所得税（ ）

5．企业在报送企业所得税纳税申报表时，应当按照规定附送财务会计报告和其他有关资料。（ ）

6．企业所得税的纳税年度，自公历 1 月 1 日起至 12 月 31 日止。（ ）

7．企业所得税实行按年计征，分季预缴，年终汇算清缴，多退少补的办法。（ ）

8．非居民企业在中国境内未设立机构、场所，其来源于中国境内的所得应缴纳的所得税，以支付人为扣缴义务人。（ ）

9．企业在一个纳税年度中间开业，或者终止经营活动，使该纳税年度的实际经营期不足 12 个月的，应当以其实际经营期为一个纳税年度。（ ）

10．现行《企业所得税法》规定，企业应当自年度终了之日起 3 个月内，向税务机关报送年度企业所得税申报表，并汇算清缴税款。（ ）

11．企业按月或者按季预缴企业所得税的，应当自月份或者季度终了之日起 30 日内，向税务机关报送预缴企业所得税纳税申报表，预缴税款。（ ）

12．居民企业在中国境内设立的不具有法人资格的营业机构，应由其营业机构计算并缴纳该营业机构的企业所得税。（ ）

13．非居民企业在中国境内设立了机构、场所但取得的所得与其所设机构、场所没有实际联系的所得，以机构、场所所在地位企业所得税纳税地点。（ ）

同步强化练习
参考答案及解析

第十一章　个人所得税

学情分析

本章是重点章节之一，在全书中占有重要地位。本章在历年考试中单选题、多选题、计算题、综合分析题均有涉及，特别是个人所得税的计算题是考试重点。本章的计算综合题有 3 类：个人综合收入应纳个人所得税；承包、承租经营者应纳个人所得税；个体工商户和个人独资企业应纳个人所得税。

学习本章时，注意掌握以下内容。

（1）纳税人：区分为居民纳税人与非居民纳税人（2 个标准）。

（2）征税对象：区分为 11 个应税项目。

（3）掌握分类分项的个人所得税规定：

① 11 个税目每个项目的费用扣除、税率、基本计算原理。

② 特殊扣除项目：公益捐赠。

（4）熟悉税收优惠。

（5）征收管理：代扣代缴与自行申报。

本章主要内容导图

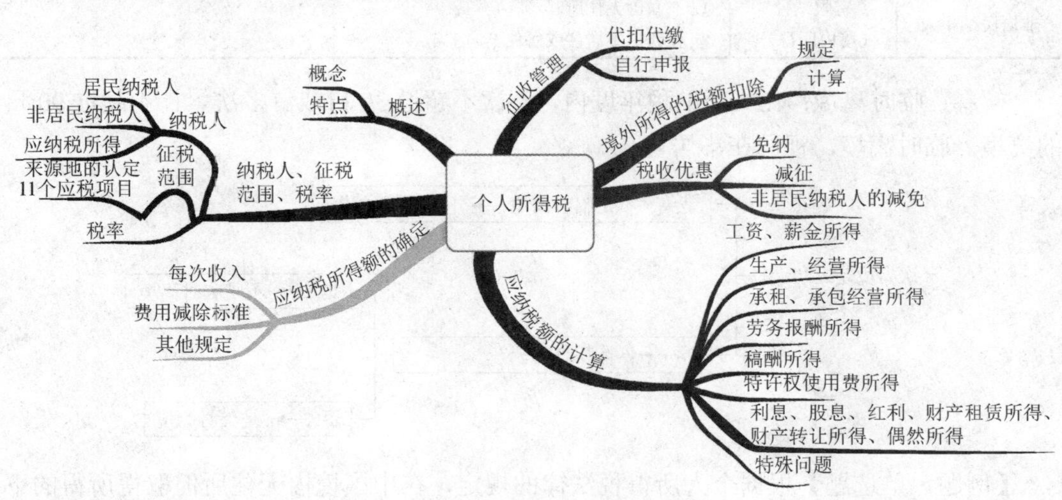

重点、难点讲解及典型例题

一、个人所得税概述

1. 概念

个人所得税是以个人（自然人）取得的各项应税所得（现金、实物和有价证券）为征税对象而征收的一种税。

2. 特点（了解）

（1）实行分类征收。

提示：中国个人所得税的模式，即先分类，再计算。

（2）超额累进税率与比例税率并用。

提示：对工资和薪金所得、个体工商户的生产经营所得，以及企事业单位的承包经营、承租经营所得，采用累进税率；对劳务报酬、稿酬等其他所得，采用比例税率。

（3）费用扣除和减免税较宽。

（4）计算简便。

（5）采取源泉扣缴和个人申报两种征纳方法。

二、个人所得税的纳税义务人

中国公民、个体工商业户、个人独资企业、合伙企业投资者、在中国有所得的外籍人员和港澳台同胞，均为个人所得税的纳税义务人。我国个人独资企业和合伙企业投资者也应依法缴纳个人所得税。

纳税人类别	纳税义务	判定标准
居民纳税人	无限纳税 （境内＋境外）	① 住所标准：是指因户籍、家庭、经济利益关系而在中国境内习惯性居住。 ② 居住时间标准："在中国境内居住满1年"是指一个公历的纳税年度
非居民纳税人	有限纳税 （境内所得）	① 在我国无住所。 ② 在我国不居住或居住不满1年

解释：临时离境：在一个纳税年度内，一次不超过30日或者多次累计不超过90日的离境。临时离境，视同在华居住。

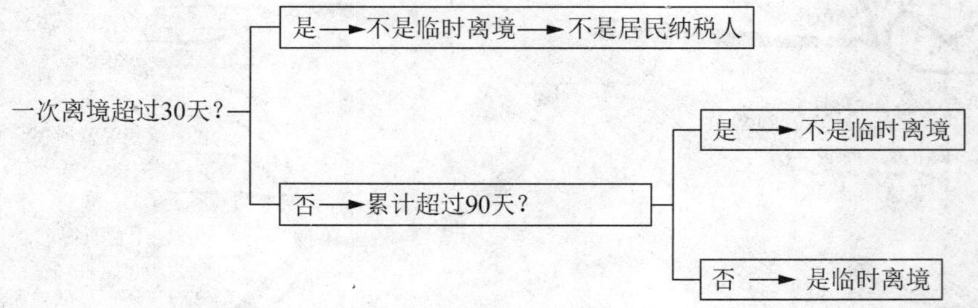

【例题·单选题】根据个人所得税法律的规定，在中国境内无住所但取得所得的下列外籍个人中，属于居民纳税人的是（　　）。

A. M国甲，在华工作6个月

B. N国乙，2016年1月10日入境，2016年10月10日离境

C. X国丙，2015年10月1日入境，2016年12月31日离境，其间临时离境28日

D. Y国丁，2015年3月1日入境，2016年3月1日离境，其间临时离境100日

【答案】C

【解析】在中国境内有住所，或者无住所而在境内居住满 1 年的个人，属于我国的居民纳税人；在一个纳税年度内在中国境内居住满 365 日，即以居住满 1 年为时间标准，达到这个标准的个人即为居民纳税人。在居住期间内临时离境的，即在一个纳税年度中一次离境不超过 30 日或者多次离境累计不超过 90 日的，不扣减日数，连续计算。选项 A、B、D 均不符合居住满一年的规定，所以不属于居民纳税人。

三、应纳税所得来源地的认定

居住时间（T）	在中国境内工作		在中国境外工作	
	境内支付	境外支付	境内支付	境外支付
$T\leqslant 90$（或 183）日	征	免征	不征税	
90（或 183）日$<T<1$年	征	征	不征税	
1 年$\leqslant T\leqslant 5$年	征	征	征	免征
$T>5$年	征	征	征	征

【例题·计算题】美国人玛丽被派到中国工作，每月该她取得来自中国境外的所得折合人民币 25000 元，其中，中国境内公司负担 10000 元；来自中国境内的所得为 40000 元人民币，其中，美国的派遣公司负担 12000 元。同时，玛丽在美国每月取得 1000 美元的租金收入（假设 1 美元＝7 元人民币）。

（1）若一个纳税年度内玛丽在中国境内居住时间不超过 90 日或 183 日（税收协定），应就哪些所得缴纳个人所得税？

（2）若一个纳税年度内玛丽在中国境内居住时间超过 90 日或 183 日（税收协定）但不满 1 年，每月应就哪些所得缴纳个人所得税？

（3）若玛丽在中国境内居住时间满 1 年但不超过 5 年，每月应就哪些所得缴纳个人所得税？

（4）若玛丽在中国境内居住时间超过 5 年，第 6 年满 1 年，每月应就哪些所得缴纳个人所得税？

【答案】

（1）若一个纳税年度内玛丽在中国境内居住时间不超过 90 日或 183 日（税收协定），应就来自中国境内的所得，由境内公司负担的部分 28000 元（40000－12000）纳税。

（2）若一个纳税年度内玛丽在中国境内居住时间超过 90 日或 183 日但不满 1 年，每月应就全部来自中国境内的所得 40000 元纳税。

（3）若玛丽在中国境内居住时间满 1 年但不超过 5 年，每月应就全部来自中国境内的所得加来自境外、境内公司负担部分 50000 元（40000＋10000）纳税。

（4）若玛丽在中国境内居住时间超过 5 年，每月应就全部境内外的所得 72000 元（40000＋25000＋1000×7）纳税。

四、个人所得税的征税范围（区分为11个税目）

应税项目	应税所得	备注
工资、薪金所得	个人因任职或者受雇而取得的工资、薪金、奖金、年终加薪、劳动分红、津贴、补贴，以及与任职或者受雇有关的其他所得	不属于工薪性质的补贴、津贴，包括： 独生子女补贴、执行公务员工资制度未纳入基本工资总额的补贴、津贴差额和家属成员的副食品补贴、托儿补助费、差旅费津贴、误餐补助
个体工商户的生产、经营所得	个体工商户从事工业、手工业、建筑业、交通运输业、商业、饮食业、服务业、修理业，以及个人经政府有关部门批准，取得执照，从事办学、医疗、咨询及其他有偿服务活动取得的所得（包括彩票代销业务）	个体工商户和从事生产、经营的个人取得与生产、经营活动无关的其他各项应税所得，应分别按照其他应税项目的有关规定，计算征收个人所得税
对企事业单位的承包经营、承租经营所得	个人承包经营、承租经营，以及转包、转租取得的所得	承包、承租后，不改变企业的性质，按分配方式分为两种： ① 承包、承租人对企业经营成果不拥有所有权，仅按合同（协议）规定取得一定所得的，应按工资、薪金所得项目征税。 ② 承包、承租人按合同（协议）规定只向发包方、出租人交纳一定的费用，交纳承包、承租费后的企业的经营成果归承包、承租人所有的所得，按对企事业单位的承包经营、承租经营所得项目征税
劳务报酬所得	个人从事设计、装潢、安装、制图、化验、测试、医疗、法律、会计、咨询、讲学、新闻、广播、翻译、审稿、书画、雕刻、影视、录音、录像、演出、表演、广告、展览、技术服务、介绍服务、经纪服务、代办服务及其他劳务所得	"劳务报酬所得"与"工资、薪金所得"的区别： ① 非独立个人劳动（雇用）——工资、薪金所得。 ② 独立个人劳动（非雇用）——劳务报酬所得
稿酬所得	以图书、报刊形式出版、发表取得的所得	包括文字、书画、摄影，以及其他作品；也包括作者去世后，财产继承人取得的遗作稿酬
特许权使用费所得	个人提供专利权、商标权、著作权、非专利技术，以及其他特许权的使用权取得的所得。 ① 作者将自己的文字作品手稿原件或复印件公开拍卖（竞价）取得的所得按特许权使用费所得项目征税。 ② 个人取得特许权的经济赔偿收入按"特许权使用费所得"项目纳税，税款由支付赔款的单位或个人代扣代缴。 ③ 编剧从电视剧的制作单位取得的剧本使用费，按特许权使用费所得项目征税	提供著作权的使用权取得的所得，不包括稿酬所得。 注意：个人拍卖别人的作品手稿或个人拍卖除文字作品原稿及复印件外的其他财产，都应按照财产转让所得项目缴纳个人所得税
利息、股息、红利所得	利息：个人拥有债权而取得的利息，包括存款利息、贷款利息和各种债券的利息。 股息：按照一定的比率对每股发给的息金。 红利：公司、企业按股份应分配的利润。	① 国债和国家发行的金融债券利息免税。 ② 个人储蓄存款利息，自2008年10月9日（含）起暂免征收个人所得税。 ③ 个人取得的教育储蓄存款利息所得，免征个人所得税。

续表

应税项目	应税所得	备注
利息、股息、红利所得	除个人独资企业、合伙企业以外，其他企业的个人投资者，以企业资金为本人、家庭成员及其相关人员支付与企业生产经营无关的消费性支出及购买汽车、住房等财产性支出，视为企业对个人投资者红利分配，依照利息、股息、红利所得项目计征个人所得税。企业的上述支出不允许在所得税前扣除	④ 外籍个人从外商投资企业取得的股息、红利所得暂免征收个人所得税。 ⑤ 对个人投资者从上市公司取得的股息红利所得，持股≤1个月，全额计入应纳税所得额；持股1个月以上至1年（含1年）的，暂减按50%计入个人应纳税所得额；持股超过1年的，暂免征收个人所得税（2015年9月8日起）。 注意：个人独资企业、合伙企业的个人投资者以企业资金为本人、家庭成员及其相关人员支付与企业生产经营无关的消费性支出及购买汽车、住房等财产性支出，视为企业对个人投资者利润分配，并入投资者个人的生产经营所得，依照个体工商户的生产经营所得项目计征个人所得税。对企业其他人员取得的上述所得，按照工资、薪金所得项目计征个人所得税
财产租赁所得	个人出租建筑物、土地使用权、机器设备、车船，以及其他财产取得的所得	个人取得的房屋转租收入，属于财产租赁所得的征税范围
财产转让所得	个人转让有价证券、股权、建筑物、土地使用权、机器设备、车船，以及其他财产取得的所得	①（境内A股、B股上市公司）股票转让所得，暂不征收个人所得税。 ② 对个人转让自用5年以上并且是家庭唯一生活用房取得的所得，继续免征个人所得税
偶然所得	① 个人得奖、中奖、中彩，以及其他偶然性质的所得。 ② 累计消费达到一定额度的顾客给予额外抽奖机会的获奖所得属于偶然所得。 ③ 单张发票超过800元的全额征税	个人取得单张有奖发票奖金所得不超过800元（含800元）的，暂免征收个人所得税
经国务院财政部门确定征税的其他所得	① 提供担保获得的报酬。 ② 无偿受赠房屋。 ③ 企业在业务宣传、广告等活动中，随机向本单位以外的个人赠送礼品，对个人取得的礼品所得。 ④ 企业在年会、座谈会、庆典，以及其他活动中向本单位以外的个人赠送礼品，以及个人取得的礼品所得	

【例题·单选题】根据个人所得税法律制度的规定，下列各项中，（　　）不属于工资、薪金性质的补贴、津贴。

A．岗位津贴　　B．加班补贴　　C．差旅费津贴　　D．工龄补贴

【答案】C

【解析】对于一些不属于工资、薪金性质的补贴、津贴，不予征收个人所得税。这些项目包括：①独生子女补贴；②执行公务员工资制度未纳入基本工资总额的补贴、津贴差额和家属成员的副食补贴；③托儿补助费；④差旅费津贴、误餐补助。

【例题·单选题】根据个人所得税法律制度的规定，下列从事非雇佣劳动取得的收

入中，应按“稿酬所得”税目缴纳个人所得税的是（　　）。

A．审稿收入　　B．翻译收入

C．题字收入　　D．出版作品收入

【答案】D

【解析】稿酬所得为出版、发表取得的所得，选项 ABC 不属于出版、发表取得的所得。

【例题·多选题】下列各项中，属于个人所得税劳务报酬所得的有（　　）。

A．笔译翻译收入　　B．审稿收入

C．现场书画收入　　D．雕刻收入

【答案】ABCD

【解析】4 个选项均属于个人独立从事非雇佣的各种劳务所取得的所得。

五、个人所得税的税率

<table>
<tr><th>应税项目</th><th>税率</th><th>扣除标准</th></tr>
<tr><td>工资、薪金所得</td><td>七级超额累进税率</td><td>定额扣除：月扣除 3500 元
（附加扣除月 4800 元）</td></tr>
<tr><td>个体工商户生产、经营所得；个人独资企业、合伙企业比照该税目征收个人所得税</td><td>五级超额累进税率</td><td>每一纳税年度的收入总额减除成本、费用，以及损失（会计核算）</td></tr>
<tr><td>对企事业单位承包经营、承租经营所得</td><td>五级超额累进税率</td><td>每一纳税年度的收入总额，减除必要费用</td></tr>
<tr><td>劳务报酬所得</td><td>20%
特殊：加成征收</td><td rowspan="4">定额或定率扣除（每次 800 元或 20%）；
每次收入≤4000 元的定额扣 800 元；每次收入＞4000 元的定率扣 20%
注意：出租房屋：按顺序扣除税费、修缮费用（800 元为限）、固定费用</td></tr>
<tr><td>稿酬所得</td><td>20%
特殊：按应纳税额减征 30%</td></tr>
<tr><td>特许权使用费所得</td><td>20%</td></tr>
<tr><td>财产租赁所得</td><td>20%
特殊：出租居民住用房适用 10%的税率</td></tr>
<tr><td>财产转让所得</td><td>20%</td><td>收入额减除财产原值和合理费用</td></tr>
<tr><td>利息、股息、红利所得</td><td rowspan="3">20%</td><td rowspan="3">无费用扣除，以每次收入为应纳税所得额</td></tr>
<tr><td>偶然所得</td></tr>
<tr><td>其他所得</td></tr>
</table>

【例题·单选题】根据个人所得税法律制度的规定，下列所得中，可以实行加成征收计算缴纳个人所得税的是（　　）。

A．红利所得　　B．特许权使用费所得

C．财产租赁所得　　D．劳务报酬所得

【答案】D

【解析】劳务报酬所得实行加成征收计算缴纳个人所得税，选项 D 正确。

六、应纳税所得额的确定

应纳税所得额＝各项收入－税法规定的扣除项目或扣除金额

（1）收入：包括现金、实物、有价证券和其他形式的经济利益。

（2）费用扣除的方法：定额扣除、限额内扣除、定额或定率扣除、无费用扣除。

（一）每次收入的确定

按次计算收入的项目	解释说明
劳务报酬所得	（1）只有一次性收入的，以取得该项收入为一次（如图纸设计）。 （2）属于同一事项连续取得收入的，以一个月内取得的收入为一次，而不能以每天取得的收入为一次
稿酬所得	以每次出版、发表取得的收入为一次，具体可分为： （1）同一作品再版取得的所得，应视为另一次稿酬所得计征个人所得税。 （2）同一作品先在报刊上连载，然后出版，或者先出版，再在报刊上连载的，应视为两次稿酬所得征税，即连载作为一次，出版作为另一次。 （3）同一作品在报刊上连载取得收入的，以连载完成后取得的所有收入合并为一次，计征个人所得税。 （4）同一作品在出版和发表时，以预付稿酬或分次支付稿酬等形式取得的收入，应合并计算为一次。 （5）同一作品出版、发表后，因添加印数而追加稿酬的，应与以前出版、发表时取得的稿酬合并计算为一次，计征个人所得税
特许权使用费所得	以某项使用权的一次转让所取得的收入为一次。如果该次转让取得的收入是分笔支付的，将各笔收入相加为一次的收入，计征个人所得税
利息、股息、红利所得	以支付时取得的收入为一次
财产租赁所得	以一个月内取得的收入为一次
偶然所得	以每次收入为一次
其他所得	以每次收入为一次

【例题·多选题】根据个人所得税法律制度的规定，下列情形中，以 1 个月内取得的收入为一次计算缴纳个人所得税的有（　　）。

A．李某将小说在某报刊上连载 6 个月，每月取得稿酬收入 1500 元

B．张某在某培训机构连续授课 2 个月，每月取得课酬收入 8800 元

C．赵某将一项专利转让给甲企业使用 1 年，专利使用费分 3 个月收取，每月 10000 元

D．王某出租住房 1 套，租期 1 年，每月收取租金 3000 元

【答案】BD

【解析】选项 A 连载稿酬合并算 1 次，选项 C 属于特许权使用费所得，以一次许可为一次，分次支付合并计税。

（二）费用扣除标准

1. 工资、薪金

工资、薪金所得规定的普遍适用的减除费用标准为每月 3500 元。附加减除费用（适用 4800 元扣除）所适用人群的具体范围是：①在中国境内的外商投资企业和外国企业中工作取得工资、薪金所得的外籍人员；②应聘在中国境内的企业、事业单位、社会团体、国家机关中工作取得工资、薪金所得的外籍专家；③在中国境内有住所而在中国境外任职或受雇取得工资、薪金所得的个人；④财政部确定的其他人员（适用于华侨和香

港、澳门、台湾同胞）。

2. 个体工商户的生产、经营所得（增量复习法：未列部分同所得税）

（1）应纳税所得额＝收入总额－成本－费用－损失－税金－其他支出－允许弥补以前年度亏损。

（2）用于个人和家庭的支出不得扣除。

（3）个体工商户生产经营活动中，应当分别核算生产经营费用和个人、家庭费用。对于生产经营与个人、家庭生活混用难以分清的费用，其40%视为与生产经营有关费用，准予扣除。

（4）个体工商户实际支付给从业人员的、合理的工资薪金支出，准予扣除。个体工商户业主的工资、薪金支出不得税前扣除。个体工商户业主的费用扣除标准3500/月。

（5）个体工商户按规定的范围和标准为其业主和从业人员缴纳的基本养老保险费、基本医疗保险费、失业保险费、生育保险费、工伤保险费和住房公积金，准予扣除。

（6）个体工商户为从业人员缴纳的补充养老保险费、补充医疗保险费，分别在不超过从业人员工资总额 5%标准内的部分据实扣除；超过部分，不得扣除。个体工商户业主本人缴纳的补充养老保险费、补充医疗保险费，以当地（地级市）上年度社会平均工资的 3 倍为计算基数，分别在不超过该计算基数 5%标准内的部分据实扣除；超过部分，不得扣除。

（7）工会经费、职工福利费支出、职工教育经费支出同所得税。

注意：个体工商户业主本人向当地工会组织缴纳的工会经费、实际发生的职工福利费支出、职工教育经费支出，以当地（地级市）上年度社会平均工资的 3 倍为计算基数，在规定比例内据实扣除。

（8）个体工商户代其从业人员或者他人负担的税款，不得税前扣除。

（9）个体工商户自申请营业执照之日起至开始生产经营之日止所发生符合规定的费用，除为取得固定资产、无形资产的支出，以及应计入资产价值的汇兑损益、利息支出外，作为开办费，个体工商户可以选择在开始生产经营的当年一次性扣除，也可自生产经营月份起在不短于 3 年期限内摊销扣除，但一经选定，不得改变。

（10）个体工商户通过公益性社会团体或者县级以上人民政府及其部门向规定的公益事业的捐赠，捐赠额不超过其应纳税所得额 30%的部分可以据实扣除。

（11）个体工商户研究开发新产品、新技术、新工艺所发生的开发费用，以及研究开发新产品、新技术而购置单台价值在 10 万元以下的测试仪器和试验性装置的购置费准予直接扣除；单台价值在 10 万元以上（含 10 万元）的测试仪器和试验性装置，按固定资产管理，不得在当期直接扣除。

【例题·多选题】根据个人所得税法律制度，下列每月工资扣除 4800 元的有（　　）。

A．境内外资企业的中国公民

B．境内事业单位的外籍专家

C．在境内有住所且在境外受雇取得薪金的中国公民

D. 境内外国企业的外籍人员

【答案】BCD

【解析】附加减除费用适用的范围：①在中国境内的外商投资企业和外国企业中工作取得工资、薪金所得的外籍人员；②应聘在中国境内的企事业单位、社会团体、国家机关中工作取得工资、薪金所得的外籍专家；③在中国境内有住所而在中国境外任职或者受雇取得工资、薪金所得的个人；④财政部确定的取得工资、薪金所得的其他人员。

（三）其他费用扣除规定

（1）个人将其所得通过中国境内非营利的社会团体、国家机关向教育、公益事业和遭受严重自然灾害地区、贫困地区的捐赠，捐赠额不超过应纳税所得额的30%的部分，可以从其应纳税所得额中扣除。

特殊可以全额扣除的项目：①红十字事业；②福利性非营利性老年机构；③农村义务教育、教育事业；④公益性青少年活动场所。

（2）个人的所得（不含偶然所得，经国务院财政部门确定征税的其他所得）用于对非关联的科研机构和高等学校研究开发新产品、新技术、新工艺所发生的研究开发经费的资助，可以全额在下月（工资、薪金所得）或下次（按次计征的所得）或当年（按年计征的所得）计征个人所得税时，从应纳税所得额中扣除，不足抵扣的，不得结转抵扣。

【例题·单选题】中国公民李某出版散文集取得稿酬收入40000元，将其中6000元通过民政部门捐赠给贫困山区。李某稿酬所得应缴纳个人所得税（　　）元。

A. 3640　　B. 3808　　C. 4480　　D. 4760

【答案】A

【解析】捐赠扣除限额＝40000×（1－20%）×30%＝9600（元），大于实际捐赠额6000元，所以实际捐赠额可以全额税前扣除。

应缴纳个人所得税＝［40000×（1－20%）－6000］×20%×（1－30%）＝3640（元）

七、个人所得税应纳税额的计算

1. 工资、薪金所得

（1）应纳税税额＝（月工资、薪金收入－3500元或4800元）×适用税率－速算扣除数。

（2）全年一次性奖金：分步法。

① 纳税人取得全年一次性奖金，单独作为一个月工资、薪金所得计算纳税。

② 计算步骤：

一个前置工作：比较当月工资薪金所得和税法规定的费用扣除额，若高于该扣除额，则采用分步法计算；若低于该扣除额，则全年一次性奖金减去二者差额后的余额后采用分步法计算。

找税率：前置后的数额，除以12个月，按其商数确定适用税率和速算扣除数。

算税额：前置后的数额，按上述第1步确定的适用税率和速算扣除数计算征税。

③ 在一个纳税年度内，对每一个纳税人，该计税办法只允许采用一次。

雇员取得除全年一次性奖金以外的其他各种名目奖金，如半年奖、季度奖、加班奖、先进奖、考勤奖等，一律与当月工资、薪金收入合并，按税法规定缴纳个人所得税。

【例题·计算题】小王 2016 年 12 月末取得全年一次性奖金收入 20000 元。

情况 1：假设小王 2016 年 12 月工资为 5000 元，请计算小王 2016 年取得全年一次性奖金收入应缴纳的个人所得税。

情况 2：假设小王 2016 年 12 月工资为 3000 元，其他条件不变，请计算小王 2016 年取得全年一次性奖金收入应缴纳的个人所得税。

【解析】

情况 1：每月奖金＝20000/12＝1666.67（元），适用的税率为 10%，速算扣数 105。

一次性奖金应纳个人所得税＝20000×10%－105＝1895（元）

情况 2：每月奖金＝［20000－（3500－3000）］/12＝1625（元），适用的税率为 10%，速算扣数 105。

一次性奖金应纳个人所得税＝（20000－500）×10%－105＝1845（元）

2. 个体工商户生产经营所得

应纳税额＝应纳税所得额×适用税率－速算扣除数
＝（全年收入总额－成本、费用及损失）×适用税率－速算扣除数

3. 承包经营、承租经营所得

应纳税额＝应纳税所得额×适用税率－速算扣除数
＝（纳税年度收入总额－必要费用）×适用税率－速算扣除数
＝（经营利润＋承包者工资薪金－必要费用）×适用税率－速算扣除数

4. 劳务报酬所得

（1）每次收入不足 4000 元的：应纳税额＝（每次收入额－800）×20%。

（2）每次收入在 4000 元以上的：应纳税额＝每次收入额×（1－20%）×20%。

（3）每次收入的应纳税所得额超过 20000 元的：应纳税额＝每次收入额×（1－20%）×适用税率－速算扣除数。

5. 稿酬所得

（1）每次收入不足 4000 元的：应纳税额＝（每次收入额－800）×20%×（1－30%）。

（2）每次收入在 4000 元以上的：应纳税额＝每次收入额×（1－20%）×20%×（1－30%）。

6. 对特许权使用费所得

（1）每次收入不足 4000 元的：应纳税额＝（每次收入额－800）×20%。

（2）每次收入在 4000 元以上的：应纳税额＝每次收入额×（1－20%）×20%。

7. 利息、股息、红利所得、偶然所得及其他所得

应纳税额＝每次收入额×适用税率

8. 财产租赁所得

（1）每次（月）收入不足 4000 元的：应纳税额＝［每次（月）收入额－财产租赁过程中缴纳的税费－由纳税人负担的租赁财产实际开支的修缮费用（800 元为限）－800 元］×20%。

（2）每次（月）收入在 4000 元以上的：应纳税额＝［每次（月）收入额－财产租赁过程中缴纳的税费－由纳税人负担的租赁财产实际开支的修缮费用（800 元为限）］×（1－20%）×20%。

9. 财产转让所得

应纳税额＝应纳税所得额×适用税率＝（收入总额－财产原值－合理费用）×20%

10. 利息股息红利所得、偶然所得、其他所得

应纳税额＝收入额×税率

【例题·单选题】钱某在一次演出中取得收入 10000 元。已知劳务报酬所得每次收入不得超过 4000 元的，减除费用 800 元；4000 元以上的，减除 20%的费用，适用税率为 20%。钱某应缴纳的个人所得税税额为（　　）元。

A．1840　　B．1600　　C．2000　　D．4800

【答案】B

【解析】应缴纳个人所得税＝10000×（1－20%）×20%＝1600（元）。

【例题·单选题】2015 年 8 月，张某在杂志上发表一篇文章，取得稿酬 5000 元。已知稿酬所得个人所得税税率为 20%，每次收入 4000 元以上，减除 20%的费用，则张某发表文章应缴纳个人所得税税额的下列计算列式中，正确的是（　　）。

A．5000×20%×（1－30%）＝700（元）

B．5000×（1－20%）×20%×（1－30%）＝560（元）

C．5000×20%＝1000（元）

D．5000×（1－20%）×20%＝800（元）

【答案】B

【解析】稿酬所得每次收入在 4000 元以上的：应纳税额＝每次收入额×（1－20%）×20%×（1－30%）。

八、个人所得税税收优惠

（一）免征个人所得税的优惠（26 项）

【例题·单选题】根据个人所得税法律制度规定，下列不属于免税项目的有（　　）。

A．军人转业费　　B．国债利息收入

C．退休人员再任职收入　　D．保险赔款

【答案】C

【解析】退休人员再任职取得的收入，符合相关条件的，在减除按税法规定的费用扣除标准后，按“工资、薪金所得”应税项目缴纳个人所得税。

【例题·多选题】下列项目不得享受个人所得税减免税优惠的有（　　）。

A．外籍个人以实报实销形式取得的住房补贴和伙食补贴

B．外籍个人取得搬迁费的现金补贴

C．个人取得的保险赔款

D．个人取得的企业债券利息收入

【答案】BD

【解析】免税优惠：外籍个人以非现金形式或实报实销形式取得的住房补贴、伙食补贴、搬迁费、洗衣费；国债和国家发行的金融债券利息。

（二）减征个人所得税的优惠

（1）残疾、孤老人员和烈属的所得。

（2）因严重自然灾害造成重大损失的。

（3）其他经国务院财政部门批准减税的。

【例题·多选题】下列有关个人所得税税收优惠的表述中，正确的有（　　）。

A．国债利息和保险赔偿款免征个人所得税

B．个人领取原提存的住房公积金免征个人所得税

C．残疾、孤老人员和烈属的所得可以减征个人所得税

D．外籍个人按合理标准取得的境内、外出差补贴暂免征个人所得税

【答案】ABCD

（三）非居民纳税人的减免税优惠

居住时间（T）	在中国境内工作		在中国境外工作	
	境内支付	境外支付	境内支付	境外支付
$T\leqslant 90$（或 183）日	征	免征	不征税	
90（或 183）日$<T<$1 年	征	征	不征税	
1 年$\leqslant T\leqslant$5 年	征	征	征	免征
$T>$5 年	征	征	征	征

【例题·多选题】在中国境内无住所、但在华居住满 5 年的个人，从第 6 年起的以后年度中（　　）。

A．不论在境内居住是否满 1 年，应当就其来源于境内、境外的所得申报纳税

B．凡在境内居住满 1 年的，应当就其来源于境内、境外的所得申报纳税

C．凡在境内居住不满 1 年的，则仅就该年内来源于境内的所得申报纳税

D．重新计算 5 年居住期

【答案】BC

九、境外所得的税额扣除

要点	内容
扣除方法	限额扣除
限额计算方法（分国又分项）	即纳税人从中国境外取得的所得，区别不同国家和不同应税项目，依我国税法规定扣除标准和税率计算应纳税额
限额抵扣方法	境外已纳个人所得税低于扣除限额，应在中国补缴差额部分的税款
境外已纳税款抵扣凭证	境外税务机关填发的完税凭证原件
居民纳境内境外所得	分别扣减费用、分别计算应纳税额

【例题·计算题】中国公民王某 5 月赴国外进行技术交流期间，在甲国演讲取得收入折合人民币 12000 元，在乙国取得专利转让收入折合人民币 60000 元，分别按照收入来源国的税法规定缴纳了个人所得税折合人民币 1800 元和 12000 元。

要求：计算王某 5 月从国外取得收入应在国内补缴的个人所得税。

【答案】

（1）在甲国演讲收入按照我国税率应缴纳的个人所得税：12000×（1－20%）×20%=1920（元），应补缴个人所得税 1920－1800=120（元）。

（2）在乙国取得专利转让收入按照我国税率应缴纳的个人所得税：60000×（1－20%）×20%=9600（元），在国外已经缴纳 12000 元，所以不需要补缴个人所得税。

十、征收管理

纳税申报	（1）征收方式主要有两种：一是代扣代缴；二是自行纳税申报。 （2）税务机关应根据扣缴义务人所扣缴的税款，付给 2%的手续费。 （3）自行纳税申报的情形：①年所得 12 万元以上的；②从中国境内两处或者两处以上取得工资、薪金所得的；③从中国境外取得所得的；④取得应纳税所得，没有扣缴义务人的；⑤国务院规定的其他情形
纳税期限	（1）代扣代缴、自行申报的纳税期限：一般都是次月 15 日内缴入国库。 （2）个体工商户生产、经营所得：按年计算，分月预缴，由纳税义务人在次月 15 日内预缴，年度终了后 3 个月内汇算清缴，多退少补（个人独资企业和合伙企业比照执行）。 （3）年所得 12 万元以上的，在年度终了后 3 个月内纳税申报
纳税地点	（1）一般应为收入来源地的地方税务机关。 （2）从两处或两处以上取得工资、薪金的，可选择并固定在其中一地税务机关申报纳税。 （3）从境外取得所得的，应向其境内户籍所在地税务机关申报纳税。 （4）个人独资企业和合伙企业投资者个人所得税纳税地点。投资者应向企业实际经营管理所在地主管税务机关申报缴纳个人所得税。投资者兴办两个或两个以上企业的，应分别向企业实际经营管理所在地主管税务机关预缴税款

【例题·多选题】纳税人应当按照规定到主管税务机关办理自行纳税申报的有（　　）。

A．年所得 12 万元以上的

B．取得应纳税所得，没有扣缴义务人的

C．从中国境外取得所得的

D．从中国境内两处或者两处以上取得工资、薪金所得的

【答案】ABCD

【解析】4 个选项的纳税人均需自行纳税申报。

同步强化练习

第一节　个人所得税概述

一、单选题

1.（　　）是以个人（自然人）取得的各项应税所得为征税对象而征收的一种税。

A．企业所得税　B．个人所得税　C．财产税　D．行为税

2．对工资、薪金所得，个体工商户的生产经营所得，对企事业单位的承包经营、承租经营所得，采用（　　），实行量能负担，体现税负公平，合理调节收入分配。

A．比例税率　B．超额累进税率

C．超率累进税率　D．定额税率

3．下列各项中，不属于个人所得税的特点有（　　）。

A．采用混合所得税制

B．实行比例税率和累进税率计算税额

C．实行费用扣除和减免税较宽

D．采取源泉扣缴和个人申报两种征纳方法

二、多选题

1．世界各国的个人所得税制根据计税方法的不同，大体可分为（　　）。

A．分类所得税制　B．综合所得税制

C．混合所得税制　D．分类与综合相结合的模式

2．下列属于个人所得税的作用有（　　）。

A．增加国家财政收入　B．调节收入差距

C．调动劳动积极性　D．扶持低收入人群

3．个人所得税的征收方法有（　　）。

A．源泉扣缴　B．自行申报

C．定期定额　D．简并征期

三、判断题

1．我国个人独资企业和合伙企业投资者应依法缴纳个人所得税。（　　）

2．我国现行个人所得税均采用比例税率一种税率形式。（　　）

3．凡是可以在应税所得的支付环节扣缴个人所得税的，均由扣缴义务人履行代扣代缴义务。（　　）

第二节　纳税义务人、征税范围和税率

一、单选题

1．根据个人所得税法律的规定，在中国境内无住所但取得所得的下列外籍个人中，

属于居民纳税人的是（　　）。

A．M 国甲，在华工作 6 个月

B．N 国乙，2016 年 1 月 10 日入境，2016 年 10 月 10 日离境

C．X 国丙，2015 年 10 月 1 日入境，2016 年 12 月 31 日离境，其间临时离境 28 日

D．Y 国丁，2015 年 3 月 1 日入境，2016 年 3 月 1 日离境，其间临时离境 100 日

2．根据个人所得税法律制度的规定，下列各项中，属于工资、薪金所得项目的是（　　）。

A．托儿补助费　B．年终加薪　C．差旅费津贴　D．独生子女补贴

3．根据个人所得税法律制度的规定，下列各项中，不属于工资、薪金性质的补贴、津贴是（　　）。

A．岗位津贴　B．加班补贴　C．差旅费津贴　D．工龄补贴

4．下列不属于个体工商户生产经营所得的是（　　）。

A．个体工商户从事饮食业取得的所得

B．个体工商户从事手工业取得的所得

C．个体工商户从事修理业取得的所得

D．个体工商户业主出书取得的稿酬所得

5．根据《中华人民共和国个人所得税法》（以下简称《个人所得税法》）的规定，（　　）一次收入畸高，可以实行加成征收。

A．利息、股息、红利所得　B．偶然所得

C．稿酬所得　D．劳务报酬所得

6．中国公民叶某任职国内甲企业，2016 年为乙公司设计营销方案，取得一次性设计费 10000 元，该收入适用的个人所得税税目为（　　）。

A．偶然所得　B．工资薪金所得

C．劳务报酬所得　D．特许权使用费所得

7．某画家 2016 年 9 月将其精选的书画作品交由某出版社出版，从出版社取得报酬 8 万元，该笔报酬在缴纳个人所得税时适用的税目是（　　）。

A．工资薪金所得　B．个体工商户　C．稿酬所得　D．特许权所得

8．作家马某 2016 年 12 月从某电视剧制作中心取得剧本使用费 50000 元。关于马某该项收入计缴个人所得税的下列表述中，正确的是（　　）。

A．应按稿酬所得项目计缴个人所得税

B．应按工资、薪金所得项目计缴个人所得税

C．应按劳务报酬所得项目计缴个人所得税

D．应按特许权使用费所得项目计缴个人所得税

9．根据个人所得税法律制度的规定，下列所得应按特许权使用费所得项目缴纳个人所得税的是（　　）。

A．房屋使用权转让所得　B．运输工具使用权转让所得

C．生产设备使用权转让所得　D．商标权使用费所得

10. 个人转让有价证券取得的收入属于（　　）。

A. 财产转让所得　　B. 股息红利所得

C. 偶然所得　　D. 特许权使用所得

二、多选题

1. 个人所得税的纳税义务人，包括（　　）。

A. 有中国境内所得的外籍人员　　B. 股份有限公司投资者

C. 合伙企业投资者　　D. 个人投资企业投资者

2. 个人所得税的纳税义务人包括（　　）。

A. 在中国境内有住所的人　　B. 个体工商户

C. 在中国境内有所得的境外人员　　D. 外籍个人

3. 根据个人所得税法律制度的规定，下列关于个人所得税纳税人的说法中错误的有（　　）。

A. 对合伙企业中的个人合伙人从合伙企业取得的所得应征收企业所得税

B. 判定个人所得税居民纳税人的标准为是否在我国境内有住所

C. A 国甲，2014 年 10 月 1 日入境，2016 年 2 月 1 日离境，其间临时离境 28 日，甲在 2015 年属于我国居民纳税人

D. B 国乙，2015 年 1 月 10 日入境，2016 年 10 月 10 日离境，乙在 2015 年和 2016 年属于我国居民纳税人

4. 个人所得税的税率形式有（　　）。

A. 超额累进税率　B. 定额税率　　C. 比例税率　　D. 超率累进税率

5. 根据《个人所得税法》的规定，下列项目中，适用比例税率征税的有（　　）。

A. 个体工商户生产、经营所得　　B. 工资薪金所得

C. 劳务报酬所得　　D. 财产转让所得

6. 下列所得，个人所得税适用于税率 20%的有（　　）。

A. 特许权使用费所得　　B. 工资薪金所得

C. 财产租赁所得　　D. 财产转让所得

7. 下列各项中，适用超额累进税率计征个人所得税的有（　　）。

A. 个体工商户的生产经营所得　　B. 工资薪金所得

C. 财产转让所得　　D. 稿酬所得

8. 下列关于劳务报酬的个人所得税税率表述正确的有（　　）。

A. 个人取得劳务报酬收入的应纳税所得额一次超过 2 万元至 5 万元的部分，适用 30%税率

B. 个人取得劳务报酬收入的应纳税所得额一次超过 5 万元的部分，适用 40%税率

C. 劳务报酬所得适用比例税率，税率为 20%

D. 个人取得劳务报酬收入的应纳税所得额一次超过 10 万元的部分，适用 50%税率

9. 下列各项中，属于个人所得税税目的有（ ）。

A. 稿酬所得

B. 劳务报酬所得

C. 利息、利息、红利所得

D. 对企业、事业单位的承包经营、承租经营所得

10. 下列关于个体工商户生产经营所得个人所得税的表述中正确的有（ ）。

A. 个人因从事彩票代销业务而取得所得，按个体工商户的生产、经营所得征税

B. 个体工商户生产经营所得按月计征

C. 个人对企事业单位承包经营后，工商登记改变为个体工商户的，按个体工商户的生产、经营所得计征个人所得税

D. 个体工商户取得与生产经营无关的其他所得，同样按个体工商户的生产、经营所得计征个人所得税

11. 根据个人所得税法律制度的规定，下列个人所得中，应按劳务报酬所得项目征收个人所得税的有（ ）。

A. 某大学教授从甲企业取得咨询费

B. 某公司高管从乙大学取得的讲课费

C. 某设计院设计师从丙家装公司取得的设计费

D. 某编剧从丁电视剧制作单位取得的剧本使用费

12. 根据个人所得税法律制度的规定，下列收入中，按照特许权使用费所得项目缴纳个人所得税的有（ ）。

A. 提供商标权收入

B. 转让土地使用权收入

C. 转让著作权收入

D. 转让专利权收入

13. 下列属于财产转让所得的有（ ）。

A. 转让剧本使用权

B. 转让设备

C. 转让股票

D. 转让非专利技术

三、判断题

1. 对于个人所得税的居民纳税人，就来源于中国境内所得部分征税；对于非居民纳税人，就来源于中国境内和境外的全部所得征税。（ ）

2. 对个人独资企业和合伙企业投资者也征收个人所得税。（ ）

3. 个人所得税只实行超额累计税率的税率体系。（ ）

4. 在中国境内有住所或无住所而在境内居住满一年的个人为《个人所得税法》中规定的居民纳税人。（ ）

5. 对个人独资企业投资者取得的生产经营所得应征收企业所得税，不征收个人所得税。（ ）

6. 转让中国境内的建筑物、土地使用权取得的所得，无论支付地点是否在中国境内，均为来源于中国境内的所得。（ ）

7. 居民纳税人应就其来源于中国境内的全部所得，依法缴纳个人所得税。（ ）

第三节　应纳税所得额的确定

一、单选题

1．根据个人所得税法律制度的规定，下列所得中，应缴纳个人所得税的是（　　）。

A．加班工资　　B．独生子女补贴　　C．差旅费津贴　　D．国债利息收入

2．王教授 2016 年 5 月份取得如下收入：指导学生论文获得 800 元，为某企业提供技术指导获得 6000 元；翻译期刊论文获得 3000 元，则 5 月份张教授应纳税所得额为（　　）元。

A．800　　B．4800　　C．2200　　D．7000

3．稿酬所得，每次收入不超过 4000 元的，减除费用（　　）元，其余额为应纳税所得额。

A．800　　B．1600　　C．1200　　D．400

4．王某 2016 年 6 月工资收入为 10000 元人民币，其中含差旅费津贴 1000 元，托儿补助费 500 元，则其 6 月应缴纳个人所得税的应纳税所得额为（　　）元。

A．10000　　B．5000　　C．9000　　D．8500

5．下列项目中，直接以每次收入额为应纳税所得额计算缴纳个人所得税的是（　　）。

A．稿酬所得　　B．劳务报酬所得

C．特许权所有得　　D．偶然所得

6．下列应税项目，不按次计算征收个人所得税的是（　　）。

A．工资、薪金所得　　B．股息红利所得

C．财产租赁所得　　D．稿酬所得

二、多选题

1．根据个人所得税法律制度的规定，下列所得中，属于工资、薪金的有（　　）。

A．年终奖金　　B．劳动分红　　C．季度奖金　　D．加班工资

2．根据个人所得税法律制度，下列人员取得工资薪金所得，计算个人所得税时费用扣除标准为 4800 元的有（　　）。

A．境内外资企业的中国公民　　B．境内事业单位的外籍专家

C．境外中国公民　　D．境内外国企业的外籍人员

3．下列情况下，在计算应纳税所得额时，适用附加减除费用的有（　　）。

A．在中国境内的外商投资企业中工作取得工资、薪金所得的外籍人员

B．在中国境内有住所而在中国境外任职取得工资、薪金所得的个人

C．在中国境内的外商投资企业中工作取得工资、薪金所得的个人

D．应聘在中国境内的企业中工作取得工资、薪金所得的外籍专家

4．根据个人所得税法律制度的规定，下列支出中，在计算个体工商户个人所得税

应纳税所得额时，不得扣除的有（　　）。

A．从业人员合理工资　　B．计提的各项准备金

C．业主本人工资　　D．业主家庭生活费用

5．属于《个人所得税法》所指的劳务报酬所得的有（　　）。

A．业余时间为外单位从事设计取得的所得

B．非专职人员从事审稿取得的所得

C．教授为外单位讲学取得的所得

D．个人担任董事职务且不在公司任职取得的董事费收入

6．关于作品出版的说法，正确的是（　　）。

A．个人发表一作品，出版单位分三次付稿酬，则这三次稿酬应合并为一次征税

B．若个人在国内外出版同一作品而分别取得稿酬，则应分别单独纳税

C．若因作品加印而获得稿酬，应就此次稿酬单独纳税

D．个人的同一作品连载之后又出书取得稿酬的应视同再版稿酬，分别征税

7．（　　）属于应征个人所得税的利息。

A．国家发行金融债券利息　　B．公司债券利息

C．企业集资利息　　D．储蓄存款利息

8．根据个人所得税法律制度的规定，个人通过境内非营利社会团体进行的下列捐赠中，在计算缴纳个人所得税时，准予税前全额扣除的有（　　）。

A．向福利性、非营利性老年服务机构　　B．向农村义务教育的捐赠

C．向红十字事业的捐赠　　D．向公益性青少年活动场所的捐赠

9．下列关于个人所得税的税的说法正确的有（　　）。

A．工资、薪金所得以每月收入减除费用 1500 元后的金额为应纳税所得额

B．个体工商户的生产经营所得和对企事业单位的承包、承租经营所得均需要缴纳个人所得税

C．个人独资企业和合伙企业投资者应依法缴纳个人所得税

D．在两处以上取得工资、薪金所得，纳税人和扣缴义务人要办理纳税申报

10．下列各项，以取得的收入为应纳税所得额直接计入个人所得税的有（　　）。

A．稿酬所得　　B．偶然所得

C．股息所得　　D．特许权使用所得

三、判断题

1．王某在 2016 年 11 月取得劳务报酬所得 5000 元，其应纳税所得额为 4000 元。（　　）

2．应聘在中国境内的企业、事业单位中工作取得工资、薪金所得的外籍专家，在计算个人应纳税所得额时适用附加减除费用，但在国家机关和社会团体中工作不适用附加减除费用。（　　）

3．个人对企事业单位承包、承租经营后，工商登记改变为个体工商户的，取得的承包、承租经营所得，按个体工商户的生产、经营所得项目缴纳个人所得税。（　　）

4．个体工商户的生产、经营所得，以每一纳税年度的收入总额，减除成本、费用及损失后，再减除费用每月3500元后的余额，为应纳税所得额。（　　）

5．劳务报酬所得一次收入畸高的，应按超过规定部分的应纳税所得额加征五成或十成。（　　）

6．设计和咨询所得都属于劳务报酬所得，当某人某期从同一支付者手中取得这两项所得时应合并计征个人所得税。（　　）

7．同一作品在报刊上连载取得收入的，以连载一个月内取得的收入为一次，分次计征个人所得税。（　　）

8．同一作品出版、发表后，因添加印数而追加稿酬的，应与以前出版、发表时取得的稿酬合并计算为一次，计征个人所得税。（　　）

9．财产转让所得和财产租赁所得，以转让财产的收入额减除财产原值和合理费用后的余额为应纳税所得额。（　　）

10．个人在企业有奖销售中中奖，作为偶然所得也应缴纳个人所得税。（　　）

第四节　应纳税额的计算

一、单选题

1．小张2016年5月取得工资3500元、奖金1800元、加班费500元、交通补贴100元、通信补贴100元、差旅费津贴1000元，则小张本月应缴纳的个人所得税为（　　）元。（全月应纳税所得额1500元以下的税率为3%；超过1500元不超过4500元的税率为10%，速算扣除数为105。）

A．0　　B．125　　C．145　　D．245

2．中国公民黄先生2016年1～12月份取得每月工薪收入4200元，12月份取得全年一次性奖金36000元。已知，工资薪金所得应纳税所得额0～1500元税率为3%；1500～4500元税率为10%，速算扣除数为105。黄先生2016年全年一次性奖金应纳个人所得税是（　　）元。

A．4975　　B．5275　　C．3495　　D．7735

3．小王2016年7月取得半年奖5000元，当月工资2800元，则小王本月应纳个人所得税为（　　）元。

A．0　　B．45　　C．325　　D．445

4．某演员参加商业演出，一次性获得表演收入50000元，该演员应缴纳个人所得税的税额为（　　）元。

A．8000　　B．10000　　C．6000　　D．13000

5．国内某作家的一篇小说先在某晚报上连载3个月，每月取得稿酬3600元，然后送交出版社出版，一次取得稿酬20000元。该作家需缴纳个人所得税（　　）元。

A．3416　　B．3449.6　　C．3752　　D．4009.6

6．李某2016年11月取得稿费收入3 600元，已知稿酬所得适用税率为20%，其应缴纳的个人所得税为（ ）元。

A．403.2　B．560　C．392　D．720

7．中国公民叶某任职国内甲企业，2016 年出版著作一部取得稿酬 20000 元，当年添加印数而追加稿酬 3000 元，关于稿酬应缴个税计算正确的为（ ）。

A．［20000×（1－20%）＋（3000－800）］×20%×（1－30%）＝2548（元）

B．（20000＋3000）×（1－20%）×20%×（1－ 30%）＝2576（元）

C．20000×（1－20%）×20%×（1－30%）＝2240（元）

D．（20000＋3000）×（1－20%）×20%＝3680（元）

8．2016 年 8 月，李某出版小说一本取得稿酬 80000 元，从中拿出 20000 元通过国家机关捐赠某大学图书馆。李某 8 月份应缴纳的个人所得税是（ ）元。

A．8960　B．6272　C．8400　D．6160

9．国内某作家的一篇小说在一家晚报上连载 3 个月，3 个月的稿酬收入分别为 3000 元、4000 元和 5000 元。该作家 3 个月所获稿酬应缴纳个人所得税（ ）元。

A．1316　B．1344　C．1568　D．1920

10．张某于 2016 年 3 月取得一项特许权使用费收入 3000 元，4 月取得另一项特许权使用费收入 4500 元。张某应缴纳的个人所得税为（ ）元。

A．1160　B．1200　C．1340　D．15002

11．2016 年 3 月张某将自己的一套三居室出租，年租金 55200 元，当月发生修缮费用 1200 元。已知个人出租住房适用的个人所得税税率为 10%，每次收入额不足 4000 的费用扣除标准为 800 元，超过 4000 元的，费用扣除标准为 20%，（不考虑房屋出租过程中的其他相关税金）则张某本月应缴纳的个人所得税为（ ）元。

A．260　B．272　C．300　D．304

12．张某准备移民海外，将其唯一的一套住房以 120 万元的价格出售，该住宅系 6 年前以 40 万元的价格购买，交易过程中支付相关税费及中介费等各项费用共计 8 万元（发票为证），则张某应缴纳的个人所得税为（ ）万元。

A．0　B．14.4　C．16　D．24

13．赵某 2016 年取得 3 年期银行存款利息总收入 800 元，二级市场股票买卖所得 2000 元。已知：利息、股息、红利所得适用的个人所得税税率为 20%，以收入全额为应纳税所得额，财产转让所得适用的个人所得税税率为 20%，以收入全额扣除原值及合理费用后的余额为应纳税所得额。则赵某 2016 年上述收入应纳个人所得税为（ ）元。

A．0　B．160　C．400　D．560

14．李某在一次福利彩票抽奖中，花 1000 元抽中一辆价值 300000 元的别克轿车，外加 500000 元现金，个人所得税税率为 20%，李某应缴纳个人所得税税额为（ ）元。

A．0　B．159800　C．100000　D．160000

15．郑某 2016 年 3 月在某公司举行的有奖销售活动中获得奖金 12000 元，领奖时发生交通费 600 元、食宿费 400 元（均由郑某承担）。在颁奖现场郑某直接向某大学图书馆捐款 3000 元。已知偶然所得适用的个人所得税税率为 20%。郑某中奖收入应缴纳的个人所得税税额为（ ）元。

A．0　B．1600　C．1800　D．2400

二、多选题

1．根据个人所得税法律制度的规定，下列选项中关于稿酬所得的计算方法当中，正确的有（　　）。

A．连载算一次

B．连载并出版的，合并算一次

C．加印算一次

D．采用预付方式和分次支付的，合并算一次

2．某人有 A、B、C 3 套住房，其中 A、B 两套用于出租，3 月份共收取租金 9600 元，其中住宅 A 租金 4799 元，住宅 B 租金 4801 元，同时两套住宅分别发生修缮费用各 900 元，则下列说法中正确的有（　　）。（不考虑个人出租住房应缴纳的其他税费。）

A．出租 A 住房应缴纳个税 319.9 元　　B．出租 A 住房应缴纳个税 311.92 元

C．出租 B 住房应缴纳个税 312.08 元　　D．出租 B 住房应缴纳个税 320.08 元

3．根据个人所得税法律制度的规定，下列情形中，以 1 个月内取得的收入为一次计算缴纳个人所得税的有（　　）。

A．李某将小说在某报刊上连载 6 个月，每月取得稿酬收入 1500 元

B．张某在某培训机构连续授课 2 个月，每月取得课酬收入 8800 元

C．赵某将一项专利转让给甲企业使用 1 年，专利使用费分 3 个月收取，每月 10000 元

D．王某出租住房 1 套，租期 1 年，每月收取租金 3000 元

三、计算题

1．王某某月取得工资收入 7000 元。

要求：（1）假设王某是中国公民，当月应纳个人所得税额是多少？

（2）假设王某是外籍人员，当月应纳个人所得税额是多少？

2．某中国公民 12 月份工资收入 3200 元，加班费收入 250 元，夜班津贴 480 元，取得全年性奖金 7200 元。要求：计算应纳的个人所得税款。

3．何云某年度每月工资收入为 2800 元，年终时，除取得当月 2800 元工资外，一次领取全年度的奖金 5600 元，同时取得半年奖 500 元、全勤奖 100 元。

要求：计算何云 12 月份应纳的个人所得税额。

4.某个体工商户全年生产经营收入总额为 100000 元，成本为 40000 元，费用为 7500 元，损失为 2500 元。要求：计算该个体工商户全年应纳个人所得税税额。

5．某个体工商户刘某某年生产经营取得应纳税所得额 40000 元，另外，刘某买彩票获奖 50000 元。要求：计算刘某应缴纳的个人所得税税款。

6．某人年内共取得 5 次劳务报酬，分别为 3000 元、10000 元、22000 元、30000 元、100000 元。要求：计算各次应缴纳的所得税税额。

7．某歌星某年 3 月接受邀请分别赴两地演出，甲地演唱一场共获得演出报酬 5000 元，乙地演出 4 场共获得报酬 30000 元。要求：计算该歌星应缴纳的个人所得税款。

8．某作家某月出版社取得稿酬 10000 元。要求：计算该作家当月应纳个人所得税税额。

9．某作家正式出版一本著作，从出版社取得稿酬 8000 元，出版社同时付给该作家短篇小说翻译稿酬 3200 元。要求：计算该作家应纳的个人所得税款。

10．陈某为某产品作广告，取得收入 300000 元，从中拿出 20000 元通过中介机构进行公益救济性质的捐赠。

要求：计算陈某应纳的个人所得税款。

11．某城市居民刘某出租一房屋，扣除流转税及其附加后的年租金所得 24000 元，1 月份承担房屋修理费 1200 元。要求：计算当年各月应纳个人所得税税额。

12．张某系中国公民，就职于中国境内甲公司，2016 年 7 月从境内取得如下收入：

（1）工资收入 3800 元，奖金收入 600 元，岗位津贴 300 元，交通补贴 900 元。

（2）3 年期银行存款利息收入 800 元，二级市场股票买卖所得 2000 元。

（3）为乙单位授课收入 3000 元，稿费收入 820 元。

（4）将 2008 年 1 月投资 80 万元购置的一套商品房出售给周某，合同注明的价款为 120 万元。

（5）受丙公司委托进行软件设计，取得设计费 2000 元。

已知：个人工资、薪金所得减除费用标准为 3500 元/月。

要求：根据上述资料，计算张某 7 月应缴纳个人所得税税额。

13．中国公民王某在国内甲公司担任工程师，2016 年 12 月收入情况如下：

（1）基本工资 6000 元，全勤奖 2000 元，岗位津贴 1000 元，差旅费津贴 300 元。

（2）全年一次性奖金 7500 元。

（3）省级人民政府颁发的科技进步奖 8000 元。

（4）企业债券利息 3500 元，1 年期储蓄存款利息 500 元。

（5）摩托车被盗，获得保险公司赔款 4000 元。

（6）应邀到某职业培训机构授课 3 次，每次讲课费 1000 元。

已知：劳务报酬所得个人所得税税率为 20%，每次收入不超过 4000 元的减除费用 800 元，4000 元以上的减除 20%的费用。工资、薪金所得个人所得税税率表（此处略。）

要求：根据上述资料，计算王某 12 月应缴纳个人所得税税额。

14．中国公民叶某任职于国内甲公司，2016 年除工资、薪金外，有关境内所得如下：

（1）为乙公司设计营销方案，取得一次性设计费 10000 元。

（2）出版著作一部，取得稿酬 20000 元，当年添加印数又追加稿酬 30000 元。

（3）购买福利彩票支出 100 元，一次性中奖 5000 元。

（4）转让 2006 年 12 月购入的家庭唯一住房一套，取得转让所得 100 万元。

（5）获得甲公司颁发的突出贡献奖 10000 元。

（6）车被盗，取得保险赔款 50000 元。

（7）再次购房领取原提存的住房公积金 56000 元。

已知：稿酬所得适用个人所得税税率为 20%，并按应纳税额减征 30%，每次收入不超过 4000 元的，减除费用 800 元；每次收入在 4000 元以上的，减除 20%的费用。

要求：根据上述资料，计算叶某 2016 年应缴纳的个人所得税税额。

四、案例分析题

（一）陈先生 2016 年 5 月取得如下收入：

（1）一次性稿费收入 8000 元。

（2）一次性讲学收入 500 元。

（3）一次性翻译资料收入 3000 元。

（4）到期国债利息收入 2000 元。

要求：根据上述资料，回答下列问题。

1．根据我国税法规定，个人所得税的征税项目包括（　　）。

A．个体工商户的生产、经营所得　　B．偶然所得

C．股息、红利所得　　D．特许权使用费所得

2．关于稿酬和讲课报酬，以下说法中正确的是（　　）。

A．劳务报酬所得，属于一次性收入的，以取得该项收入为一次

B．陈先生稿酬所得应缴纳的个人所得税，应由出版社代扣代缴

C．陈先生讲课报酬应缴纳的个人所得税，应由邀请人代扣代缴

D．稿酬所得和讲课报酬应缴纳的个人所得税，应由陈先生自行缴纳

3．关于 5 月份陈先生取得的稿费收入和讲学收入，以下说法正确的是（　　）。

A．陈先生取得的稿费收入和讲学收入应缴纳个人所得税额为 896 元

B．陈先生取得的稿费收入和讲学收入应缴纳个人所得税额为 1008 元

C．陈先生取得的稿费收入和讲学收入应缴纳个人所得税由本人于年末缴纳

D．陈先生取得的稿费收入和讲学收入应缴纳个人所得税由单位代扣代缴

4．关于陈先生取得的翻译资料收入所得，下列说法正确的是（　　）。

A．翻译资料收入属于劳务报酬所得

B．翻译资料收入属于稿酬所得

C．翻译资料收入应缴纳个人所得税 440 元

D．翻译资料收入应缴纳个人所得税 308 元

5．关于国债利息收入，下列说法正确的是（　　）。

A．国债利息收入免征个人所得税

B．国债利息收入要缴纳个人所得税

C．国债利息收入应缴纳个人所得税 0 元

D．国债利息收入应缴纳个人所得税 400 元

（二）作家吴某是一名自由职业者，2016 年开了一家书店并取得个体工商户营业执照，其 2016 年收入如下：

（1）被某电视台“五一”文艺晚会组聘为顾问，取得顾问费 4000 元。

（2）在某高校中文系兼课，每月两次，每次课酬 400 元。

（3）与某高校两位老师共写一本书，共得稿费 24000 元，吴某得主编费 6000 元，其余稿费 3 人平分。

（4）出版个人作品集，取得收入 20000 元。

（5）吴某书店全年销售额 90000 元，扣除进货成本、税金、费用后，纯收入 30000 元。

个人所得税税率表（个体工商户生产、经营所得和对企事业单位的承包经营、承租经营所得适用）如下：

级数	全年应纳税所得额	税率/%	速算扣除数
1	不超过 15000 元的	5	0
2	超过 15000 元至 30000 元的部分	10	750
3	超过 30000 元至 60000 元的部分	20	3750
4	超过 60000 元至 100000 元的部分	30	9750
5	超过 100000 元的部分	35	14750

要求：根据上述材料，回答下列问题。

1．吴某取得的顾问费 4000 元属于（　　）。

A．工资薪金所得　B．劳务报酬所得　C．稿酬所得　D．偶然所得

2．吴某与两位老师共写一本书，三人的个人所得税纳税情况包括（　　）。

A．此笔稿费共纳税 2688 元　B．三人各自纳税 672 元

C．吴某一人纳税 1344 元　D．除吴某外的两人各纳税 672 元

3．出版个人作品集属于稿酬收入，稿酬所得应纳个人所得税的计算公式为（　　）。

A．每次收入不足 4000 元的，应纳税额＝（每次收入额－800 元）×20%

B．每次收入超过 4000 元的，应纳税额＝每次收入额×（1－20%）×20%

C．每次收入不足 4000 元的，应纳税额＝（每次收入额－800 元）×20%×（1－30%）

D．每次收入超过 4000 元的，应纳税额＝每次收入额×（1－20%）×20%×（1－30%）

4．吴某 2014 年书店收入应缴纳个人所得税税额为（　　）元。

A．3000　B．2250　C．6000　D．1500

5．吴某本年度应缴纳的个人所得税税额为（　　）元。

A．6474　B．5802　C．6634　D．5962

第五节　税收优惠政策

一、单选题

1．可以免征个人所得税的有（　　）。

A．民间借贷利息

B．个人举报、协查各种违法犯罪行为而获得的奖金

C．在商店购买商品获得的中奖收入

D．所在单位自行发给的补贴、津贴

2．根据《个人所得税法》的规定，国债和国家发行的金融债券利息，应（　　）。

A．免征个人所得税　　B．适当减征个人所得税

C．征收个人所得税　　D．减半征税个人所得税

3．根据《个人所得税法》，下列所得免征个人所得税的是（　　）。

A．保险赔款所得　　B．在杂志发表文章取得的稿费收入

C．参加商场组织的抽奖所得　　D．所在单位发放年终奖

4．根据《个人所得税法》，下列所得应缴纳个人所得税的是（　　）。

A．个人取得的股息、红利所得

B．按国家统一规定领取的退休工资

C．个人举报、协查违法犯罪取得个人奖金

D．扣缴义务人代扣代缴税款，按规定取得的扣缴手续费

二、多选题

1．免纳个人所得税的项目有（　　）。

A．救济金

B．稿酬

C．按国家统一规定发给的补贴、津贴

D．按国家统一规定发给的退休工资

2．根据《个人所得税法》的规定，免征个人所得税的项目有（　　）。

A．李某领取的按国家统一规定发给的安家费

B．张某获得的保险赔款

C．赵某领取的按国家统一规定发给的退休工资

D．王某出租房屋所得

3. 根据个人所得税法律制度的规定，下列所得中，免予缴纳个人所得税的有（　　）。

A．著名作家莫言获得的诺贝尔文学奖奖金

B．赵某购买发票中奖 1000 元

C．钱某取得的军人转业费

D．孙某退休后按月领取的养老金

4．根据个人所得税法律制度的规定，外籍个人的下列所得中，免予缴纳个人所得税的有（　　）。

A．外籍个人以现金形式取得的住房补贴

B．外籍个人从外商投资企业取得的股息、红利所得

C．外籍个人取得的每年不超过 3 次的探亲费

D．外籍个人取得的合理的语言训练费

5．依照《个人所得税法》，下列个人所得免纳个人所得税的有（　　）。

A．国家发行的金融债券利息　　B．企业债券利息

C．对企事业单位的承包经营所得　　D．国库券利息

三、判断题

1．个人取得的国债和国家发行的金融债券免征个人所得税。　（　）

2．个人将其所得对教育事业的其他公益事业的捐赠，可以从其应纳税所得额中全部如数扣除。　（　）

3．对于年所得 12 万元以上的纳税人，如果取得的各项所得已足额缴纳了个人所得税，就不需要向主管税务机关办理纳税申报。　（　）

第六节　境外所得的税额扣除

一、单选题

1．2016 年中国公民黄某在 A 国取得劳务报酬收入 26000 元，按 A 国税法规定缴纳了个人所得税 5000 元；在 B 国取得特许权使用费收入 15000 元，按 B 国税法规定缴纳了个人所得税 1000 元。回国后黄某应补缴个人所得税（　）元。

A．1400　B．1200　C．6640　D．0

2．某作家 2016 年出版一部长篇小说，2 月份收到预付稿酬 10000 元，4 月份小说正式出版又取得稿酬 20000 元，10 月份将小说手稿在某国公开拍卖，拍卖收入 90000 元，并按该国有关税法缴纳了个人所得税 10000 元。该作家在中国境内应缴纳个人所得税（　）元。（以上货币均为人民币）

A．3360　B．4560　C．6080　D.7760

二、多选题

赵某从 A 国取得股息所得（税前）折合人民币 8000 元，已在 A 国缴纳个人所得税 400 元；从 B 国取得翻译所得（税前）人民币 60000 元，已在 B 国缴纳个人所得税 18000 元，下列说法正确的是（　）。

A．对 A 国所得补缴个人所得税 1200 元　B．对 A 国所得不补缴个人所得税

C．对 B 国所得补缴个人所得税 5600 元　D．对 B 国所得不补缴个人所得税

三、判断题

1．根据《个人所得税法》的规定，纳税人从中国境外取得的所得，准予其在应纳税额中据实扣除已在境外缴纳的个人所得税。　（　）

2．纳税义务人在中国境外一个国家或者地区实际已经缴纳的个人所得税税额，超过该国家或者地区扣除限额的，其超过部分不得在本纳税年度的应纳税额中扣除，但是可以在以后纳税年度的该国家或者地区扣除限额的余额中补扣，补扣期限最长不得超过 3 年。　（　）

四、计算题

某美国籍来华人员已在中国境内居住 7 年，2016 年 10 月取得新加坡一家公司支付

的劳务所得 10000 元（折合成人民币，下同），已被扣缴所得税 1000 元；在新加坡出版一部小说，获得稿酬收入 20000 元，扣缴所得税 2000 元。同月还从美国取得利息所得 1000 元，已被扣缴所得税 200 元，提供咨询劳务，获得报酬 20000 元，扣缴所得税 1500 元。经核查，境外完税凭证无误。计算境外所得在我国境内应补缴的个人所得税。

第七节　征 收 管 理

一、单选题

1．根据《个人所得税法》的规定，下列纳税人应当自行申报纳税的是（　　）。

A．年所得 6 万元以上的纳税人　　B．年所得 10 万元以上的纳税人

C．年所得 8 万元以上的纳税人　　D．年所得 12 万元以上的纳税人

2．工资、薪金所得应纳的税额，按月计征，由扣缴义务人或者纳税人义务在次月的（　　）日内缴入国库。

A．5　　B．7　　C．10　　D．15

二、多选题

1．个人所得税的缴纳方法有（　　）。

A．强制征收　　B．代扣代缴　　C．网上转账　　D．自行申报纳税

2．个人所得税自行申报纳税的纳税义务人有（　　）。

A．从两处或两处以上取得工资、薪金所得的

B．取得应税所得，没有扣缴义务人的

C．从多处取得相同项目劳务报酬所得的

D．年所得 12 万元以上的

3．下列关于个人所得税征收管理的表述错误的有（　　）。

A．纳税人取得应纳税所得，应在次月 7 日内向主管税务机关申报纳税

B．年所得额在 12 万元以上的纳税人，在年度终了后 15 日内到主管税务机关办理纳税申报

C．纳税人从两处或两处以上取得工资、薪金的，应向其户籍所在地或经常居住地税务机关申报纳税

D．从境外取得所得的，应向其境内户籍所在地或经常居住地税务机关申报纳税

4．根据个人所得税法律制度的规定，下列关于个人所得税征收管理的说法中错误的有（　　）。

A．年所得 12 万元以上的纳税人，应当在年度终了后 15 日内到主管税务机关办理纳税申报

B．扣缴义务人每月扣缴的税款，税务机关应根据扣缴义务人所扣缴的税款付给 2%的手续费

C．纳税人从两处或两处以上取得工资薪金的，可选择并固定在其中一地税务机关申报纳税

D．个体工商户生产、经营所得其纳税期限实行按年计算，分月预缴，由纳税义务人在次月 15 日内预缴，年度终了后 5 个月内汇算清缴，多退少补

同步强化练习
参考答案及解析

第十二章　税收征收管理

学情分析

本章包括税收征收管理法概述、税务管理、税款征收、税务代理、税务检查、法律责任、税务行政复议与诉讼等。本章为程序法，相对实体法，记忆性的内容较多。在考试中时间规定及罚则皆有考核，同学们需要关注时间性考点的同时，注意区别税款征收方式、核定应纳税额、税款征收措施（税收保全、税收强制执行）及税务行政处罚。此外，税务登记和三证合一被“五证合一”替代，税收保全和强制执行滞纳金的具体标准是考核的重点内容。

在学习中，学生一方面需掌握税收征管各个环节的要点，同时还应对时间性规定进行打包记忆。

本章主要内容导图

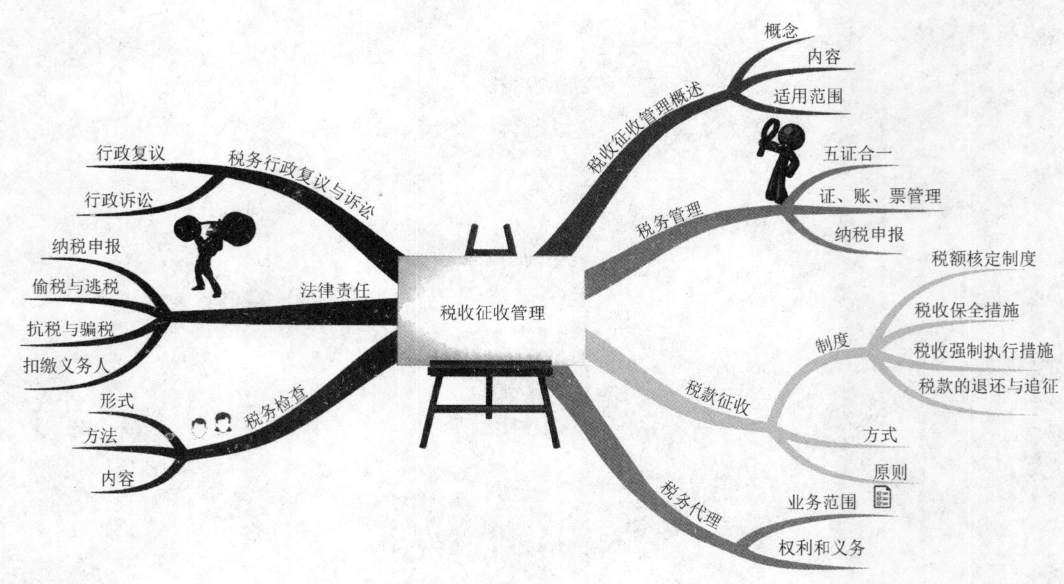

重点、难点讲解及典型例题

税务登记管理

种类	开业登记；变更、注销登记；停业、复业登记；外出经营报验登记
开业登记	除国家机关、个人和无固定生产经营场所的流动性农村小贩外，均应当自纳税义务发生之日起30日内，向纳税义务发生地税务机关申报办理税务登记

续表

变更登记	时限要求——30日，是否换证看登记证内容是否变更
注销登记	法定情形： ① 纳税人解散、破产、撤销或终止纳税义务的；——15日。 ② 被吊销营业执照或被撤销登记的；——15日（易考点）。 ③ 因住所、经营地点变动，涉及改变税务机关的。——注销后30日办理新的登记。 链接：生产、经营场所变动并不涉及改变主管税务登记机关，办理变更手续
停业复业登记	适用于实行定期定额征收方式的个体工商户
	停业期限不得超过一年
	纳税人应当于恢复生产、经营之前，向税务机关办理复业登记
	纳税人停业期满未按期复业又不申请延长停业的，税务机关应当视为已恢复营业，实施正常的税收征收管理
	纳税人在停业期间发生纳税义务的，应当按照税收法律、行政法规的规定申报缴纳税款
外出经营报验登记	《外管证》一地一证，有效期限一般为30日，最长不得超过180日

【例题·单选题】下列不属于纳税人应当办理变更税务登记情形的是（　　）。

A．将开户行从工商银行变为招商银行

B．将注册资本增加一倍

C．将有限责任公司改制为股份有限公司

D．将销售总监由张三改聘为李四

【答案】D

【解析】选项D，只有公司的法定代表人更换，才涉及税务变更。

【例题·判断题】纳税人在停业期间发生纳税义务的，可以暂不办理纳税申报，待复业后一并办理纳税申报。（　　）

【答案】×

【解析】根据我国税收法律制度的规定，纳税人停业期间发生纳税义务的，应当及时向主管税务机关申报，依法缴纳税款，而不是在复业后办理。

【课外链接】

五证合一（新调）

要点	内容	
五证	统一核发加载注册号、组织机构代码、税务登记证号（纳税人识别号）、社会保险登记证号和统计登记证号的营业执照（正副本）	
申请	工商登记“一个窗口”统一受理	
信息采集	通用信息	不重复采集
	其他必要涉税信息	在登记企业办理有关涉税事宜时，及时采集，陆续补齐
变更、注销	直接向税务机关申报	

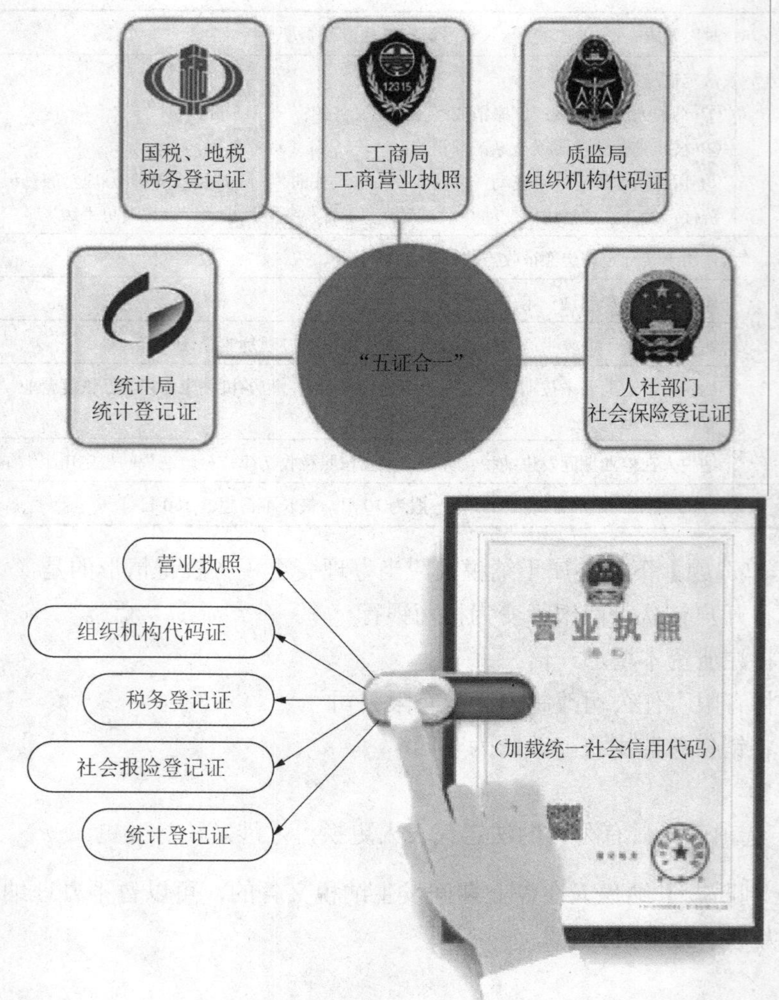

"五证合一"示意图

账簿、凭证管理

<table>
<tr><td rowspan="2">账簿设置</td><td>纳税人</td><td>自领取"营业执照"之日起"15日内"</td></tr>
<tr><td>扣缴义务人</td><td>自扣缴义务发生之日起"10日内"</td></tr>
<tr><td>档案保管</td><td colspan="2">证、账、表及其他涉税资料应保存"10年",法律、行政法规另有规定除外</td></tr>
<tr><td rowspan="3">发票管理</td><td>主管机关</td><td>税务机关;
负责发票的印制、领购、开具、取得、保管、缴销的管理和监督</td></tr>
<tr><td>国家税务总局负责</td><td>增值税专用发票的印制;
全国统一的发票防伪专用品的确定;
全国统一的发票监制章样式和版面印刷要求</td></tr>
<tr><td>省级税务机关负责</td><td>其他发票的印制;
发票监制章的制作</td></tr>
<tr><td>税控管理</td><td colspan="2">不能按照规定安装、使用税控装置,或者损毁或者擅自改动税控装置的,由税务机关责令限期改正,可以处以2000元以下的罚款;情节严重的,处2000元以上1万元以下的罚款</td></tr>
</table>

纳税申报管理

<table>
<tr><td colspan="2" rowspan="2">申报对象</td><td colspan="2">纳税人、扣缴义务人、享受减税、免税待遇的纳税人。</td></tr>
<tr><td colspan="2">注意：纳税人在纳税期内没有应纳税款；享受减、免税待遇，在减税、免税期间的均应当按规定办理纳税申报</td></tr>
<tr><td colspan="2" rowspan="2">申报内容</td><td colspan="2">纳税申报表或者代扣代缴、代收代缴税款报告表</td></tr>
<tr><td colspan="2">与纳税申报有关的资料或证件</td></tr>
<tr><td colspan="2" rowspan="2">申报期限</td><td colspan="2">法律、行政法规明确规定的</td></tr>
<tr><td colspan="2">税务机关按照法律、行政法规的原则规定，结合纳税人生产经营的实际情况及其所缴纳的税种等相关问题予以确定的</td></tr>
<tr><td colspan="2">申报要求</td><td colspan="2">必须依照法律、行政法规规定或者税务机关依照法律、行政法规的规定确定的申报期限、申报内容如实办理纳税申报</td></tr>
<tr><td rowspan="5">纳税申报方式</td><td>直接申报</td><td colspan="2">传统方式</td></tr>
<tr><td>邮寄申报</td><td colspan="2">以寄出的邮戳日期为实际申报日期</td></tr>
<tr><td>数据电文申报</td><td colspan="2">以税务机关计算机网络系统收到该数据电文的时间为实际申报日期</td></tr>
<tr><td rowspan="2">其他</td><td>简易申报</td><td rowspan="2">实行定期定额的纳税人</td></tr>
<tr><td>简并征期</td></tr>
<tr><td rowspan="5">延期申报</td><td>不可抗力</td><td colspan="2">无须申请直接延期，税务机关事后查明、核准</td></tr>
<tr><td>其他原因</td><td colspan="2">纳税人提出书面申请，税务机关核准</td></tr>
<tr><td rowspan="3">延期时限</td><td colspan="2">由各省、自治区、直辖市国家税务局、地方税务局在最长不超过 3 个月的期限内自行核准</td></tr>
<tr><td colspan="2">税务机关应当自收到申请延期缴纳税款报告之日起 20 日内做出批准或者不予批准的决定</td></tr>
<tr><td colspan="2">批准延期内免予加收滞纳金；不批准的，从缴纳税款期限届满之次日起加收滞纳金</td></tr>
</table>

【例题·单选题】下列关于纳税申报的说法中正确的是（　　）。

A. 邮寄申报纳税的申报日期是税务机关收到日期

B. 数据电文申报的申报日期是税务机关计算机网络系统收到该数据电文的时间

C. 采用数据电文申报的纳税人无须再向税务机关报送书面资料

D. 简易申报是指经营规模较大，财务会计制度健全的纳税人，经税务机关批准，通过缴纳税款凭证代替申报的一种申报方式

【答案】B

【解析】邮寄申报以寄出地的邮政局邮戳日期为实际申报日期，选项 A 错误；电子申报的纳税人，应当按照税务机关规定的期限和要求报送有关资料，在电子签字未有法律效力以前还要求定期向主管税务机关报送相关的书面申报资料，选项 C 错误；简易申报，是指实行定期定额缴纳税款的纳税人，在法律、行政法规规定的期限或者在税务机关按照法律、行政法规的规定确定的期限内缴纳税款的，可以视同申报，选项 D 错误。

税款征收方式

征收方式	定义	适用范围
查账征收	税务机关对账务健全的纳税人，依据其报送的纳税申报表、财务会计报表和其他有关纳税资料，计算应纳税款，填写缴款书或完税证，由纳税人到银行划解税款	经营规模较大、财务制度健全、能认真履行纳税义务的单位和个人

续表

征收方式	定义	适用范围
查定征收	对账务资料不全，但能控制其材料、产量或进销货物的纳税单位或个人，由税务机关依据正常条件下的生产能力，对其生产的应税产品查定产量、销售额，然后依照税法规定的税率征收	生产经营规模较小、产品零星、税源分散、会计账册不健全，但能控制原材料或进销货的小型厂矿和作坊
查验征收	税务机关对纳税人的应税商品，通过查验数量，按市场一般销售单价计算其销售收入，并据以计算应纳税款	经营品种比较单一，经营地点、时间和商品来源不固定的纳税单位
定期定额征收	对小型个体工商户在一定经营地点、一定经营时期、一定经营范围内的应纳税经营额（包括经营数量）或所得额（简称定额）进行核定，并以此为计税依据，确定其应纳税额	生产、经营规模小，确实没有建账能力，经过主管税务机关审核，报经县级以上税务机关批准，可以不设置账簿或者暂缓建账的个体工商户（包括个人独资企业）
代扣代缴	负有扣缴税款的法定义务人，在向纳税人支付款项时，从所支付的款项中直接扣收税款的方式	
代收代缴	由与纳税人有经济往来的单位和个人向纳税人收取款项时，依照税收法规的规定收取税款并向税务机关解缴的行为	注意资金流向
委托代征	税务机关委托代征人以税务机关的名义征收税款，并将税款缴入国库的一种方式	
其他方式	如邮寄申报纳税、IC卡纳税、自计自填自缴、自报核缴	

【例题·单选题】纳税人生产规模较小、产品零星、税源分散、会计账册不健全、财务管理和会计核算水平较低，但可以控制原材料或进销货的，税务机关应当对其采用的税款征收方式是（　　）。

A．定期定额征收　B．查验征收　C．查账征收　D．查定征收

【答案】D

【解析】本题考核税款征收方式。

税收滞纳金征收制度

征管法规定	纳税人未按照规定期限缴纳税款的，扣缴义务人未按照规定期限解缴税款的，税务机关除责令限期缴纳外，从滞纳税款之日起，按日加收滞纳税款万分之五的滞纳金
计算公式	滞纳金＝滞纳税款×滞纳天数×0.5‰
滞纳天数	税款缴纳期限届满次日起至纳税人、扣缴义务人实际缴纳或者解缴税款之日止

【例题·单选题】纳税人应在3月15日缴纳税款30万元，逾期未缴纳，税务机关责令在3月31日前缴纳，但直到4月24日才缴纳。则滞纳金为（　　）万元。

A．30×0.5‰×15=0.225　B．30×0.5‰×16=0.24

C．30×0.5‰×24=0.36　D．30×0.5‰×40=0.6

【答案】D

【解析】纳税人未按照规定期限缴纳税款的，从滞纳税款之日起，按日加收滞纳税款万分之五的滞纳金。加收滞纳金的起止时间为法律规定的确定的税款缴纳期限届满次日起至纳税人、扣缴义务人实际缴纳或者解缴税款之日止。本题中，加收滞纳金的起止时间是从3月16日起至4月24日止，一共40日，因此滞纳金为30×0.5‰×40＝0.6（万元）。

税额核定制度（核定征收）

核定情形	（1）依照法律、行政法规的规定可以不设置账簿的； （2）依照法律、行政法规的规定应当设置但未设置账簿的； （3）擅自销毁账簿或者拒不提供纳税资料的； （4）虽设置账簿，但账目混乱，或者成本资料、收入凭证、费用凭证残缺不全，难以查账的； （5）发生纳税义务，未按照规定的期限办理“纳税申报”，经税务机关责令限期申报，逾期仍不申报的； （6）纳税人申报的计税依据明显偏低，又无正当理由的。 记忆提示：可以核定的情形：要么没账，要么相当于没账
核定方法	（1）按照独立企业之间进行的相同或者类似业务活动的价格； （2）按照再销售给无关联关系的第三者的价格所应取得的收入和利润水平； （3）按照成本加合理的费用和利润； （4）按照其他合理的方法。 注意：当其中一种方法不足以正确核定应纳税额时，可以同时采用两种以上的方法核定

【例题·多选题】根据规定，税务机关有权核定应纳税额的情形包括（　　）。

A．依照法律、行政法规的规定可以不设置账簿的

B．纳税人拒不提供纳税资料

C．发生纳税义务，未按照规定的期限缴纳税款，经税务机关责令限期缴纳，逾期仍不缴纳

D．纳税人申报的计税依据明显偏低，但有正当理由

【答案】AB

【解析】选项 C，应该强制执行；选项 D，因为有正当理由，所以不需要核定应纳税额。

税收保全措施与税收强制执行措施

	批准	经县级以上税务局（分局）局长批准
税收保全	前提	税务机关责令具有税法规定情形的纳税人提供纳税担保而纳税人拒绝或不能提供担保
	具体措施	（1）书面通知银行冻结相当于应纳税款的存款；（陷阱：冻结全部资金） （2）扣押、查封相当于应纳税款的商品、货物或者其他财产（陷阱：全部财产）
	解除	自收到税款或者银行转回的完税凭证之日起 1 日内
税收强制执行	前提	从事生产经营的纳税人、扣缴义务人未按照规定的期限缴纳或者解缴税款，纳税担保人未按照规定的期限缴纳所担保的税款，由税务机关责令限期缴纳，逾期仍未缴纳
	具体措施	（1）书面通知银行从存款中扣缴税款。 （2）依法拍卖或者变卖相当于应纳税款的商品、货物或者其他财产，以拍卖或者变卖所得抵缴税款。 注意：滞纳金同时强制执行
不适用的财产		个人及其所扶养家属维持生活必需的住房和用品，单价 5000 元以下的其他生活用品

【例题·单选题】根据《税收征收管理法》的规定，下列各项中，属于税收保全措施的是（　　）。

A．暂扣纳税人营业执照

B．书面通知纳税人开户银行从其存款中扣缴税款

C．依法拍卖纳税人价值相当于应纳税款的货物，以拍卖所得抵缴税款

D．书面通知纳税人开户银行冻结纳税人的金额相当于应纳税款的存款

【答案】D

【解析】税收保全措施：①书面通知纳税人开户银行或者其他金融机构冻结纳税人的金额相当于应纳税款的存款；②扣押、查封纳税人的价值相当于应纳税款的商品、货物或者其他财产。

【例题·单选题】根据税收征收管理法律制度的规定，下列个人财产中，不适用税收保全措施的是（　　）。

A．机动车辆　　B．金银首饰

C．古玩字画　　D．维持生活必需的住房

【答案】D

【解析】个人及其所扶养家属维持生活必需的住房和用品，不在税收保全措施的范围之内。

税款的退还与追征

<table>
<tr><td rowspan="3">退还</td><td colspan="2">税务机关发现</td><td>立即退还</td></tr>
<tr><td rowspan="2">纳税人发现</td><td>3 年内</td><td>可以要求退还多缴税款+银行同期存款利息</td></tr>
<tr><td>3 年后</td><td>不予受理</td></tr>
<tr><td rowspan="3">追征</td><td colspan="2">税务机关责任</td><td>3 年内可以要求补缴，但不得加收滞纳金</td></tr>
<tr><td rowspan="2">纳税人责任</td><td>计算错误</td><td>3 年内可以追征税款并加收滞纳金
注意：累计数额 10 万元以上，追征期可延长到 5 年</td></tr>
<tr><td>偷税、抗税、骗税</td><td>无限期追征</td></tr>
</table>

【例题·单选题】2016 年 4 月甲公司会计人员赵某在汇算清缴 2014 年企业所得税时，因计算错误，多缴纳税款 25000 元。至 2017 年 4 月才发现，此时甲公司可以（　　）。

A．不得要求税务机关退还

B．可以自行在缴纳 2015 年企业所得税时抵减

C．向税务机关要求退还多缴的税款，但不得算收银行同期存款利息

D．向税务机关要求退还多缴的税款，并算收银行同期存款利息

【答案】D

【解析】纳税人在 3 年内发现多缴税款的，可要求税务机关退还多缴的税款，并算收银行同期存款利息。

税务代理

<table>
<tr><td>概念</td><td>（略）</td></tr>
<tr><td>特点</td><td>中介性、法定性、自愿性、公正性</td></tr>
<tr><td>业务范围</td><td>可分为全面代理、单项代理、临时代理。
注意：① 不能行使税务机关的行政职能。（如税务检查）
② 与注册会计师的工作范围进行区分。（如提供审计报告）
③ 对税务机关规定必须由纳税人、扣缴义务人自行办理的税务事宜，税务师不得代理。（如增值税专用发票的领购）
④ 纳税人、扣缴义务人违反税收法律、法规的事宜，注册税务师不准代理</td></tr>
</table>

续表

税务代理人	权利	5条（略）
	义务	4条（略）。税务代理档案至少保存5年
代理责任	委托方	如果委托方违反代理协议的规定，致使注册税务师不能履行或不能完全履行代理协议，由此而产生法律后果的法律责任应全部由委托方承担；还应按规定向受托方支付违约金和赔偿金
	受托方	注册税务师超越代理权限、违反税收法律、行政法规，造成纳税人未缴或者少缴税款的，除由纳税人缴纳或者补缴应纳税款、滞纳金外，对注册税务师处以2000元以下的罚款
	共同责任	明知违法，不表示反对的，由被代理人和代理人负连带责任

【例题·多选题】关于税务代理下列说法中错误的有（　　）。

A．税务师必须独立承接税务代理业务

B．税务师承接审查企业纳税情况业务后，应对自己出具的审计报告负责

C．税务代理机构与税务机关存在隶属关系

D．税务代理机构不是税务行政机关，而是征纳双方的中介机构，因而必须站在公正的立场上，客观地评价被代理人的经济行为

【答案】ABC

【解析】选项A，应该是税务师事务所承接税务代理业务；选项B，税务师出具的是涉税鉴证业务报告；选项C，税务代理机构是独立存在的。

税务检查

概述	税务检查的特点：特定的主体、对象、目的、依据	
形式	重点检查、分类计划检查、集中性检查、临时性检查、专项检查	
方法	查账方法、分析方法、调查方法	
内容	查账、场地检查、责成提供资料、询问、交通邮政检查、存款账户检查	
注意	场地检查	不能进入生活场所
	存款账户检查权	经“县以上税务局（分局）局长批准”可以查询从事生产经营的纳税人、 扣缴义务人在银行或者其他金融机构的存款账户
		经“设区的市、自治州以上税务局（分局）局长”批准，可以查询案件涉嫌人员的储蓄存款

【例题·多选题】根据税收征收管理法律制度规定，税务机关在实施税务检查时，可以采取的措施有（　　）。

A．检查纳税人的会计资料

B．检查纳税人货物存放地的应纳税商品

C．检查纳税人托运、邮寄应纳税商品的单据、凭证

D．到车站检查旅客自带物品

【答案】ABC

【解析】税务机关进行税务检查享有下列权力：①查账权；②场地检查权；③责成提供资料权；④询问权；⑤交通邮政检查权；⑥存款账户检查权。

税收法律责任

<table>
<tr><td rowspan="5">税收法律责任的形式</td><td rowspan="3">行政责任
（由税务机关依法追究）</td><td>行政处罚</td><td>责令限期改正、罚款、没收财产、收缴未用发票和暂停供应发票、停止出口退税权</td></tr>
<tr><td>行政赔偿责任和撤销违法决定</td><td>税务机关</td></tr>
<tr><td>行政处分</td><td>税务机关工作人员</td></tr>
<tr><td rowspan="2">刑事责任
（由司法机关依法追究）</td><td>5 种主刑</td><td>死刑、无期徒刑、有期徒刑、拘役和管制</td></tr>
<tr><td>3 种附加刑</td><td>罚金、剥夺政治权利和没收财产</td></tr>
<tr><td>具体规定</td><td colspan="2">行为特征</td><td>法律责任</td></tr>
<tr><td>违反税务管理的行为</td><td colspan="2">未按照规定的期限办理</td><td>责令限期改正，可处 2000 元以下的罚款；
情节严重，处 2000 元以上 1 万元以下罚款</td></tr>
<tr><td>偷税</td><td colspan="2">以造假或不申报等手段，不缴或少缴税款</td><td rowspan="3">追缴税款、滞纳金，并处税款 50%以上 5 倍以下的罚款</td></tr>
<tr><td>不纳税申报</td><td colspan="2">不缴或者少缴的税款</td></tr>
<tr><td>逃税</td><td colspan="2">纳税人采取转移或隐匿财产的手段，妨碍税务机关追缴欠税</td></tr>
<tr><td>抗税</td><td colspan="2">暴力、威胁</td><td rowspan="2">未构成犯罪的，追缴税款、滞纳金，并处拒缴税款一倍以上五倍以下的罚款。
情节严重，依法追究刑事责任。
对骗取国家出口退税款的，在规定期间内停止办理退税</td></tr>
<tr><td>骗税</td><td colspan="2">以假报出口或其他欺骗手段骗取出口退税款</td></tr>
<tr><td>拖欠税款</td><td colspan="2">在规定期限内不缴或者少缴税款</td><td>责令限期缴纳，逾期仍未缴纳的，可以处不缴或者少缴的税款 50%以上 5 倍以下的罚款</td></tr>
<tr><td rowspan="4">扣缴义务人</td><td colspan="2">未按照规定的期限报送资料</td><td>责令限期改正，可处 2000 元以下的罚款；
情节严重，处 2000 元以上 1 万元以下罚款</td></tr>
<tr><td colspan="2">未按照规定的期限设置保管账簿、凭证等资料</td><td>可处 2000 元以下的罚款；
情节严重，处 2000 元以上 5000 元以下罚款</td></tr>
<tr><td colspan="2">伪造、变造、隐匿、擅自销毁账簿、记账凭证，虚假申报等</td><td>未构成犯罪的，追缴税款、滞纳金，并处拒缴税款 50%以上 5 倍以下的罚款。
情节严重的，依法追究刑事责任</td></tr>
<tr><td colspan="2">应扣未扣、应收未收税款</td><td>向纳税人追缴税款。
对扣缴义务人处以 50%以上 3 倍以下的罚款</td></tr>
<tr><td>税务代理人</td><td colspan="2">违反税收法律、行政法规</td><td>补缴税款、滞纳金，并处拒缴税款 50%以上 3 倍以下的罚款</td></tr>
<tr><td>税务人员</td><td colspan="2"></td><td>给予行政处分；
构成犯罪的，依法追究刑事责任</td></tr>
</table>

【例题·单选题】纳税人因偷税涉嫌犯罪，有权利判决其承担刑事责任的机关是（　　）。

A．人民政府　　B．人民法院　　C．国家税务　　D．地方税务局

【答案】B

【解析】追究刑事责任只能由司法机关依照《中华人民共和国刑法》的规定决定。

【例题·多选题】根据税收征收管理法律制度的规定，纳税人发生偷税行为时，税务机关可以行使的权力有（　　）。

A．追缴税款　　B．加收滞纳金　　C．处以罚款　　D．处以罚金

【答案】ABC

【解析】根据规定，对于偷税行为，税务机关可以依法追缴税款和滞纳金，并处以相应的罚款。但是罚金是司法机关处以的，不能由税务机关进行处罚。

税务行政复议

概念	（略）		
特点	以当事人不服税务机关及其工作人员做出的税务具体行政行为为前提		
	因当事人的申请而产生		
	审理一般由原处理税务机关的上一级税务机关进行		
	税务行政复议与行政诉讼相衔接		
必经复议	纳税人、扣缴义务人及纳税担保人对税务机关做出的“征税行为”不服的，应当先向复议机关申请行政复议，对行政复议决定不服，可以再向人民法院提起行政诉讼		
	征税行为	税收实体法的构成要素	确认纳税主体、征税对象、征税范围、减税、免税、退税、抵扣税款、适用税率、计税依据、纳税环节、纳税期限、纳税地点
		税款征收方式	征收税款（查账、查定、查验、定期定额）、代扣代缴、代收代缴、委托代征
		加收滞纳金	—
复议管辖	原则：实行由上一级税务机关管辖的一级复议制度		
	（1）国税系统：省级以下→上一级机关；省级→国家税务总局； （2）地税系统：省级以下→上一级机关；省级→国家税务总局或省人民政府； （3）国家税务总局：向国家税务总局申请行政复议。 对行政复议决定不服的，申请人可以向人民法院提出行政诉讼； 也可以向国务院申请裁决，国务院的裁决为终局裁决		
申请	在得知税务机关作出具体行政行为之日起60日内提出行政复议申请		
受理	应当在5日内进行审查		
决定	复议机关应当自受理申请之日起60日内作出行政复议决定。 可以适当延长，但是延长期限最多不超过30日		
	应当制作行政复议决定书，并加盖公章		
	行政复议决定书一经送达，即发生法律效力		

【例题·单选题】对国家税务总局的具体行政行为不服的，向（　　）申请行政复议。

A．国务院　　B．国家税务总局

C．人民法院　　D．向上一级税务机关

【答案】B

【解析】对国家税务总局的具体行政行为不服的，向国家税务总局申请行政复议。

【例题·多选题】根据税收征收管理法律制度的规定，税务机关做出的下列行政行为中，纳税人不服时可以选择申请税务行政复议或者直接提起行政诉讼的有（　　）。

A．加收滞纳金　　B．罚款

C．不予颁发税务登记证　　D．征收税款

【答案】BC

【解析】对除了税务机关做出的征税行为以外的具体行政行为不服的，可以申请行

政复议，也可以直接向人民法院提起行政诉讼。选项 AD 属于税务机关做出的征税行为，应该先申请行政复议，对复议决定不服的再申请行政诉讼。

税务行政诉讼

<table>
<tr><td>概念</td><td colspan="3">（略）</td></tr>
<tr><td rowspan="2">特殊性</td><td colspan="3">（1）由人民法院进行审理并做出裁决的一种诉讼活动。（这是税务行政诉讼与税务行政复议的根本区别）</td></tr>
<tr><td colspan="3">（2）税务行政诉讼以解决税务行政争议为前提（这是税务行政诉讼与其他行政诉讼活动的根本区别）</td></tr>
<tr><td rowspan="4">管辖</td><td>级别管辖</td><td colspan="2">基层人民法院（一般案件）、中高级人民法院（本辖区内重大、复杂案件）、最高人民法院（全国范围内重大、复杂案件）</td></tr>
<tr><td rowspan="2">地域管辖</td><td>一般地域管辖</td><td>由最初做出具体行政行为的税务机关所在地人民法院管辖</td></tr>
<tr><td>特殊地域管辖</td><td>由原告选择最初做出具体行政行为的税务机关所在地的人民法院，或者复议机关所在地人民法院管辖。
最先收到起诉状的人民法院为第一审法院</td></tr>
<tr><td>裁定管辖</td><td colspan="2">包括移送管辖、指定管辖及管辖权的转移三种情况</td></tr>
<tr><td rowspan="3">起诉</td><td colspan="3">对税务机关的征税行为提起诉讼，必须先经过复议</td></tr>
<tr><td colspan="3">对复议决定不服的，可以在接到复议决定书之日起 15 日内向人民法院起诉</td></tr>
<tr><td colspan="3">逾期向人民法院起诉的，其起诉期限从当事人实际知道诉权或者起诉期限时计算。但最长不得超过 2 年</td></tr>
<tr><td rowspan="2">受理</td><td colspan="3">人民法院接到诉状，经过审查，应当在 7 日内立案或者做出裁定不予受理</td></tr>
<tr><td colspan="3">原告对不予受理的裁定不服的，可以提起上诉</td></tr>
<tr><td>审理</td><td colspan="3">实行合议、回避、公开审判和两审终审的审判制度</td></tr>
<tr><td>判决</td><td colspan="3">维持判决、撤销判决、履行判决、变更判决</td></tr>
</table>

同步强化练习

第一节　税收征收管理法概述

一、单选题

1．下列属于税收实体法的是（　　）。

A．《企业所得税法》　　B．《税收征收管理法》

C．《税收征收管理法实施细则》　　D．《海关法》

2．《税收征收管理法》只适用于由（　　）征收的各种税收的征收管理。

A．税务机关　　B．海关　　C．财政部门　　D．银行

3．（　　）是国家征税机关依据国家税收法律、行政法规的规定，按照统一的标准，通过一定的程序，对纳税人应纳税额组织入库的一种行政活动。

A．税务管理　　B．税收征收管理　　C．税款征收　　D．税务检查

二、多选题

1．下列属于税收程序法的是（　　）。

A．《个人所得税法》　　B．《税收征收管理法》

C.《税收征收管理法实施细则》　　D.《海关法》

2. 下列属于税收征收管理的内容有（　　）。

A. 管理服务　　B. 征收监控　　C. 税务稽查　　D. 税务执行

3. 税收征管包括（　　）基本环节。

A. 管理　　B. 征收　　C. 检查　　D. 执行

4. 下列属于税收的征收机关有（　　）。

A. 税务机关　　B. 海关　　C. 银行　　D. 财政部门

5. 下列税种中，适用《税收征收管理法》的有（　　）。

A. 印花税　　B. 企业所得税　　C. 房产税　　D. 契税

6. 在我国，《税收征收管理法》规定的税收征收管理机关包括（　　）。

A. 纪检机关　　B. 地方税务机关

C. 国家税务机关　　D. 审计机关

三、判断题

1. 税收征收管理的依据是税收法规。（　　）

2. 税收征管是整个税收管理活动的中心环节。（　　）

3. 征收是管理和检查的基础，检查是管理和征收的目的，管理是征收和检查的补充和保证。（　　）

第二节 税务管理

一、单选题

1. 从事生产、经营的纳税人未办理工商营业执照但经有关部门批准设立的，应当自有关部门批准设立之日起（　　）日内向主管税务机关办理税务登记手续。

A. 10　　B. 20　　C. 15　　D. 30

2. 下列不属于变更税务登记的事项是（　　）。

A. 纳税人因经营地的迁移而要改变原主管税务机关

B. 改变法定代表人

C. 增减注册资金

D. 改变开户银行账号

3. 纳税人发生解散、破产、撤销及其他情形，依法终止纳税义务的，按规定不需要在工商行政管理机关或者其他机关办理注销登记的，应当自有关机关批准或者宣告终止之日起（　　）内，持有关证件和资料向原税务登记机关申报办理注销税务登记。

A. 30 日　　B. 15 日　　C. 60 日　　D. 一年

4. 纳税人被工商行政管理部门吊销营业执照，要在原税务机关办理（　　）。

A. 停业登记　　B. 注销登记　　C. 开业登记　　D. 变更登记

5. 下列从事生产经营的纳税人中，采取（　　）税款征收方式的纳税人应当在停业前向税务机关申报办理停业登记。

A．定期定额征收 B．查账征收 C．查验征收 D．查定征收

6．纳税人停业期满未按期复业又不申请延长停业的，税务机关应当视为（　　）。

A．自动注销税务登记 B．已恢复营业

C．自动延长停业登记 D．纳税人已自动接受罚款处理

7．从事生产经营的纳税人，经确定实行定期定额征收方式的，纳税人应当在停业前向税务机关申报办理停业登记，纳税人停业期限不得超过（　　）年。

A．2 B．0.5 C．3 D．1

8．纳税人外出经营活动结束时应当填报（　　）并上交给经营地税务机关。

A．《外出经营活动情况申请表》 B．《税务登记证》

C．《外出经营报验证》 D．以上说法均不正确

9．税务机关核发《外出经营活动税收管理证明》的原则是（　　）。

A．一证 B．一地一证 C．多地多证 D．定期发放

10．根据税收征收管理法律制度的规定，从事生产、经营的纳税人应当在一定期限内，按照国家有关规定设置账簿。该一定期限是（　　）。

A．自领取营业执照之日起 10 日内

B．自领取营业执照之日起 15 日内

C．自领取营业执照之日起 30 日内

D．自领取营业执照之日起 45 日内

11．发票的管理机关是（　　）机关。

A．财政 B．税务 C．审计 D．金融

12．根据《税收征收管理法》的规定，增值税专用发票由（　　）指定的企业印制。

A．国务院税务主管部门 B．国务院财政主管部门

C．各地方政府税务主管部门 D．各地方政府财政主管部门

13．下列各项中，属于纳税义务人享有的权利是（　　）。

A．依法缴纳税款 B．进行纳税申报

C．办理税务登记 D．申请延期纳税

14．纳税人因有特殊困难不能按期缴纳税款的，经省（自治区、直辖市）国家税务局、地方税务局批准，可以延期缴纳税款，但是最长不得超过（　　）个月。

A．1 B．2 C．3 D．4

15．下列纳税申报方式中，比较传统的方式是（　　）。

A．直接申报 B．邮寄申报

C．数据电文申报 D．简易申报

16．下列选项中，不属于纳税申报方式的是（　　）。

A．直接申报 B．委托代征 C．简易申报 D．数据电文申报

17．根据规定，邮寄申报以下列（　　）为实际申报日期。

A．填制纳税申报表的日期 B．到达的邮戳日期

C．税务机关实际收到的日期 D．寄出地的邮政局邮戳日期

18．关于纳税申报方式，下列说法不正确的是（　　）。

A．邮寄申报是指纳税人将纳税申报表及有关纳税资料以邮寄的方式送达税务机关

B．纳税人自行或委托税务代理人核算应纳税款的，其申报日期为交寄日期

C．纳税申报方式采用邮寄申报的，以收到地的邮局邮戳日期为实际申报时间

D．纳税人必须使用统一规定的纳税申报特快专递专用信封作为有寄纳税申报的信封

二、多选题

1．下列组织和人员中，应当办理税务登记的有（　　）。

A．国有企业　　B．企业在外地设立的分支机构

C．出版社　　D．在集贸市场流动卖菜的农村菜农

2．企业向税务机关办理税务登记时需要提供的资料有（　　）。

A．营业执照　　B．法定代表人的身份证

C．企业章程　　D．企业财务报表

3．下列应当办理税务变更的有（　　）。

A．企业改变隶属关系

B．企业改变经济性质或经济类型

C．企业被撤销或合并

D．企业改变住所或经营地（不涉及主管税务机关变动的）

4．根据《税收征收管理法》的规定，下列各项中，需办理税务注销登记的有（　　）。

A．纳税人解散，依法终止纳税义务的

B．纳税人暂时停业的

C．纳税人破产，依法终止纳税义务的

D．纳税人被工商行政管理机关吊销营业执照的

5．下列选项中，属于税务登记种类的有（　　）。

A．变更登记　　B．工商登记

C．纳税金额申报登记　　D．注销登记

6．纳税人在《外出经营活动税收管理证明》注明地进行生产经营前应向当地税务机关报验登记，并提交（　　）等证件、资料。

A．税务登记证正本　　B．《外出经营活动税收管理证明》

C．税务登记证件副本　　D．扣缴纳税务登记证

7．下列各项关于税务登记的内容，正确的有（　　）。

A．纳税人应当在恢复生产经营之前，向税务机关申报办理复业登记

B．从事生产经营的纳税人发生解散、依法终止纳税义务，首先可向工商行政管理机关办理注销登记，随后办理注销税务登记

C．纳税人在办理注销税务登记前，需要向税务机关结算纳税款、滞纳金等

D．纳税人税务登记表的内容发生变更，但税务登记中的内容未发生变化的，税务机关应重新换发税务登记证

8．除按照规定不需要发给税务登记证件的外，纳税人（　　）时，必须持税务登记证件。

A．开立银行基本账户

B．申请减税、免税、退税

C．申请办理延期申报、延期缴纳税款

D．领购发票

9．税务机关负责发票的（　　）的管理和监督。

A．领购　　B．开具　　C．保管　　D．取得

10．根据《税收征收管理法实施细则》第二十九条，除另有规定者外，应当保存10年的涉税资料有（　　）。

A．账簿　　B．出口凭证　　C．发票　　D．完税凭证

11．纳税申报对象包括（　　）。

A．扣缴义务人

B．在纳税期间内有应纳税款的纳税人

C．在纳税期内没有应纳税款的纳税人

D．在减税、免税待遇的纳税人

12．纳税申报的方式包括（　　）。

A．邮寄申报　　B．数据电文申报　　C．直接申报　　D．简并申报

13．在现行纳税申报方式中，属于数据电文申报所采取的手段是（　　）。

A．网络传输　　B．电话语音

C．电子数据交换　　D．邮递

14．《税收征收管理法》规定：不能按照规定安装、使用税控装置，或者损毁或者擅自改动税控装置的，税务机关可以做出（　　）处罚。

A．通报

B．责令限期改正

C．处以2000元以下的罚款

D．处以1500元以下的罚款

三、判断题

1．税务登记是整个税收征收管理的起点。（　　）

2．不从事生产经营的单位和个人，不办理税务登记。（　　）

3．纳税人被工商行政管理机关吊销营业执照的，应当自营业执照被吊销之日起30日内，向原税务登记机关申报办理注销税务登记。（　　）

4．企业在停业期间发生纳税义务的，应当在复业后及时申报纳税。（　　）

5．纳税人停业期满不能及时恢复生产、经营的，应当在停业期满后向税务机关提出延长停业登记。（　　）

6．增值税专用发票由国家税务总局确定的企业印制。（　　）

7．国务院财政部是发票的主管机关。（　　）

8．网上申报纳税属数据电文申报。（　　）

9．享有减免税待遇的纳税人，在减免税期间可以不办理纳税申报。（　　）

10．当月没有收入的单位在规定的纳税期限内也必须进行纳税申报。（　　）

第三节　税 款 征 收

一、单选题

1．根据《税收征收管理法》规定，对经营规模较大、会计制度健全、会计核算准确及能够认真履行纳税义务的纳税人，税务机关可以采取的税款征收方式是（　　）。

A．查定征收　B．定期定额征收　C．查账征收　D．查验征收

2．（　　）是指税务机关对纳税申报人的应税产品进行查验数量，按市场一般销售单价计算其销售收入并据以征税，并贴上完税证、查验证或盖查验戳。

A．查账征收　B．查定征收　C．查验征收　D．定期定额征收

3．根据规定，受托单位按照税务机关核发的代征证书的要求，以税务机关的名义向纳税人征收一些零散税款的一种税款征收方式是（　　）。

A．查账征收　B．查验征收　C．委托代征　D．代收代缴

4．下列关于税款征收的程序错误的是（　　）。

A．查账征收适用于账簿、凭证、财务会计制度比较健全，能够如实反映生产经营成果，正确计算应纳税款的纳税人

B．查定征收一般适用于生产规模较小、生产不固定、账存不健全、财务管理和会计核算水平较低、产品零星、税源分散的纳税人

C．查验征收主要对生产经营不固定，零星分散、流动性大的税源

D．定期定额一般适用于税收网络覆盖不到或很难控制的领域

5．纳税人未按照规定期限纳税款的、扣缴义务人未按照规定期限缴纳税款的，税务机关除责令限期缴纳外，从滞纳税款之日起，每日加收滞纳税款（　　）的滞纳金。

A．千分之四　B．万分之一　C．百分之五　D．万分之五

6．某公司应于15日缴纳税款，但逾期未缴，税务机关责令其于20日前缴纳，该公司拖延至29日才缴纳，以下滞纳金的起算时间正确的是（　　）。

A．15日　B．16日　C．20日　D．29日

7．某公司将税务机关确定的应于2016年8月8日缴纳的税款300000元拖延至8月18日缴纳，根据《税收征收管理法》的规定，税务机关将依法加收该公司滞纳税款的滞纳金为（　　）元。

A．150　B．1500　C．15000　D．4000

8．某餐饮公司2016年8月应缴纳增值税60000元，城市维护建设税4200元。该公司在规定期限内未进行纳税申报，税务机关责令其缴纳并加收滞纳金，该公司在9月30日办理了申报缴纳手续。税务机关核定该公司增值税和城市维护税均以1个月为一个纳税期；从滞纳税款之日起，按日加收滞纳税款0.5‰的滞纳金。该公司应缴纳的滞纳金金额是（　　）元。

A．60000×0.5‰×15＝450

B.（60000＋4200）×0.5‰×15＝481.5

C. 60000×0.5‰×30＝900

D.（60000＋4200）×0.5‰×30＝963

9. 下列各项中，税务机关不能核定其应纳税额的是（　　）。

A. 擅自销毁账簿或者拒不提供纳税资料的

B. 发生纳税义务，未按照规定的期限办理纳税申报，经税务机关责令限期申报，逾期仍不申报的

C. 企业财务会计管理人员严重不足的

D. 纳税人申报的计税依据明显偏低，又无正当理由的

10. 税务机关不可以根据（　　）情形，调整计税收入额或者所得额。

A. 按照关联企业之间进行的相同或者类似业务活动的价格

B. 按照再销售给无关联关系第三者的价格所应取得的收入和利润水平

C. 按照成本加合理的费用和利润

D. 按照其他合理的方法

11. 税务机关采取税收保全措施有着严格的适用条件。下列几种情况中不属于税务机关采取税收保全措施必须满足的条件是（　　）。

A. 税务机关有根据认为纳税人有逃避纳税义务行为的

B. 纳税人不能提供纳税担保的

C. 必须经县级以上税务局（分局）局长批准

D. 扣押、查封物品的价值须与纳税人应履行的纳税义务相当

12. 根据《税务征收管理法》的规定，下列各项中，属于税收保全措施的是（　　）。

A. 书面通知纳税人开户银行冻结纳税人的金额相当于应纳税款的存款

B. 暂扣纳税人营业执照

C. 依法拍卖纳税人价值相当于应纳税款的货物，以拍卖所得抵缴税款

D. 书面通知纳税人开户银行从其存款中扣缴税款

13. 税务机关采取税收保全措施时，个人及其所抚养家属维持生活必需的住房和用品不在税收保全措施的范围之内，下列不属于保全范围的是（　　）。

A. 家中唯一的小汽车　　B. 豪华住宅

C. 配偶的退休工资　　D. 金银饰品

14. 从事生产、经营的纳税人、扣缴义务人未按规定的期限缴纳或者解缴税款，纳税担保人未按照规定的期限缴纳所担保的税款，由税务机关责令期限缴纳，逾期仍未缴纳的，经（　　）批准，税务机关可以采取强制执行措施。

A. 县级以上税务局（分局）局长　　B. 省级以上税务局（分局）局长

C. 国务院税务局主管部门　　D. 省以上财政部门

15. 某酒店 2016 年 12 月份取得餐饮收入 5 万元，客房出租收入 10 万元，该酒店未在规定期限内进行纳税申报，经税务机关责令限期申报，逾期仍未申报。根据税收征收管理法律制度的规定，税务机关有权对该酒店（　　）。

A. 采取税收保全措施　　B. 责令提供纳税担保

C. 税务人员到酒店直接征收税款　　D. 核定其应纳税额

二、多选题

1．关于税款征收，下列说法正确的有（　　）。

A．税务机关不得违规开征、停征税款

B．行政机关可以进行税款的征收活动

C．税务机关不得违规多征、少征税款

D．税务机关不得提前征收、延缓征收或摊派税款

2．下列关于税款优先原则的说法正确的有（　　）。

A．税收优先于企业弥补亏损

B．纳税人发生欠税在前的税收优先于抵押权和留权的执行

C．税收优先罚款、没收非法所得

D．税收优先于无担保债权

3．以下各项中属于税款征收方式的有（　　）。

A．查账征收　　B．查验征收

C．定期定额征收　　D．核定、调整税额

4．下列企业类型中适用于查定征收方式的有（　　）。

A．生产经营规模较小的企业　　B．财务制度健全的企业

C．税源分散的企业　　D．产品零星的企业

5．税务机关有权核定其应纳税额的范围包括（　　）。

A．依据法律、行政法规的规定可以不设置账簿的

B．依据法律、行政法规的规定应当设置账簿但未设置的

C．擅自销毁账簿或者拒不提供纳税资料的

D．虽设置账簿，但账目混乱或者成本资料、收款凭证、费用凭证残缺不全、难以查账的

6．对于不符合税法规定的征收要求，税务机关有权核定税额，具体方法主要有（　　）。

A．按照独立企业之间进行的相同或者类似业务活动的价格

B．按照成本加合理费用和利润率核定

C．按照再销售给无关联关系的第三者的价格所应取得的收入和利润水平

D．按照其他合理的方法核定

7．根据《税收征收管理法》的规定，下列属于税款征收措施的有（　　）。

A．欠缴税款的纳税人或者他的法定代表人需要出境的，而又未结清税款或提供纳税担保的，应由税务机关通知出境管理机关阻止其出境

B．对纳税人从滞纳税款之日起，按日加收千分之五的滞纳金

C．发生纳税义务，未按照规定的期限纳税申报，经税务机关责令限期申报，逾期仍未申报的，核定其应纳税税额

D．因纳税人、扣缴义务人计算错误等失误，未缴或者少缴税款的，税务机关在3年内可追征税款、滞纳金，有特殊情况的，追征期可以延长到5年

8．税务机关采取税收保全措施和强制执行措施必须依照（　　），不得查封、扣押

纳税人个人及其所扶养家属维持生活必需的住房和用品。

A．企业会计准则　B．法定权限　　C．法定程序　　D．企业会计制度

9．下列关于税收强制执行措施的说法，正确的是（　　）。

A．经县级税务局（分局）局长批准

B．个人的生活必需品不在税收强制执行措施范围内

C．书面通知纳税人开户银行从其存款中直接扣缴税款

D．扣押、查封纳税人的价格相当于应纳税款的商品、货物或者其他财产

10．根据《税收征收管理法》的规定，自结算缴纳税款之日起3年内发现的超过应纳税额的税款处理，下列做法不正确的是（　　）。

A．纳税人可以要求税务机关退还多缴的税款并加算银行同期利息

B．纳税人可以要求税务机关加倍退还多缴的税款

C．税务机关不予退还多缴税款

D．税务机关只退还多缴税款

三、判断题

1．查账征收是由税务机关对纳税申报人的应税产品进行查验后征税，并贴上完税证、查验证或盖查验戳，并据以征税的一种税款征收方式。（　　）

2．税款征收方式和税款征收措施指的是一个概念。（　　）

3．实行定期定额缴纳税款的纳税人，经税务机关批准，可以采用简易申报纳税方式。（　　）

4．只要纳税人的计税依据明显偏低，税务机关就有权核定其应纳税额。（　　）

5．对纳税人实施税收保全措施的时候，纳税人的所有财产均属于税收保全措施的范围。（　　）

6．税务机关对单价5000元以下的其他生活用品，不采取税收保全措施和强制执行措施。（　　）

7．对偷税、抗税、骗税的行为，税务机关追征其未缴或者少缴的税款、滞纳金 或者所骗取的税款，不受期限的限制。（　　）

8．纳税人因有特殊困难，不能按期缴纳税款的，经省、自治区、直辖市国家税务局、地方税务局批准，可以延期缴纳税款，但最长不得超过六个月。（　　）

第四节　税 务 代 理

一、单选题

1．下列各项中，不属于税务代理的特点的是（　　）。

A．中介性　　B．法定性　　C．资源性　　D．公正性

2．税务代理人不得超越规定的内容从事代理活动，体现的是税务代理的（　　）。

A．中介性　　B．法定性　　C．资源性　　D．公正性

3．税务代理人为纳税人，扣缴义务人代理税务事宜，既不能损害纳税人，扣缴义

务人的合法权益，也不能损害国家的利益，体现的是税务代理的（　　）。

A．中介性　　B．法定性　　C．自愿性　　D．公正性

4．税务代理档案至少保存（　　）年。

A．3　　B．5　　C．10　　D．15

二、多选题

1．税务代理的形式包括（　　）。

A．常年代理　　B．全面代理　　C．临时代理　　D．单项代理

2．下列各项中，属于税务代理的法定业务的有（　　）。

A．受聘税务顾问　　B．办理增值税发票领购手续

C．制作涉税文书　　D．提供审计报告

3．可以纳入税务代理范围的业务事项有（　　）。

A．申请税务行政复议　　B．税收检查

C．开展税务咨询　　D．办理纳税申报

4．下列各项中，属于税务代理人的权利的有（　　）。

A．税务代理人有权根据代理业务需要，查阅被代理人的有关财务会计资料和文件，查看业务现场和设施

B．税务代理人可向当地税务机关订购或查询税收政策、法律、法规和有关资料

C．税务代理人对税务机关的行政决定不服的，可依法向税务机关申请行政复议或向人民法院起诉

D．税务代理人有权依照有关规定代理由纳税人、扣缴义务人委托的税务事宜

第五节　税务检查

一、单选题

1．税务检查的主体是（　　）。

A．财政机关　　B．海关　　C．税务机关　　D．地方政府

2．检查人员可以将纳税人、扣缴义务人（　　）的账簿、记账凭证、报表和其他有关资料调回税务机关检查。

A．以前会计年度　　B．当前会计年度

C．检查实施当期　　D．检查所属期间

3．检查人员可以将纳税人、扣缴义务人相关的账簿、记账凭证、报表和其他有关资料调回税务机关检查，但是税务机关必须向纳税人、扣缴义务人开付清单，并在（　　）个月内完整退还。

A．1　　B．2　　C．3　　D．4

二、多选题

1．下列各项中，属于税务检查的形式的有（　　）。

A．重点检查　　B．分类计划检查

C．集中性检查　　D．专项检查

2．属于税务机关税务检查职责范围的有（　　）。

A．责成纳税人提供与纳税有关的资料

B．可按规定的批准期限采取税收保全措施

C．询问纳税人与纳税有关的问题和情况

D．检查纳税的账簿

3．根据税收征收管理法律制度规定，税务机关在实施税务检查时，可以采取的措施有（　　）。

A．检查纳税人的会计资料

B．检查纳税人货物存放地的应纳税商品

C．检查纳税人托运、邮寄应纳税商品的单据、凭证

D．到车站检查旅客自带物品

4．根据税收征收管理法律制度的规定，税务机关的职责有（　　）。

A．检查纳税人的账簿、记账凭证、报表

B．到经营场所检查纳税人的商品和货物

C．询问纳税人有关的问题情况

D．车站、码头检查纳税人托运联，以及与商品、货物有关的票据、凭证

5．根据《税收征收管理法》的规定，税务机关到车站、码头、机场、邮政企业及其分支机构检查纳税人有关情况，有关单位拒绝的，税务机关应采取的措施有（　　）。

A．责令改正

B．没收其经营所得

C．可以处1万元以下罚款

D．提请工商行政管理机关吊销其营业执照

6．税务机关进行税务检查时，应当出示（　　）。

A．税务检查证　　B．工作证

C．身份证　　D．税务检查通知书

三、判断题

税务机关调查税务违法案件时，对与案件有关的情况和资料，可以记录、录音、录像、照相和复制。（　　）

第六节　法 律 责 任

一、单选题

1．纳税人因偷税涉嫌犯罪，有权判决其承担刑事责任的机关是（　　）。

A．人民政府　　B．人民法院　　C．国家税务　　D．地方税务局

2．《税收征收管理法》规定，纳税人未按规定期限办理纳税申报和报送纳税资料，

情节严重的，可处以（　　）的罚款。

A．1000 元以上 10000 元以下　　B．2000 元以上 20000 元以下
C．1000 元以上 20000 元以下　　D．2000 元以上 10000 元以下

3．纳税人采取伪造、变造、隐匿、擅自销毁账簿、记账凭证，不缴或者少缴应纳税款的，属于（　　）行为。

A．骗税　　B．偷税　　C．欠税　　D．抗税

4．根据税收征收管理法律制度的规定，纳税人发生偷税行为时，不属于税务机关行使的权力是（　　）。

A．追缴税款　　B．加收滞纳金　　C．处以罚款　　D．追究刑事责任

5．纳税人欠缴应纳税款，采取转移或者隐匿财产的手段，妨碍税务机关追缴欠缴的税款。该行为属于（　　）。

A．拖欠税款行为　　B．偷税行为
C．逃避税务机关追缴欠税行为　　D．骗税行为

6．对纳税人拖欠纳税行为，税务机关除按规定采取强制执行措施追缴不缴或少缴的税款外，可以处不缴或少缴的税款（　　）的罚款。

A．30%以上 3 倍以下　　B．50%以上 3 倍以下
C．50%以上 5 倍以下　　D．1 倍以上 5 倍以下

7．对纳税人骗取出口退税的行为，由税务机关追缴其骗取的退税款，并处骗取税款（　　）的罚款。

A．30%以上 3 倍以下　　B．50%以上 3 倍以下
C．50%以上 5 倍以下　　D．1 倍以上 5 倍以下

8．扣缴义务人应扣未扣、应收而不收税款的由税务机关向纳税人追缴税款，对扣缴义务人处应扣未扣、应收未收税款（　　）的罚款。

A．30%以上 3 倍以下　　B．50%以上 3 倍以下
C．50%以上 5 倍以下　　D．1 倍以上 5 倍以下

9．税务代理人违反税收法律、行政法规，造成纳税人未缴或者少缴税款的，除由纳税人缴纳或者补缴应纳税款、滞纳金外，对税务代理人处纳税人未缴或者少缴税款（　　）的罚款。

A．30%以上 3 倍以下　　B．50%以上 3 倍以下
C．50%以上 5 倍以下　　D．1 倍以上 5 倍以下

10．以假报出口或者其他欺骗手段，骗取国家出口退税款，骗取税款（　　）万元以上的，处 5 年以下有期徒刑或者拘役，并处骗取税款一倍以上五倍以下的罚金；

A．5　　B．50
C．100　　D．250

二、多选题

1．根据税收征收管理法律制度的规定，税务机关的下列具体行政行为中，属于行政处罚的有（　　）。

A．确认适用税率　　B．确认纳税期限

C．没收财物和违法所得　　D．停止出口退税权

2．根据税收征收管理法律制度的规定，纳税人的下列行为中，属于偷税的有（　　）。

A．采取转移或隐匿财产的手段，妨碍税务机关追缴欠缴税款

B．伪造账簿，不缴应纳税款

C．进行虚假纳税申报，少缴应纳税款

D．按照规定应设置账簿而未设置的

3．根据税收征收管理法律制度的规定，纳税人发生偷税行为时，税务机关可以行使的权力有（　　）。

A．追缴税款　　B．加收滞纳金　　C．处以罚款　　D．处以罚金

4．下列关于纳税人违反税收法律制度的法律责任，说法错误的有（　　）。

A．纳税人未按照规定的期限办理纳税申报，税务机关可以处 2000 元以下的罚款

B．纳税人以造假或不申报等手段，不缴或少缴税款，由税务机关追缴税款、滞纳金，并处罚款

C．扣缴义务人应扣未扣税款，由税务机关向扣缴义务人追缴税款，并处罚款

D．纳税人以假报出口方式骗取国家出口退税，由税务机关追缴其骗取的退税款并处骗取税款 50%以上 5 倍以下的罚款

5．企业未按规定办理税务登记的，税务机关可以（　　）。

A．通报　　B．责令限期改正

C．对责任人处以 2000 元的罚款　　D．对单位处以 1500 元的罚款

6．下列各项中，属于税收违法的刑事责任的是（　　）

A．拘役　　B．判处徒刑　　C．罚款　　D．没收财产

7．下列纳税人行为中，构成偷税罪，应依法追究刑事责任的有（　　）。

A．甲应纳税额为 12 万元，偷税 1 万元

B．乙应纳税额为 9 万元，偷税 9000 元

C．丙应纳税额为 11 万元，偷税 1.1 万元

D．丁在两年内因偷税被税务机关给予两次行政处罚又偷税的

8．税务机关违反规定擅自改变税收征收管理范围和税款入库预算级次的，责令限期改正，对直接负责的人员和其他直接负责人员依法给予（　　）的行政处分。

A．降级　　B．撤职　　C．记过　　D．开除

9．根据《税收征收管理法》的规定，由税务机关处以不缴或者少缴税款 50%以上 5 倍以下罚款的税务违法行为包括（　　）。

A．偷税　　B．不进行纳税申报　　C．抗税　　D．欠税

三、判断题

1．骗税是指以暴力、威胁方法拒不缴纳税款的行为。（　　）

2．纳税人未按规定报送财务、会计制度或者财务、会计制度处理办法的，处两千元以上一万元以下的罚款；情节严重的，处一万元以上五万元以下的罚款。（　　）

第七节　税务行政复议与诉讼

一、单选题

1. 根据税收征收管理法律制度的规定，税务机关做出的下列行政行为中，纳税人认为侵犯其合法权益时应当先申请行政复议，不履行行政复议决定再提起行政诉讼的是（　　）。

A．加收税款滞纳金　　B．没收财物和违法所得
C．罚款　　D．停止发售发票

2. M县地方税务局对甲企业做出罚款，甲企业对此不服，可以申请行政复议的是（　　）。

A．M县人民法院　　B．M县人民政府
C．M县国家税务局　　D．M县地方税务局

3. 某企业对甲省乙市国税部门给予其行政处罚的决定不服，申请行政复议。下列各项中，应当受理该企业行政复议申请的机关是（　　）。

A．乙市国税部门　　B．乙市人民政府
C．甲省国税部门　　D．甲省人民政府

4. 对国家税务总局的具体行政行为不服的，向（　　）申请行政复议。

A．国务院　　B．国家税务总局
C．人民法院　　D．向上一级税务机关

5. 税务行政复议决定的做出时间是自受理申请之日起（　　）日。

A．30　　B．60　　C．90　　D．180

6. 税务行政复议决定一经（　　），则产生法律效力。

A．做出　　B．送达
C．签收　　D．送达之日起15日内不上诉

7. 根据税收征收管理法律制度的规定，税务机关做出的下列行政行为中，不属于税务行政复议范围的是（　　）。

A．开除某税务机关工作人员公职　　B．不予颁发税务登记证
C．不予出具完税凭证　　D．确认纳税环节

8. 纳税人对主管税务机关加收的滞纳金不服，正确的做法是（　　）。

A．向复议机关申请行政复议，对复议结果不服，再向人民法院提起行政诉讼
B．直接向人民法院提起行政诉讼
C．申请行政复议，同时向人民法院提起行政诉讼
D．向本级人民政府申请裁决

9. 税务机关做出下列行为中，纳税人不服时应申请行政复议，不服行政复议再提起行政诉讼的是（　　）。

A．纳税信用等级评定　　B．税收强制执行措施

C．行政审批　　D．纳税地点确认

10．关于税务行政复议管辖的有关规定，不正确的是（　　）。

A．对各级国家税务局的具体行政行为不服的，向其上一级国家税务局申请行政复议

B．对各级地方税务局的具体行政行为不服的，可以选择向其上一级地方税务局或者该税务局的本级人民政府申请行政复议

C．对两个以上税务机关共同做出的具体行政行为不服的，向共同上一级税务机关申请行政复议

D．对税务机关与其他行政机关共同做出的具体行政行为不服的，向其共同上一级税务机关申请行政复议

11．根据税收征收管理法律制度的规定，下列关于税务行政复议管辖权的说法中不正确的是（　　）。

A．对计划单列市税务局做出的具体行政行为不服的，向国家税务总局申请行政复议

B．对各级税务局的稽查局做出的具体行政行为不服的，向其所属税务局申请行政复议

C．对两个以上税务机关共同做出的具体行政行为不服的，向共同上一级税务机关申请行政复议

D．对被撤销的税务机关在撤销以前所做出的具体行政行为不服的，向继续行使其职权的税务机关的上一级税务机关申请行政复议

12．对税务机关的征税行为提起诉讼，必须先经过复议；对复议决定不服的，可以在接到复议决定书之日起（　　）日内向人民法院起诉。

A．5　　B．7　　C．15　　D．30

二、多选题

1．根据税收征收管理法律制度的规定，税务机关做出的下列行政行为中，纳税人不服时可以选择申请税务行政复议或者直接提起行政诉讼的有（　　）。

A．加收滞纳金　　B．罚款

C．不予颁发税务登记证　　D．征收税款

2．下列关于税务行政复议的说法中正确的有（　　）。

A．纳税人、扣缴义务人、纳税担保人同税务机关在纳税上发生争议时，必须先依照税务机关的纳税决定缴纳税款及滞纳金或者提供相应的担保，然后可以依法申请行政复议或提起行政诉讼

B．当事人对税务机关的处罚决定不服的，可以依法申请行政复议，也可以依法向人民法院起诉

C．当事人对税务机关的强制执行措施或者税收保全措施不服的，可以依法申请行政复议，也可以依法向人民法院起诉

D．当事人对税务机关的处罚决定逾期不申请行政复议，也不向人民法院起诉，

又不履行的，做出处罚决定的税务机关可以采取强制性措施，或者申请人民法院强制执行

3．下列关于行政复议机关的说法中正确的有（　　）。

A．纳税人对国家税务总局做出的具体行政行为不服的，可向国务院申请行政复议

B．纳税人对省国税局做出的具体行政行为不服的，可向国家税务总局申请行政复议

C．纳税人对省地税局做出的具体行政行为不服的，可向国家税务总局申请行政复议

D．纳税人对省地税局做出的具体行政行为不服的，可向本省人民政府申请行政复议

4．税务行政复议是指当事人不服税务机关及其工作人员做出的税务具体行政行为，依法向上一级税务机关提出申请，复议机关经审理对原税务机关具体行政和为依法做出维持、变更、撤销等决定的活动。其中的“当事人”可以是（　　）。

A．纳税人　　B．扣缴义务人

C．纳税担保人　　D．其他税务当事人

5．税务行政诉讼的管辖分为（　　）。

A．级别管辖　　B．一般地域管辖

C．特殊地域管辖　　D．裁定管辖

三、判断题

1．当事人对税务机关的处罚决定逾期不申请行政复议，也不向人民法院起诉，又不履行的，做出处罚决定的税务机关可以采取强制性措施，或者申请人民法院强制执行。（　　）

2．税务行政复议决定的做出时间是自受理申请之日起 30 日。（　　）

3．税务行政复议决定一经做出，则产生法律效力。（　　）

4．纳税人对强制执行有异议的，只能通过行政复议来解决，不可以提起诉讼。（　　）

5．税务行政诉讼是由税务机关进行审理并做出裁决的一种诉讼活动。（　　）

同步强化练习
参考答案及解析